W0338848

Michael Schmitz

Gegen Sand, Sonne und sich selbst

11.000 Kilometer mit dem Mountainbike durch Afrika

Übersichtskarte

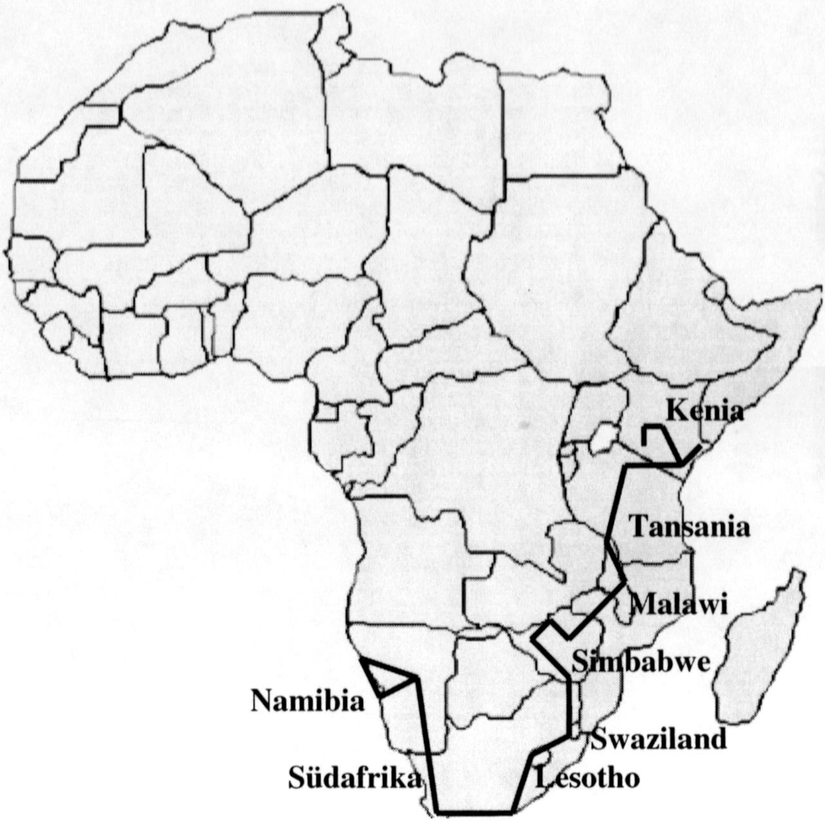

11.000 Kilometer Radtour durch Afrika

Für meine Eltern

Ich danke Martina Lenk, Thomas Wallig und Rüdiger Darsow für die Anregungen und Tips.

Die Deutsche Bibliothek - CIP-Einheitsaufnahme

5. Auflage April 2001

Buchbestellungen und Kritik an:
Michael Schmitz
Schweriner Str. 15
19065 Godern

Michael-Schmitz@t-online.de
http://www.radtouren-und-sozialarbeit.de

Gegen Sand, Sonne und sich selbst

11.000 Kilometer mit dem Mountainbike durch Afrika

Kenia

Tansania

Südafrika

Namibia

Auf nach Afrika

Da sitzen wir nun: Nach 1 1/2 Jahren Planung und vielen Vorbereitungen schlürfen wir unser erstes kenianisches Bier noch direkt auf dem Flughafen von Nairobi. Man muß eben Prioritäten setzen. Statt wie andere Touristen von im voraus gebuchten Tourguides abgeholt zu werden, verbringen wir nach mehrfachen Genusses der Hefekaltschorle die erste Nacht auf afrikanischem Boden unter der Treppe eines Flughafengebäudes. Bei Dunkelheit ist es zu gefährlich, mit dem Bike nach Nairobi hereinzufahren.

Als wir am nächsten Morgen von drei reinigenden und schwatzenden Frauen geweckt werden, reiben wir uns ordentlich die Augen: Ja, wir sind offensichtlich wirklich in Afrika, kaum zu glauben. Flugzeuge sind schon eine eigenartige Einrichtung. Nicht nur, daß sie Tonnen schwer sind und trotzdem fliegen können, nein, sie bringen Menschen auch noch in kurzer Zeit von einem hochentwickelten Industrieland in ein armes Entwicklungsland. Früher, als es diese Stahlvögel noch nicht gab, war zumindest eine lange Schiffs- oder Landreise erforderlich, währenddessen man sich auf die zu erwartende Situation einstellen konnte. Heute schlägt man wenige Stunden nach Verlassen des heimischen Flughafens die Augen auf und guckt drei erstaunt grinsenden schwarzen Frauen ins Gesicht, die einem ein freundliches „Good morning“ entgegenschmettern.

Dazu empfängt uns das typische Dritte-Welt-Großstadt-Chaos. Automassen bewegen sich unkoordiniert auf vollgestopften Straßen und Fußgänger springen dazwischen herum, immer mit Todespanik im Gesicht. An Radfahrer hat hier nie jemand gedacht. Also müssen wir uns zwischen Autos und Fußgängern einen Weg bahnen. Wir steuern ein kleines Hotel an, das in unserem Reiseführer ganz oben auf der alphabetischen Liste steht - andere Entscheidungskriterien haben wir nicht. Das „Hotelzimmer“ besteht aus zwei quietschenden Betten

und unglaublich durchgelegenen Matratzen. Dafür kostet es auch nur 5.- DM - für beide versteht sich. Es beruhigt ungemein, erst einmal die eigenen vier Wände als Sicherheit im Rücken zu spüren.
Der Hunger treibt uns aus unserem netten Hotelzimmer in die hektischen Straßen Nairobis. An einer Straßenecke entscheiden wir uns für das besonders exotische Gericht „Fish and Chips“. Dabei können wir nichts verkehrt machen. Denken wir. Das Öl hat aber doch wohl einen deutlichen Anranzer verdient - im wahrsten Sinne des Wortes. Wenige Stunden später müssen wir das Plumpsklo des Bujumbura-Hotels intensiv nutzen...

*

Eineinhalb Jahre ist es her, daß am Kneipentisch die Idee entstand, eine Radtour durch einen Großteil Afrikas zu machen. Thomas und ich hatten schon vorher zusammen eine Tour zu den Grizzlybären in Alaska unternommen und wollten nun mit Löwen und Elefanten Bekanntschaft schließen. Bevor wir mit aller Kraft nach dem Studium und ersten, kurzen und harten Arbeitserfahrungen in das „normale“ Arbeitsleben einsteigen, müssen wir mal so richtig raus aus dem deutschen Alltag und Exotisches und Abenteuerliches erleben. Lange haben wir überlegt, in welchen Teil der Erde es gehen soll. Nachdem sich Afrika herauskristallisierte, bedurfte es noch viel Zeit, um Länder und Strecke auszuwählen. In der Presse ist viel von blutigen Zusammenstößen und ethnischen Konflikten in Afrika zu lesen, die es nicht vermuten lassen, daß es überhaupt möglich ist, dort eine Radtour zu machen. Nach dem Durchsehen von Reiseführern und den wenigen Büchern, die über Radtouren in Afrika geschrieben wurden, stand unsere grobe Route fest: Nairobi - Kapstadt - Windhoek.
Irgendwie paßten dann auch die Kilometerschätzungen, die wir Pi mal Daumen an einer Weltkarte vornahmen, mit der geplanten Reisezeit von einem halben

Jahr zusammen. Glück muß man haben - oder einen passenden Daumen. Und da sind wir nun mitten in Nairobi und haben den ersten Durchfall.

Beim Bummeln durch die Straßen der kenianischen Hauptstadt werden wir dauernd von freundlichen Schwarzen angesprochen. Jeder will uns eine Safari in einen der wunderschönen Nationalparks Kenias verkaufen. Unserer grellen weißen Körperfarbe haben wir es zu verdanken, daß uns jeder sofort als Neuankömmling erkennt. Zwischen dem Kauf eines Moskitonetzes und einem erneuten Versuch, gut verdauliches Essen aufzutreiben, entscheiden wir uns, für einen Tag den Nairobi Nationalpark zu besuchen, der nur wenige Kilometer außerhalb der Stadtgrenze beginnt. Der Kurzausflug kostet 40 US $ pro Nase. Dafür holt uns am nächsten Morgen ein Fahrer mit Jeep vor dem Hotel ab. Vermutlich hätte man den Trip auch irgendwo für 30 US $ einhandeln können, aber an das ausdauernde Verhandeln mit verschiedenen Anbietern müssen wir uns erst noch gewöhnen.

Kurz hinter dem Eingang des Parks sehen wir schon ein Rudel Löwen, das sich über die Reste eines Zebras hermacht. Unglaublich. Da haben wir die heimatliche Wohnstube mit den Tierfilmen gerade erst zwei Tage hinter uns gelassen, schon spüren wir fast den Atem des Löwen im Gesicht. Aber damit nicht genug: Wenig später laufen uns Giraffen, verschiedene Antilopenarten und Emus über den Weg, als wäre es das Normalste der Welt. Um dem unwirklich Wirklichen noch das i-Tüpfelchen aufzusetzen, ist am Horizont Nairobi zu sehen! Im Vordergrund Löwen, im Hintergrund eine der größten Städte Afrikas - da freut sich das Fotografenherz.

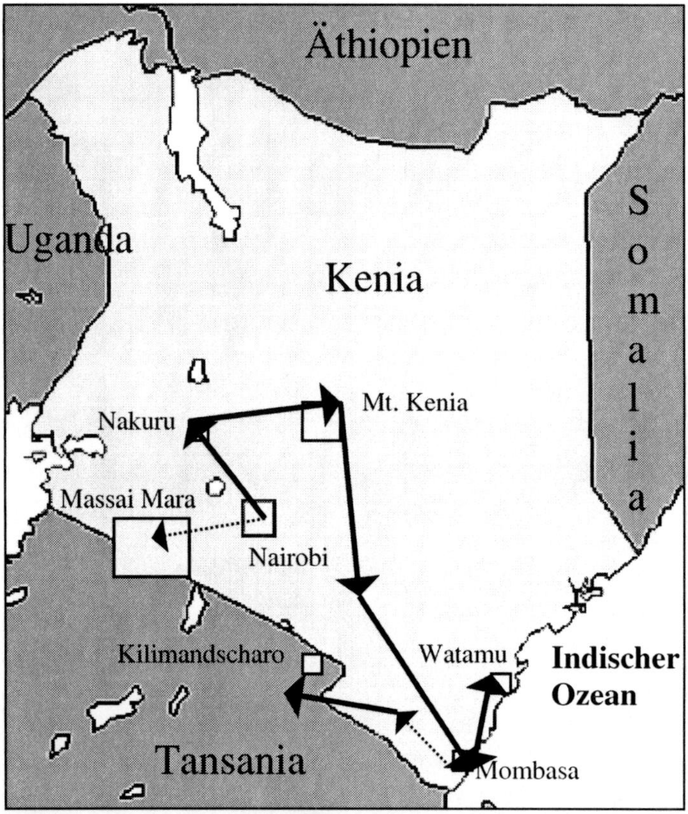

Die ersten fünf Wochen unserer Tour

Um nach dem ersten, schönen Eindruck von Afrika neueste Infos über unsere geplante Route zu erfahren, verbringen wir einen Tag mit dem Abklappern der angesagtesten Low-Budget-Traveller Unterkünften. Hier hausen sie, die ewig Reisenden. Interessante Leute, die Monate in einer einzigen - natürlich billigen - Stadt verbringen können, ohne sich zu langweilen. Nächte mit billigem Fusel und dem richtigen Kraut in der selbstgedrehten Zigarette bestimmen die Wochen. Nebenbei wird die Sprache des Gastlandes erlernt und sich richtig mit der Kultur und den Gebräuchen des Landes vertraut gemacht. Am Körper kleben noch Stoffreste vom letzten Indienurlaub - „war mal wieder drei Monate in X, war sehr aufregend und hat viele neue Erkenntnisse fürs Leben gebracht" - und Sandalen runden das Bild ab. Kein Afrikaner würde so herumlaufen, wenn er es irgendwie vermeiden kann. Die legen nämlich viel Wert auf ihr Äußeres.

Wir, sportlich gekleidet, ohne Probleme Stufen hochlaufend und immer irgend etwas planend, sind von den Langzeitreisenden meist komisch angesehen: „Radfahrer! Das sind die Typen, die manchmal mehr als 100 km am Tag fahren und dabei auch noch Spaß haben. Das schaffe ich nicht mal mit dem Bus, ist viel zu anstrengend!" Trotzdem bekommen wir bereitwillig Auskünfte über alle Teile Afrikas; in welcher Ecke gerade mehr Blei als Sauerstoff in der Luft schwebt, welche Absteige besonders billig und trotzdem gut ist und natürlich, daß es das beste Dope in Malawi gibt.
Von besonderer Bedeutung sind für uns die aktuellen Krisengebiete. Informationen, die trotz langer Suche nie in Europa zu bekommen sind, weil sich die Umstände in Afrika eben von heute auf morgen ändern können. So müssen wir zu unserer Überraschung feststellen, daß der Norden Kenias nicht mit dem Rad zu befahren ist. Selbst Busse fahren nur mit Militärbegleitung, weil somalische Banditen dort ihr Unwesen treiben. Das wirft unsere Planung komplett über den Haufen, weil wir genau durch dieses Gebiet zur Trauminsel Lamu fahren wollten. Aber Veränderungen dieser Art waren zu vermuten und werden uns noch oft nötigen, die Route zu ändern.
Die „New Kenia Lodge", DER Treffpunkt der Szene schlechthin, gibt einen weiteren, zugegeben etwas lästerlichen Einblick in die Traveller-Szene Afrikas. Sie ist für Nairobi an aller erster Stelle in der Reisebibel, dem „Lonely Planet Guide", als Unterkunft genannt. Hier kommt jeder mal irgendwann hin, wenn er in Afrika ist. Die Betten sind teurer als woanders (sobald eine Unterkunft im

„Lonely Planet“ steht, werden die Preise erhöht) und fast immer ausgebucht. Die Nächte sind laut. Keiner nimmt Rücksicht auf den anderen, obwohl alle „ganz relaxed und locker“ sind. Und es riecht in jeder Ecke nach Sprit oder Shit. Trotzdem - die besten Infos, die coolsten Traveller und die - 'tschuldigung- abgefucktesten Typen lohnen einen Besuch.

Ausflug in die Massai Mara

In der „New Kenia Lodge“ buchen wir eine dreitägige Safari in die Massai Mara, dem nördlichen Ausläufer der Serengeti. Eigentlich wollten wir mit dem Rad dort hinfahren, aber davon wird uns dringend abgeraten. Radfahrer dürfen aufgrund der hohen Raubtierpopulation ohnehin nicht in den Park, und in der Lodge bekommen wir den Kurztrip für 50 US $ pro Tag. Das einzige, was uns daran nicht gefällt, ist die Tatsache, daß sich der Start der eigentlichen Radtour damit nach hinten verschiebt. Und es juckt uns in den Fingern, endlich in die ländlichen Gebiete, in das alltägliche Afrika aufzubrechen. Sonst werden wir am Ende noch von einem Löwen verspeist, bevor wir auch nur einen Meter Asphalt unter die Räder genommen haben! Doch das Risiko müssen wir eingehen, um die Massai Mara kennenzulernen. Sie soll schließlich das ganz große Highlight Kenias, wenn nicht Afrikas, sein.

Mit neun Leuten, einem Engländer, einem Aussie und dem Rest Amerikanern geht es los. Aber nicht um 7 Uhr wie besprochen, sondern so gegen Mittag. „Pole, pole“, immer langsam. Worte, die wir uns merken sollten. Dafür beginnt die Safari bereits am Stadtausgang: Die Straße ist unglaublich schlecht. Wir werden durchgeschüttelt, stoßen mit dem Kopf immer wieder an das Autodach - und haben trotzdem Spaß dabei. Gemeinsam ertragenes Leid fördert die

Kommunikation und bildet ein Gruppengefüge. Wie schön. Den größten Witz reißt Ken, unser Fahrer: Nach einer Fahrt, bei der wir schon mehrmals dem Tod ins Auge geschaut hatten, sagte er: „The road is getting rough." Wir trauen Ohren und Augen nicht, aber er hat recht. Mit Vollgas geht's durch riesige, tiefe Schlaglöcher und nur manchmal verirrt sich ein Stück Asphalt auf die Wüstenpiste. Ken braucht nur zu fragen „all sit?" und schon krallt sich die ganze Mannschaft an den Sitzkissen fest. Dabei fliegen wir an Massaidörfern, Bretterbuden, und Autowracks vorbei - der Unterschied zwischen der modernen Großstadt Nairobi und dem Umland ist unglaublich.

*

Obwohl es keiner richtig erwartet hat, kommen wir lebend und ohne nennenswerte Verletzungen bis zur Massai Mara. Diese grandiose Landschaft, die mit Akazien, unendlich weiter Steppe und mit ihren unglaublichen Massen an Tieren für sich wirbt, sollte sich keiner entgehen lassen. Das Problem dabei liegt auf der Hand: Es sind viele Touristen unterwegs - so viele, daß man fast immer irgendwo ein anderes Auto sieht. Manchmal stehen 10 Minibusse zusammen, wenn es etwas Besonderes zu sehen gibt. Das Touristenaufkommen ist so groß, daß die Raubtiere schon ihre Jagdzeiten umgestellt haben. Statt wie früher in den Morgen- und Abendstunden auf Jagd zu gehen, machen sie es jetzt mittags. Dann nämlich, wenn die Touristen ihre Jagd auf das kalte Buffet der Reiseveranstalter gestartet haben!

Wir erleben Afrika wie im Bilderbuch und machen unendlich viele Fotos von Tieren. Wenn der Löwe sein Maul aufreißt, die Zebras schmusen, die Gnus völlig albern in der Gegend herumspringen oder die Büffel miteinander kämpfen. Besonderen Spaß macht es, wenn man bestimmte Exemplare der Gattung Homo Sapiens vor die Linse nimmt und dicke Kameras vor noch dickeren

Bäuchen fotografiert. Oder die Typen, die teuerste Safarikleidung und unmögliche Schlapphüte miteinander kombinieren. Köstlich.

Die kenianische Landesflagge; Schild und Speer sind Symbole der Massaikultur.

Abends sitzen wir nur wenige Meter von der Parkgrenze entfernt mit Massaikriegern am Lagerfeuer. Wir haben unsere Zelte in unmittelbarer Nachbarschaft zu einem ihrer durch Dornenhecken geschützten Dörfer aufgeschlagen. Gegen ein geringes Entgelt versorgen sie uns mit Wasser und halten nachts Wache: Löwen und anderes Getier machen an den Parkgrenzen nicht halt! In ihren roten Gewändern und stolzen Körperhaltungen wirken die Krieger beruhigend auf uns. Dennoch: Der Schrei einer Hyäne in nächster Nähe läßt uns kurz eine Gänsehaut über den Rücken laufen.

Natürlich grassieren in der Massai Mara die wildesten Geschichten über mordende Löwen und andere Bestien. Ein realer Einstieg in dieses Thema darf da nicht fehlen. Während einer Bachdurchquerung - wofür unser Toyota-Bus mit Sicherheit nicht gedacht ist - bleibt der Wagen stecken und sinkt bis zu den

Achsen ein. Wir steigen alle aus, obwohl das im Nationalpark strengstens verboten ist, aber irgendwie müssen wir uns aus dieser Situation befreien. Wenig später taucht hinter uns ein anderes Fahrzeug auf, dessen Insassen ihre Schadenfreude nicht unterdrücken können: „Hey paßt auf, nur wenige Meter von Euch entfernt lauert ein Rudel Löwen auf euch!“ - „Netter Scherz“, denken wir bei uns, trotzdem werfe ich einen verstohlenen Blick durch mein Fernglas. Ich traue meinen Augen nicht! Da liegen vier Löwinnen und einige Junge auf einem kleinen Hügel. Na Klasse. Allerdings lauern sie nicht auf uns, sondern langweilen sich offensichtlich in der Sonne. Ich wende keinen Blick mehr von ihnen ab, bis der Bus aus dem Schlamm gezogen ist. Kurz darauf fahren wir an das Rudel heran und genießen das Familienleben der Löwen. Als eine Löwin ca. vier Meter neben uns ihr Maul weit aufreißt, wird es mir aber doch mulmig.

*

Nach drei Tagen Tiere von morgens bis abends und vielen neuen Eindrücken kehren wir nach Nairobi zurück. Dabei bleibt unser Minibus mit einem Motorschaden 150 Kilometer von der Hauptstadt entfernt liegen. Dampfschwaden steigen aus der Motorhaube und das dauernde Nachfüllen von Wasser hilft auch nicht mehr. Die letzten 40 Kilometer müssen wir mit dem Taxi zurücklegen, der Bus muß repariert werden.

Endlich biken!

Gleich am nächsten Morgen starten wir endlich unsere Radtour, zusammen mit Anni, einer Amerikanerin. Sie hängt schon eine ganze Weile in Nairobi herum und braucht den richtigen Einstieg für ihre Radtour. Sie fährt schon seit Jahren durch verschiedene Kontinente, nur von kurzen „Arbeitseinheiten“ in Florida unterbrochen. Diesmal will sie ein wenig Ostafrika kennenlernen, um dann nach Indien überzusetzen, ihrem Lieblingsland.

Aus einer Großstadt herauszufahren, ist immer wieder schrecklich. Massen von stinkenden Vehikeln versuchen, uns die Lungen mit Kohlenmonoxid zu füllen, damit wir tot vom Rad fallen. Da das offensichtlich nicht reicht, werden wir durch völlig mordlüsterne Überholmanöver in den Straßengraben abgedrängt. Besonders radsportbegeisterte Zeitgenossen fahren mit ihren Lastern direkt neben uns, um uns genau zusehen zu können. Dabei hüllen sie uns in schwarze Rußwolken, die aus allen Rohren dieser steinalten Gefährte pusten.

Kurz nach der Stadtgrenze führt uns die erste Rast in ein 3 m² großes Teehaus. Die Leute freuen sich, daß wir auf Kisuaheli Tee und Mandazi, ein einheimisches Fettgebäck, bestellen können. Ein Gespräch auf Kisuaheli kommt aber nicht zustande, da unsere Sprachkenntnisse noch zu schlecht sind. Meistens ist es in Kenia ganz einfach, sich auf Englisch zu verständigen. Und so wird uns erzählt, daß die kommende Strecke flach, ja geradezu abschüssig ist. Aber wie ist das immer beim Radfahren? Es geht bergauf und man hat Gegenwind - allen Ankündigungen zum Trotz! Uns ergeht es nicht anders. Es geht 70 km bergauf, fast bis auf 3000 m über dem Meeresspiegel. Für Anni ist das zuviel für den ersten Tag, sie nimmt sich ein Hotel am Wegesrand, das wenig vertrauenerweckend aussieht. Sie ermuntert uns weiterzufahren, wir würden uns morgen wiedertreffen. Bis zum ersten angepeilten Ziel, dem Lake Naivasha, sind es am Ende 112 km, die letzten 20 km mit Gegenwind - war ja klar.

*

In Kenia haben wir Besuche in verschiedenen Nationalparks eingeplant, und gleich morgen wartet schon der nächste auf uns: Der Hell's Gate Nationalpark. Er ist der einzige, in den man mit einem Fahrrad hineinfahren darf oder auch zu

Fuß gehen kann - es gibt hier keine Katzen (außer ein paar versprengten Leoparden, wie wir später erfahren).

Am Eingang versuchen wir Studentenermäßigung zu bekommen, aber unsere Ausweise werden nicht anerkannt. Skandal! Na gut, sie sind auch nicht echt. So kostet uns der Eintritt 20 US $ pro Nase! Im Prinzip sind wir natürlich voll damit einverstanden, wenn die „reichen" Touristen zur Kasse gebeten werden, *uns* schmerzt dieser Betrag aber doch ganz schön.

Radelnderweise sehen wir Zebras, Antilopen und Paviane. Wir verbringen den ganzen Tag in einer schönen Landschaft, die durch Steppen- und Buschland geprägt ist. Am Ende sind wir aber nicht so begeistert, wie wir es uns auf Grund von Erzählungen erhofft hatten. Vermutlich liegt das an den überragenden Eindrücken, die wir in der Massai Mara gesammelt haben. Jeder professionell veranstaltete Keniaurlaub setzt den Besuch in dem größten Nationalpark nicht umsonst ans Ende des Urlaubs, denn danach verblaßt vieles andere.

Zurück im YMCA, unserer Unterkunft, flirtet Thomas mit einer schicken Schwarzen, und wir essen gemeinsam einen leckeren Obstsalat. Dabei klärt sie uns über die üblichen Preise für Obst und Lebensmittel in Kenia auf. Wie zu erwarten haben wir bisher immer zuviel bezahlt. Für ein schönes Tuch sogar den zehnfachen Preis!

Bevor wir am nächsten Tag weiterfahren, gibt uns der Vermieter noch eine Nachricht von Anni. Sie ist in einer anderen Hotelanlage abgestiegen und wünscht uns alles Gute (Eineinhalb Jahre später erreicht mich eine Karte aus Ägypten: „War 7 Monate in Afrika, 8 Monate in Indien - quer durch das Himalayagebirge. Saalam & smooth, downhill pedling, Anni"). Wir lernen aber gleich zwei neue, diesmal einheimische Radfahrer kennen, die sich in unseren

Windschatten hängen. Bei einer Rast erzählen sie uns Zigaretten rauchend (!), daß sie auf dem Weg von Nairobi in ihr Heimatdorf sind. Das ist 600 km entfernt! Daraus machen die beiden drahtigen Burschen aber keine lange Radtour, sondern bewältigen die Strecke in zwei Tagen. Unglaublich. Ausgerüstet sind sie mit einfachen Rädern, die nur einen Gang haben. Als Verpflegung führen sie ein Brause-Wasser-Gemisch mit sich und etwas getrocknetes Fleisch. Das würde für uns nicht mal von 12 Uhr bis Mittag reichen. Wir schenken den beiden eine Auswahl verschiedener Fahrradaufkleber, die wir als Gastgeschenke mitgenommen haben und verabschieden uns - mit 20 Gängen mehr geht es doch etwas schneller.

Ein paar Worte zur Ausrüstung

Bei dieser Gelegenheit wird uns mal wieder bewußt, an welchen Komfort wir uns gewöhnt haben. Dabei meine ich nicht einmal den Wasserfilter oder die selbstaufblasbare Isomatte, sondern unsere Bikes. Beide Räder sind auf dem allerneusten Stand der Tourentechnik. Jahrelange Arbeit in einem großen Radladen haben mir reichlich Erfahrung in der Auswahl der Teile gegeben, und natürlich haben alle Mitarbeiter bei den Rädern ihren „Senf" dazugegeben. So fahren wir mit 2,34 mm dicken Speichen in stabilen Hohlkammerfelgen. Da ist noch nie eine Speiche gebrochen, trotz wildester Touren durch Alaska oder Island. Zum Vergleich: Auf einer früheren Tour zum Nordkap sind zwanzig Speichen gebrochen!

Die Schaltungs-, Naben- und Bremsteile sind alle aus der XT- oder neuen LX-Reihe von Shimano. Wobei Bremsklötze und Kettenblätter von anderen Herstellern gewählt wurden, da diese langlebiger sind (das mittlere Kettenblatt aus Stahl!). Auch wenn die Verkaufs- und Erneuerungsphilosophie jeden Verkäufer und Radinteressierten an den Rand des Wahnsinns treibt, haben Shimano-Komponenten einen Vorteil: Man bekommt die Ersatzteile in fast jeder Ecke der Welt. Zumindest eher, als ein Ritzel von Campa oder Einzelteile eines exklusiven Weinmann-Bremsgriffes (Hi Rüdiger!).

Wichtig sind auch die Gepäckträger. Diesmal habe ich CrMo-Träger von Tubus verwandt, die nicht nur schön, sondern (leider) auch teuer sind. Deren Vorteil ist, daß sie sich im Ernstfall schweißen lassen. Ein Aluschweißgerät zu finden, wie man es für die üblichen Träger benötigen würde, ist mehr als unwahrscheinlich. Allerdings habe ich auch noch keinen vernünftigen Aluträger (Blackburn) zerbrochen.

Die Gepäcktaschen sind von der Firma Ortlieb. Einige werden lachen und sagen „wasserdichte Gepäcktaschen in Afrika - einen dümmeren Ort gibt es für die teuren Dinger ja wohl nicht!“ Aber weit gefehlt, einen heftigen Regenguß in Kenia oder besonders in Südafrika erlebt man viel entspannter, wenn alles trocken bleibt. Außerdem ist es deutlich streßloser, als ansonsten bei Bedarf die Regenüberzüge über die auch erstklassigen Karrimortaschen zu ziehen (wobei das Klopapier trotzdem garantiert naß wird!).

Leider kostet gutes Material auch gutes Geld - da führt kein Weg dran vorbei. Natürlich ist eine Radtour auch mit weniger High-Tech-Equipment möglich. Auf meiner zweiten Radtour vor vielen Jahren bin ich im ersten Gang meiner 3-Gang Nabenschaltung von Amsterdam nach Den Haag gefahren. Und weiter bis Paris - dann im Zweiten. Es geht, aber es macht eben weniger Spaß, auch wenn man danach viel zu erzählen hat. Irgendwann war für mich das Abenteuer „Fahrrad“ vorbei, und Abenteuer „Landschaft, Leute und Tiere“ bekam Priorität. In diesem Sinne kann ich nur jedem raten, sich bei einem guten Radhändler beraten zu lassen und lieber ein halbes Jahr länger für ein vernünftiges Bike zu sparen, als ein halbes Jahr im Dschungel von Zaire auf ein Ersatzteil zu warten.

Zentralkenia

In Nakuru, 250 km entfernt von Nairobi, lasse ich beim Eintragen ins Gästebuch verlauten, daß wir den See und sein Wildleben erkunden wollen. Noch haben wir nämlich keine Idee, wie wir das schnell organisieren sollen. Und richtig, es dauert keine halbe Stunde, da steht jemand vor der Tür und bietet uns eine Tour an. Da er schon vier andere Reiseteilnehmer hat, drücken wir den Preis bis zur Schmerzgrenze. Dazu gehört es, zwischendurch mal essen zu gehen, über das Wetter zu sprechen und sich für „später“ zu verabreden. Am Ende haben wir einen guten Preis und versprechen ihm dafür, mit den anderen Reisenden nicht über die Kosten zu reden.

Auf der vier-Stunden-Safari sehen wir sogar einen Leoparden auf der Jagd nach einem Hirsch. Die Landschaft um den See herum ist schon Regenwald-ähnlich. Zebras, Büffel und anderes Getier kann sich gut verstecken. Die Flamingos, für die der See berühmt ist, haben im Wasser aber keine Chance: Wir fotografieren sie rücksichtslos. Der Nationalpark, mit seiner etwa 200 km² großen Fläche, ist als einer der herausragendsten ornithologischen Parks der Welt beschrieben. Bis zu zwei Millionen Flamingos und mehrere zehntausend andere Vögel leben hier.

Während wir den Blick von den Baboon Cliffs auf den unter uns liegenden See genießen, versucht unser Fahrer einen Reifen zu wechseln. Ein Plattfuß gehört zu jeder guten Safari dazu. Leider hat er den Wagenheber vergessen, und so spielen Thomas und ich Herkules und heben den Minibus an ...

Da die kleine Exkursion schon gegen 10 Uhr zu Ende ist, fahren wir weiter nach Nyahururu. Vor diesem leicht auszusprechendem Ort wird uns ein Berg angekündigt. Der „Berg“ entpuppt sich als 70 Kilometer bergauf mit zwei Pässen über je 2600 Meter! Wobei mir noch ein weiterer Ausrüstungsgegenstand einfällt: Der Höhenmesser. Diese nette Spielerei habe ich mir noch gegönnt, weil ich vorher in Deutschland so viele Überstunden gemacht habe... Und es hat sich gelohnt. Nichts finde ich ärgerlicher, als den ganzen Tag einen Berg hochzufahren, und dann steht oben nicht einmal ein Schild, auf dem die Paßhöhe angegeben ist!

*

Die Strecke durch die reiche Bergregion Kenias ist traumhaft schön. Alle erdenklichen Früchte werden auf den Feldern und am Wegesrand angebaut. Besonders Kaffee- und Teeplantagen bestimmen das Bild in diesen Höhenlagen. Zu Anfang können wir die verschiedenen Obst, Gemüse- und Pflanzensorten nicht auseinanderhalten, aber wir haben über lange Strecken "Fremdenführer". Bewohner mit ihren Rädern begleiten uns, z. T. über beeindruckend lange Strecken. Bevor wir das jeweils nächste Dorf erreichen, fahren sie vor und kündigen uns an. Natürlich immer mit dem Hinweis darauf, daß wir ihre besten Freunde sind und auf einen kurzen Klönschnack vorbeikommen. Das hat zur Folge, daß nicht nur das Ansehen unseres Begleiters steigt, sondern die Straßenränder mit staunenden Einheimischen gesäumt sind, die uns anfeuern. So muß das bei der Tour de France sein!
Besonders nett sind die Reaktionen, wenn wir eine Schule passieren. Schlagartig ist der Unterricht Nebensache und die Lehrer haben keine Gewalt mehr über ihre Schüler. Diese laufen auf die Straße und liefern sich Wettrennen mit uns. Was für ein Gefühl, wenn 200 Kinder hinter einem her sind!

Leider werden wir dauernd auf Geld oder Süßigkeiten angesprochen. Nur selten gibt es nette Gespräche, die nicht mit der Frage nach einem „kleinen Souvenir“ enden. Wenn wir dann einen „Erinnerungsaufkleber“ oder andere Kleinigkeiten verschenken, merken wir meistens, daß eigentlich schnöder Mammon Ziel der Begierde war. Bei der wirtschaftlichen Lage vieler Bewohner ist das aber verständlich.

*

In Nyahururu werfen wir einen kurzen Blick auf die wenig beeindruckenden Thompson-Fälle, bevor wir völlig geschafft in die knarrenden Bettgestelle einer Billigabsteige sinken. Die Thompson Lodge, in unserem Reiseführer als günstige Übernachtungsmöglichkeit angegeben, ist zur Luxusherberge „verkommen“, und zelten kann man auf dem Anwesen auch nur gegen viel Geld.
Bevor wir schlafen können, müssen wir noch Wasser für den nächsten Tag pumpen. Jeden Abend setzen wir uns lange hin und reinigen das Trinkwasser mit unserem Wasserfilter, den wir aus Deutschland mitgebracht haben. Sicherheitshalber trinken wir das afrikanische Leitungswasser nicht, da unsere Körper vielen Krankheitserregern nichts entgegenzusetzen haben.
Diesmal brauche ich für eineinhalb Liter etwa eine dreiviertel Stunde! Irgend etwas kann da nicht stimmen, es dauert jeden Abend länger. Nach kurzem Nachdenken fällt uns ein, daß der Filter vielleicht regelmäßig, und nicht nur routinemäßig einmal im Monat, gereinigt werden müßte! Und wie wahr, nach einer Reinigung kommt das Wasser geradezu aus dem Filter herausgeschossen. Thomas braucht anschließend keine 15 Minuten, um seine Flaschen zu füllen. Manchmal scheint die tägliche Sonne unsere Gehirnwindungen auszutrocknen...

Aufstieg zum Mt. Kenia

Unser erstes größeres Ziel nach den Nationalparks ist der Mount Kenia. Dazu fahren wir einige Tage lang durch eine rolling-hill-Landschaft. Es geht immer hoch und runter, ohne Aussicht oder sonstige Besonderheiten. Die Hügel sind ziemlich steil, machen ein Hochkommen schwer und anstrengend. Und wenn dann als „Belohnung" nur das nächste Tal und der nächste Anstieg warten, schlaucht das mächtig. Besonders gemein ist ein LKW, der auf seiner Rückseite eine riesige Bierreklame spazieren fährt! Während wir bei kurz unter 30°C schwitzend jeden Kilometer erkämpfen, läuft uns bei diesem Anblick das Wasser im Mund zusammen.

Thomas ist heute schwer zu motivieren. Die dauernden Auf und Ab's zehren auch an seinen Nerven. Als wir dann noch eine der typischen Abkürzungen fahren (die Strecke ist bergiger, schlechter und länger als die Hauptroute), gibt es nur noch eine Möglichkeit: Ich zaubere echte Gummibärchen aus den Abgründen meiner Satteltasche! Gestern abend sind sie zwischen Ausrüstungsgegenständen aufgetaucht - was ich natürlich geheimgehalten habe. Um so größer ist die Wirkung: Antilopen am Wegesrand werden bedeutungslos, wann gibt's die nächsten Teddys?

So kommen wir spät abends in Naro Moru an, dem Ausgangspunkt für unseren Gipfelsturm. An der „Naro Moru Riverlodge" zelten wir und wollen von hieraus alles vorbereiten. Am wichtigsten ist dabei der morgige Ruhetag, um uns von den Anstrengungen der letzten Tage etwas zu erholen.

*

Der Point Lenana des Mt. Kenia mit seinen 4985 m läßt sich mit normalen Schuhen besteigen - schreiben zumindest die Reiseführer. Wir vermuten also einen Spaziergang, den wir alleine organisieren wollen. Gebuchte Touren sind eben viel teurer, als wenn man alles selbst in die Hand nimmt. Allerdings ist es auch schwieriger. Einen ganzen Tag brauchen wir, um unseren Transport zum Basislager zu organisieren. Hier werden Touristen richtig abgezockt, und da nützen uns auch die bisher erworbenen Preisverhandlungsstrategien wenig. Wir zahlen am Ende 25 US $ für die Fahrt, die etwa einen halben Tag dauert. Nebenbei kaufen wir Lebensmittel für drei Tage ein, schließlich gibt es in den luftigen Höhen des Mt. Kenia noch keine Restaurants. Die meisten Bergsteiger bringen sich die Nahrung aus Nairobi mit, was auch klüger ist, da die Auswahl dort größer ist. Auf einer Radtour läßt sich das verständlicherweise nicht machen. So sind wir auf die Vorräte des nächstgelegenen Dorfes angewiesen, die nicht gerade üppig sind. Der einzige Laden ist eine große Bretterbude, in der sich auf durchhängenden Regalen wenige Waren präsentieren. Wir greifen auf wenig nahrhafte Dinge wie Kekse, Brot und Obstdosen zurück, mehr können wir nicht auftreiben. Als Ergänzung bleiben uns da nur die Müsliriegel und die Dauerwurst, die wir noch aus Deutschland mitgenommen haben - und unsere Tütensuppensammlung.

Um Informationen über die Wanderstrecke zu bekommen, fahre ich unter anderem zu einem abgelegenen Hotel, das unser Reiseführer als Infobörse empfiehlt. Es liegt auf einem Berg - das war ja klar. Bei der Abfahrt - nachdem ich keine brauchbaren Hinweise bekommen habe - war ja auch klar - traue ich meinen Augen nicht: Plötzlich schlängelt sich eine grüne Schlange blitzschnell auf den Schotterweg. Ich habe keine Chance mehr zu bremsen, und fahre über sie rüber. Erinnerungen an Australien werden wach, wo Autofahrer vor solchen Situationen gewarnt haben: Mit etwas Pech können die Schlangen hochgeschleudert werden, um sich dann irgendwo festzubeißen. Entweder waren das die üblichen Gruselstorys oder ich habe Glück. Auf jeden Fall bleibe ich von einem Schlangenbiß verschont. Der Schreck sitzt mir aber tief in den Knochen.

Brücke in der Mt.-Kenia Region

Als wir im Dorf essen gehen, gesellt sich Peter, ein Einheimischer, zu uns und bietet sich als Bergführer an. Nach unseren Erkenntnissen kann man den Berg auch ohne Führer besteigen, aber Peter und seine Freunde belehren uns eines Besseren: Wenn wir zum Sonnenaufgang auf dem Gipfel sein wollen, müssen wir bei absoluter Dunkelheit wandern, und dabei sind Wegkenntnisse unerläßlich. Das macht Sinn.

Wir leihen von ihm noch einen Rucksack und zwei Wintermützen, schließlich wird es auf knapp 5000 m ziemlich kalt. Handschuhe und winterfeste Unterwäsche haben wir extra zu diesem Zweck mitgebracht, aber an Mützen haben wir nicht gedacht. Leihen kann man hier übrigens alles - allerdings zu enormen Preisen. Hier weiß man, was Touristen zahlen können.

Am nächsten Morgen geht es los. Mit den Rädern auf dem Autodach fahren wir mit einem Vierrad angetriebenen Jeep zur Mt. Kenia Wetterstation auf ca. 3000m. Zwischendurch passieren wir die Parkgrenze, an der wir einen guten Teil unserer Dollars lassen: Pro Tag werden 20 US $, pro Nacht 8 US $ fällig. Das geht mal wieder richtig ins Geld.
Da wir die Naro Moru Route gewählt haben, wird es für uns nicht ganz so teuer, wie auf den anderen, längeren Routen. Dafür haben wir aber den Nachteil, daß wir die regenreiche Seite des Berges erklettern. Hintergrund dafür ist die Tatsache, daß wir uns eigentlich auf einer Radtour befinden, und nicht zu viel Zeit für das "herumklettern" verwenden wollen. Mal kurz den beschriebenen Höhenmesser richtig ausprobieren und wieder runter - so ungefähr war unsere Vorstellung...
Nachdem wir uns in der ersten Nacht akklimatisieren, brechen wir am nächsten Morgen in strömendem Regen zu unserem Basislager auf. Beim Frühstück klaut uns noch ein vorwitziger Affe ein ganzes Brot, das wir trotz aufgenommener Verfolgung nicht mehr sicherstellen können. Ein ganzes Brot! Hoffentlich verhungern wir deshalb nicht!
Obwohl es regnet, sind wir schwer beeindruckt: Die hier wachsenden Pflanzen gibt es nirgends sonst auf der Welt. Riesige, futuristisch anmutende Gewächse säumen den Weg. In Regenbekleidung und Turnschuhen stiefeln wir durch tiefen Matsch bis hoch zum MacInders Camp auf 4200 m. Es wird merklich kälter und die Luft dünner. Gegen Abend reißt dann überraschend die Wolkendecke auf und wir staunen nicht schlecht: Direkt über uns erhebt sich der Bati-

an, der höchste Gipfel des Mt. Kenia mit 5199 m. Ein beeindruckender Anblick, besonders für uns Flachländer.
Spaß machen uns die Klippschliefer, die sich auch in diesen Höhen wohlfühlen. Die neugierigen Nagetiere mit ausgeprägtem Familiensinn sehen aus wie übergroße, graue Hamster, aber ihr nächster Verwandter ist der Elefant! Warum das so ist, kann man irgendwo nachlesen, mir glaubt das sowieso keiner.

*

Abends wird es so richtig kalt. Wir tragen drei T-Shirts, Weste, Pullover und Regenjacke übereinander, aber auch das hilft nur wenig. Unser Zelt steht neben einer Wanderhütte, in der man für viel Geld übernachten könnte. Hier drinnen ist es einigermaßen auszuhalten, weil wir eine weitere Wandergruppe getroffen haben und 12 Leute strahlen doch einiges an Hitze ab. Das Highlight in den Abendstunden ist ein Norweger, der eine Trompete mit sich herumschleppt. Er bringt uns ein kleines Ständchen, und es hat schon Stil, auf fast viereinhalbtausend Metern einem Trompetenkonzert zu lauschen.
Um 2.30 Uhr stehen wir auf. Im Zelt ist es sagenhafte 1,6° C „warm". Afrika? Wir klappen den von einer Eisschicht überzogenen Zelteingang zur Seite und bereiten uns auf den Gipfelsturm vor. Alle Wanderer sind wach, und wir treffen uns zu einem schnellen Kaffee in der Hütte. Nur einer ist nicht da: unser Bergführer!
Kurz entschlossen marschieren wir hinter der anderen Gruppe her. Es ist stockfinster und nur mit einer Taschenlampe, die der Führer ganz vorn auf seine Füße hält, wandern wir mit fünf anderen Touristen über einen schmalen Pfad dem steilen Hang entgegen, der zum höchsten begehbaren Punkt des Mt. Kenya führen soll. Wir klettern über Felsvorsprünge und leicht vereiste Bäche. Oft hören wir das Eis unter unseren Füßen knirschen, bevor der Schuh im kalten

Matsch versinkt. Es ist mehr ein Hochstolpern als Hochwandern. Alle 15 Minuten legen wir eine kurze Pause ein, um uns zu erholen. In dieser Höhe macht uns die dünne Luft ziemlich zu schaffen.

Nach einem steilen, serpentinenartigen Aufstieg holt uns David ein, der als Ersatzführer für Peter einspringt. Angeblich ist Peter krank geworden. Später stellt sich aber heraus, daß Peter nur vorgegeben hat ein Bergführer zu sein. Den Weg im Dunkeln zum Gipfel hätte er wahrscheinlich niemals gefunden.

Nach ca. zwei Stunden Aufstieg verlassen David, Thomas und ich die Gruppe, um schneller zu gehen. Wir wollen zum Sonnenaufgang auf dem Gipfel sein, und die Zeit wird knapp. In dieser Höhe ist ein schnelles Gehen für den Körper eine große Belastung. Thomas' Beine beginnen zu brennen, er atmet schnell. Bei 4700 m ist für ihn der Aufstieg zu Ende. Sein Blut pocht wie wild im Kopf und Schmerzen setzen ein. Das sind die ersten Anzeichen der Höhenkrankheit. Dann rutscht David plötzlich aus und seine Taschenlampe verschwindet laut scheppernd in der Tiefe. Zum Glück haben wir eine eigene griffbereit, nur die Batterien sind schwach.

Während Thomas in einer Hütte auf unsere Rückkehr warten will, treibe ich den Führer an: Für die restlichen knapp 300 Höhenmeter sind 1 1/2 Stunden eingeplant - wir schafften es in 20 Minuten. Aber wie! Während unter uns der mehrere hundert Meter tiefe Abgrund gähnt, springen wir von Stein zu Stein. Ohne Netz und doppelten Boden! Wir rutschen auf Geröll aus und schlittern tiefer; wenn möglich krallen wir uns mit den bloßen Fingern in den gefrorenen Schnee. Die Handschuhe habe ich lange ausgezogen, um besseren Halt zu finden. Mittlerweile bin ich mir sicher, daß auch David nur ein Möchtegern-Bergführer ist. Als es etwas heller wird, erkenne ich seine Schuhe: Es sind Gummistiefel!! Das Ganze kommt mir vor wie ein schlechter Traum.

Aber wir schaffen es, kurz vor Sonnenaufgang sind wir oben. In meinem Kopf hämmert es wie in einer riesigen Fabrikhalle und mein Atem rast wie in der letzten Runde eines Moutainbike-Rennens. 4985 m und - 4° C mitten in Afrika!

Der Ausblick auf das gerade erwachende Kenia ist atemberaubend. Passend dazu bläst der Schwede auf seiner Trompete einige hundert Meter unter mir die Erkennungsmelodie von Star Wars - was für ein Gefühl.

Der eisige Wind pfeift mir um die Ohren, trotzdem will ich möglichst lange den Ausblick genießen und Fotos machen. Dazu gehört natürlich auch eine Aufnahme mit dem Gipfelkreuz und einer Spitzhacke, die David mitgeschleppt hat.

Der Abstieg wird noch lebensgefährlicher als der Aufstieg. Stück für Stück arbeite ich mich zu einem Schneefeld vor, es geht fast senkrecht herunter. Wieder bemächtigt mich die Frage, warum ich mir das eigentlich antue. Schließlich könnte ich jetzt auch bequem mit einem Bier in der Hand vor der Glotze sitzen und mir einen Bericht über eine Reise durch Afrika ansehen. Ich erreiche das Schneefeld, auf dem ich in meinen Turnschuhen ganz gut vorankomme. Meinen "Bergführer" lasse ich zurück, mit seinen Gummistiefeln hat er auf dem gefrorenen Schnee keine Chance. Er braucht eine halbe Stunde länger, um zur Gruppe zu stoßen, die in der Hütte auf uns wartet. Thomas hat sich ganz gut erholt, er macht schon wieder Witze. Anders geht es einem Engländer, den die Höhenkrankheit richtig hart erwischt hat: Der ganze Fußboden ist mit dem Abendbrot von gestern bedeckt. Einige Stückchen kleben auch an der Wand. Er zittert am ganzen Körper und ist nicht mehr ansprechbar.

Thomas, David und ich sind die einzigen, die zum Basislager zurückgehen, die anderen wählen eine alternative Abstiegsroute. Zum Abschied schenkt Thomas der frierenden Freundin des Engländers seine Handschuhe: Wir werden jetzt in das warme Afrika zurückkehren!

Zum Indischen Ozean

Auf dem Weg vom Mt. Kenia zum Indischen Ozean - jetzt endlich wieder auf den vollbeladenen Mountainbikes - geht es über den Äquator. Wie überall auf der Welt auch hier ein guter Grund, eine ganze Souvenirstadt aufzubauen. Mittlerweile haben wir uns auf das Handeln um alles und jedes eingestellt, und das merken auch die Händler. Wir nehmen uns viel Zeit, sprechen über das Wetter, Europa und das Leben an sich. Wie nebenbei werden uns Gegenstände gezeigt, denen wir nur beiläufig Beachtung schenken. Scherzhaft werden von beiden Seiten Preise genannt, um dann über gefährliche Autofahrer herzuziehen.

Der Trick beim Handeln ist einfach: Nie ernsthaftes Interesse zeigen und immer nur einen Bruchteil dessen bezahlen, was die Händler haben wollen. Die ersten Tage sind wir natürlich wie alle, die sich neu auf Preise und Verhandlungsstrategien einstellen müssen, mächtig über den Tisch gezogen worden. Nun bemühen die Verkäufer auch schon mal die kranke Oma und den Hunger ihrer großen Verwandtschaft um uns von ihren „sehr, sehr niedrigen Preisen“ zu überzeugen: „A very special price, only for you!“. Nachdem beide Seiten lange genug ihren Spaß hatten, erstehen wir kleine Geschenke für etwa 10% des ursprünglich geforderten Preises. Dem Grinsen des Verkäufers entnehmen wir, daß wir - wie es Europäer wohl immer tun - mal wieder zuviel bezahlt haben.

*

Die Landschaft rund um den Mt. Kenia ist wunderschön. Erinnerungen an Süd-Ost-Asien werden wach, die Ähnlichkeit ist verblüffend. Bananenplantagen, Hütten aus Palmenblättern gebaut und überall Grün. Die Luftfeuchtigkeit ist auch entsprechend hoch, und am Straßenrand gibt es immer wieder kleine Verkaufsstände für Obst. Auch die Qualität der Herbergen in denen wir absteigen, unterscheidet sich kaum von denen mehrere tausend Kilometer westlich. Um unser Portemonnaie nicht allzusehr zu belasten, übernachten wir in möglichst billigen und entsprechend einfach ausgestatteten Zimmern. „Einfach ausgestattet" bedeutet dabei in der Regel zwei Betten, einen Tisch, zwei Stühle. Das Klo ist abwechselnd im Zimmer oder auf dem Flur.

In Nanyuki ist die „Sanitäreinrichtung" zum Glück auf dem Flur. Es gibt nämlich kein Wasser, ohne das die Klos nicht funktionieren. Da niemand daran denkt, die Toiletten nicht zu benutzen, stinkt die Sache im wahrsten Sinne des Wortes bis zum Himmel...

Schnell wieder auf's Rad, bevor die Händler auftauchen!

Beim Frühstücken - es gibt noch immer kein Wasser im Ort für die Klospülung - sind wir wie immer sofort von einer Horde neugieriger Kinder und Erwachsener umringt. Das Restaurant besteht aus einer Bretterbude mit einer Grundfläche von etwa 4 m² und zwei großen Fenstern (allerdings ohne Fensterscheiben). Die neugierigen Menschen stehen vor den Öffnungen oder sogar direkt vor unserem Tisch und verfolgen jede unserer Bewegungen. Zuerst empfanden wir es als unangenehm, dauernd beobachtet zu werden, mittlerweile haben wir uns daran gewöhnt. Schließlich kommen in diese Ecken ganz selten weiße Touristen, und da darf man schon mal staunen. In Europa ist es ja nicht anders. Wer hat nicht schon mal in der Straßenbahn ein kleines Kind seine Mutter fragen hören „Mami, warum ist der Mensch da hinten so schwarz?" Und für einige große Kinder sind die andersartigen Menschen so angsteinflößend, daß sie deshalb rechte Parteien wählen oder - wenn eine Portion Dummheit dazu kommt - deren Häuser anstecken. Da geht es hier in Afrika - zumindest in diesem Teil des Kontinents - glücklicherweise toleranter zu. Während wir also in diesem Verschlag sitzen und neben dem Essen die neusten amerikanischen Seifenopern im Fernsehen sehen (!), kommen wir mit den Wirtsleuten ins Gespräch. Wir erzählen von unseren Plänen und wie immer wird die Vorstellung, mit dem Fahrrad nach Südafrika fahren zu wollen, nur von ungläubigem Kopfschütteln begleitet. Wir werden gewarnt vor den vielen wilden Tieren und Bürgerkriegen, die Leute machen sich richtig Sorgen. Am Ende, als wir uns herzlich verabschieden, bitten die beiden noch darum, daß wir ihnen eine Postkarte schicken, wenn wir wieder heil zu Hause angekommen sind.

*

Die Strecke Richtung Embu, einer kleinen Stadt im Süden des Mt. Kenia, ist traumhaft schön. Tropenähnliches Grün und die vielen Fruchtplantagen haben etwas Belebendes. Wenn es nur nicht dauernd hoch und runter gehen würde! Die Streckenführung macht uns schwer zu schaffen. Geraden, auf denen wir uns mal etwas ausruhen könnten, gibt es nicht. Thomas beginnt das erste Mal ernsthaft darüber nachzudenken, ob er nicht ein Auto anhalten sollte, um sich bis zum Zielort mitnehmen zu lassen. Mit Mühe widersteht er der Versuchung. Zum Glück finden wir kurz vor Embu ein kleines Hotel, in dem wir zwei Einzelzimmer buchen. Das erste Mal gibt es keine Doppelzimmer, was wir aber gerne in Kauf nehmen. So wird die Übernachtung zwar geringfügig teurer, aber mal seine eigenen vier Wände zu haben, ist auch entspannend.

Weil wir in dem kleinen Ort, der nur aus wenigen Hütten besteht, eine absolute Sensation sind, wird extra für uns gekocht. Bei der Essensbestellung schicken wir gleich mit auf den Weg, daß wir einen Riesenhunger haben. So bekommen wir Berge von Köstlichkeiten des Landes serviert. Die Vielfalt und Menge der Nahrungsmittel in dieser Region ist wirklich verblüffend und wirkt sich auch positiv auf uns aus: Nach guten Mahlzeiten kann man einfach besser radfahren, bzw. sich von den Kilometern des Tages erholen.

Die Erholung durch Schlaf muß aber auf sich warten lassen, denn wir verbringen die halbe Nacht mit dem Boß des Hotels und dem Koch. Beide sind sehr interessiert an den Verhältnissen in Deutschland, am Schulsystem, an den Kosten für Lebensmittel usw. Es ist oft schwer zu erklären, wie gewaltig der Unterschied zwischen den Lebensumständen in Afrika und Europa ist. Und es gelingt uns vermutlich nie richtig, ihn darzustellen. In Afrika herrscht zum Teil eine Vorstellung von Europa und Amerika, wie sie durch diese langweiligen amerikanischen Serien wie Dallas und Denver transportiert werden. Andere, vielleicht die ohne Fernseher, vermuten wiederum nur viel geringere Unterschiede, als tatsächlich vorhanden sind.

Boß und Koch kennen sich in einem Punkt der deutschen Kultur viel besser aus als wir: in der Bundesliga. Unsere Kenntnisse sind bei soviel Fachwissen geradezu peinlich. Und eine genaue Erklärung für das frühe Ausscheiden der Nationalmannschaft bei der letzten WM will uns auch nicht einfallen...

Kaum ist die Nacht vorbei, stehen unsere neuen Freunde neben dem Frühstückstisch. Ob wir denn noch ein wenig Zeit hätten? Eine solche Frage kann in Afrika verheerende Folgen haben, die Relativität der Zeit entfaltet erst hier ihre richtige Bedeutung. Trotzdem lassen wir uns darauf ein.
Zwei Stunden später kommen die beiden mit allen erdenklichen Früchten der Umgebung zurück und haben sich vorgenommen, uns Namen, Zubereitungsart, Reifegrad und Geschmack jeder Sorte zu zeigen. Das ist natürlich eine tolle Sache und so lernen wir mal wieder richtig etwas dazu, was sich insbesondere auf die kommenden Obstsalate positiv auswirkt.

Halbwüste

Die nächsten 50 Kilometer fahren wir fast nur bergab. Schon bald führt die Strecke nicht mehr durch grüne Landschaften, sondern durch Halbwüste. Hauptsächlich liegt dieser krasse Gegensatz an der geringeren Höhe dieses Landesteils. Es ist viel wärmer, aber die Luftfeuchtigkeit ist fast nicht mehr zu spüren. Wie jeder Berg scheint auch der Mt. Kenia sein Wetter „selbst zu machen". Mein Erdkundeunterricht liegt schon ziemlich lange zurück, aber ich erinnere noch, wie Luftmassen sich an Berghängen anders verhalten, Thermik das Wetter beeinflußt und Wolken sich an den Steilhängen abregnen. Und das alles macht die Mt. Kenia-Gegend so reich an Nahrungsmitteln, die Landschaft außerhalb dieser besonderen Einflüsse aber zum „normalen" Afrika. Dornensträucher, roter, staubiger Sand und ausgetrocknete Flußläufe bestimmen ab sofort die Szenerie am Rande der Straße. Die Armut der Steppenbewohner könnte nicht gegensätzlicher sein zu denen in der Nairobi- und Mt. Kenia Region. Die Hütten bestehen aus einem Astgerippe das mit Schlamm und Kuhdung beworfen wird, es gibt kaum Wasser und die kleinen Geschäfte haben zum größten Teil leere Regale im Angebot. Die neuen Umstände machen sich auch an unseren Unterkünften bemerkbar: Die Zeit des Duschens ist vorbei. Statt dessen füllen wir unseren Kochtopf in einer Wanne mit etwas Wasser und gießen ihn über uns.

Auch die Straßenbeschaffenheit verändert sich. Die Asphaltstrecken werden durch staubige, von Schlaglöchern übersäte "weatherroads" abgelöst. Eine Piste, die zwischen steinigem und sandigem Untergrund wechselt. Es ist manchmal schwer, das mit vier Taschen beladene Mountainbike in der Spur zu halten. Aber trotz schwerer Fahrarbeit: Das ist das ursprüngliche Afrika. Herrlich! Besonders begeistert uns die rote Erde, die in der intensiven Sonne wunderschön leuchtet. Und da vermutete ich doch, daß Australien einmalig mit der roten Erde ist! Schon wieder was dazugelernt.

*

Es ist nicht einfach, eine Stadt wie Kahgondi zu finden, obwohl sie auf der Karte fast die Größe Nairobis erreicht. Kaum haben wir das Stadtschild passiert, folgt das Stadtausgangsschild. Verdutzt bleiben wir stehen. Glücklicherweise treffen wir jemanden, der uns in die "Stadt" lotst, die nur durch einen kleinen, sandigen Weg zu erreichen ist und versteckt hinter hohen Büschen liegt. Es sieht aus wie im Wilden Westen. Eine Ansammlung von Wellblechhütten, eine staubige Straße über die etwas Müll weht und kleine Lagerfeuer, auf denen spärliche Mahlzeiten gekocht werden. Jeden Moment rechnen wir damit, daß es Zwölf-Uhr-Mittags schlägt und sich zwei Revolverhelden gegenüberstehen.

Es gibt ein kleines Hotel und der Besitzer weiß genau, daß dies der einzige Ort für uns ist, in dem wir übernachten können - auch hier regelt das Angebot den Preis, bzw. wird ein Monopol schamlos ausgenutzt. Dafür kann uns unser Wirt aber noch etwas Eßbares besorgen - Reis mit Fleischsoße - und verkündet stolz, daß er auch der Besitzer der einzigen Kneipe ist. Da lassen wir uns nach der kleinen Mahlzeit nieder und erfahren so, daß dieser Ort früher mal eine Tankstelle hatte und das deshalb die Eintragung in der Landkarte so groß ausgefallen ist...

Halbwüste. Im Hintergrund ein beeindruckender Baobab

Bevor wir am nächsten Tag in einen anderen Landesbezirk fahren können, erwartet uns unsere erste Straßensperre. Es ist schon ein komisches Gefühl, wenn da mitten auf der Straße, meilenweit von der nächsten Behausung entfernt, zwei von Schüssen durchlöcherte Tonnen stehen, und vermummte Personen aus einem Pförtnerhäuschen sehen. „Immer locker bleiben", heißt da die Devise. Es geht tatsächlich ohne Mord und Totschlag über die Bühne. Wir werden nur gefragt, wohin wir fahren wollen und wo wir bisher waren. Reine Neugier. Als wir merken, daß uns die grausig aussehenden Typen doch nicht zum Frühstück verspeisen wollen, werden wir übermütig und fragen, ob wir von der Straßensperre ein Foto machen dürfen. Sogar das ist kein Problem!

Nachdem wir die ersten fünfzig Kilometer des Tages hinter uns gebracht haben, was auf dieser sandigen Piste schon sehr viel ist, hält plötzlich ein Auto vor uns. Wieder sind wir ewig weit vom nächsten Haus entfernt und die Gefahr durch somalische Banditen ist uns bewußt. Ein Mann springt aus dem Auto und läuft direkt auf uns zu. Als er näher kommt sehen wir, daß er keine Waffe trägt. Er strahlt uns an und freut sich. Er sei der Pastor einer entfernten Gemeinde und habe uns gestern schon auf unseren Rädern gesehen. Er möchte uns in Kenia willkommen heißen, und wünscht uns alles Gute und Gottes Segen für den weiteren Weg. Sagts, steigt wieder in sein Auto und fährt weiter. Das war ja eine nette Überraschung.

Eine weitere freundliche Begegnung ist das Treffen mit Hilary, den wir 12 km vor Kitui treffen. Er begleitet uns bis in die Stadt. Seine Begründung: "Ein irischer Priester sagte mir einmal: Wenn Du einen Weißen siehst, begleite ihn und unterhalte dich mit ihm. Du wirst immer etwas lernen." Ob diese Lebensweisheit auch auf uns zutrifft - keine Ahnung - auf jeden Fall haben wir so für den Rest des Tages einen ortskundigen Führer, der uns bei Hotelsuche und Einkauf hilft. Am Ende haben wir vermutlich mehr von ihm gelernt, als er von

uns. Wir laden ihn zum Essen ein, überreichen ihm unsere legendäre Aufkleber- und Souvenirsammlung aus Deutschland als kleines Dankeschön und wollen uns verabschieden. Da kommt die ganz offene Frage nach Geld.
Es ist immer das gleiche, unangenehme Theater. Während wir versuchen, uns durch Einladungen und kleine Geschenke für Hilfen erkenntlich zu zeigen, machen wir die Erfahrung, daß am Ende doch nur das Geld zählt. So schade wir es finden, weil wir vermuten müssen, daß die kurze Beziehung nur darauf ausgerichtet war, am Ende Bargeld mit nach Hause zu nehmen, so sehr können wir es verstehen. Die Menschen hier sind meist bettelarm und können sich Großmut gegenüber „reichen Weißen" nicht leisten. Wir sind der Meinung, daß wir das Betteln nicht unterstützen sollten, denn sonst wird jeder Reisende automatisch als herumlaufender Geldautomat angesehen. Bei Hilary werden wir aber inkonsequent und machen eine Ausnahme, wir können es nicht übers Herz bringen, ihn ohne Geld wegzuschicken. Außerdem: Wie schwer muß es ihm gefallen sein, diese Frage zu stellen?

*

Auf dem Weg zum Indischen Ozean stoppen wir in kleinen Orten, deren Erwähnung auf der Landkarte vermutlich nur auf Bestechung zurückzuführen ist. Klein, unscheinbar, arm. Wir vermissen jetzt schon das Grün um den Mt. Kenia. Trotzdem macht das Fahren Spaß und die Landschaft beeindruckt uns immer aufs Neue. Besonders über die Baobabs, afrikanische Affenbrotbäume, staunen wir immer wieder. Sie sind absolut gewaltig. Der Umfang von bis zu zehn Metern stellt jede tausendjährige Eiche in den Schatten. Vor allem ist der Kontrast dieser Giganten zum ansonsten eher spärlichen Bewuchs der Landschaft auffällig. Dazu die rote Erde und ein blauer Himmel - einfach perfekt.

Um den schönen Tag abzurunden, wollen wir im Hotel in Mutomo Spaghetti kochen. Es erzeugt großes Aufsehen, als Thomas unseren kleinen Benzinkocher vor unser Zimmer stellt und ihn entzündet. Das laute Fauchen der Flammen lockt die anderen Bewohner auf den „Flur“ (er ist nicht überdacht, wir sind also draußen). Es dauert nicht lange, diese Köstlichkeit zuzubereiten und ganz entzückt spendet uns ein Nachbar Beifall, als wir die ersten Spaghetti verspeisen. Das Gewürz für die Soße kommt sogar noch aus Deutschland: Heute ist Miracoli-Tag!

Nach dem gelungenen Essen lehnen wir uns zufrieden zurück und lassen die vergangenen Wochen an uns vorüberziehen. Bei diesem kleinen Zwischenresümee stellen wir fest, daß wir schon einiges erlebt haben und gut harmonieren. Das gute „Miteinander Auskommen“ ist wichtig, damit die Tour Spaß macht. Lange Reisen scheitern häufig daran, daß sich die Reisenden irgendwann nicht mehr verstehen und sich trennen. Wir haben uns im Vorfeld der Fahrt viele Gedanken dazu gemacht, denn kleine Unstimmigkeiten sind immer zu erwarten. Schon auf unser zweimonatigen Alaskatour war das „Geheimrezept“: Reden, reden, reden! Sobald auch nur eine Kleinigkeit im Verhalten des anderen nervt, wird sie angesprochen. Nur so ist es zu vermeiden, daß viele Kleinigkeiten zusammenkommen und einen großen Knall ergeben. Jeder kennt die Situation aus Beziehungskisten: Wie aus dem Nichts entsteht da ein Streit, der in einer Trennung endet und am Ende weiß keiner mehr, um was es eigentlich ging. Oft fällt dabei ein Satz wie „und was ich Dir schon immer mal sagen wollte...“. Das deutet darauf hin, daß über einiges hinweggesehen wurde, was aber trotzdem genervt hat und am Ende zu einer großen Explosion geführt hat.

*

Inzwischen fahren wir auf der Hauptstraße Nairobi - Mombasa auf asphaltierter Straße. Eigentlich etwas Schönes, nur sie bringt auch jede Menge Trucks und Verkehr mit sich. Wir müssen höllisch aufpassen, nicht unter die Räder zu kommen. Hinzu kommt ein Gegenwind, der zum Nachmittag an Stärke zunimmt und uns schwer zu schaffen macht.

Bevor wir die Grenze zu den Nationalparks Tsavo West und Ost überqueren - nur diese Straße ist von den ansonsten geltenden Nationalparkregeln ausgenommen - erkundigen wir uns bei einem Ranger, ob es problematisch sei, mit dem Rad durch den Park zu fahren. Aber er verneint, meint nur, daß wir uns der Tiere in unmittelbarer Nähe bewußt sein sollen. Der Lärm der vielen Autos wird die Tiere vermutlich von der Straße fernhalten. So sehen wir auch nur ein paar Affen, die zutraulich am Wegesrand herumlungern.

Kurz vor Mombasa am Straßenrand

Kleine Orte wie Mackinnon Road sind fast ausschließlich auf die Bedürfnisse der Fernfahrer ausgerichtet. Waren werden direkt an der Straße angeboten und kleine Restaurants laden zu einem Stop mit schnellem Essen. Zwischen Nairobi und Mombasa (auf dieser Hauptverbindungsstraße sind es 500 km) kommt wohl kaum jemand auf die Idee, übernachten zu wollen. Radfahrer ausgenommen. Entsprechend abenteuerlich gestaltet sich die Übernachtung in Manyani. Der Ort besteht aus einem großen Gefängnis und zwei Bars. Klar, daß sich hier die Schließer nach Feierabend vergnügen wollen, was sie denn auch lautstark tun. Neben dem Alkohol lädt auch ein rot beleuchtetes Zimmer zum Verbringen des Feierabends ein. Die Frauen dort kommen kaum dazu, selbst mal ein Bier zu trinken.... Bei dem ganzen Lärm rundherum hilft nur Ohropax, um etwas schlafen zu können.

Autounfall in Mombasa

Bei Mombasa, eine der großen Metropolen Afrikas, erblicken wir das erste Mal den Indischen Ozean. Bevor wir den aber genießen können, müssen wir in die Millionenstadt hineinfahren. Eine einzige Tortur. Massenhaft stinkende Vehikel die nur ein Ziel haben, nämlich uns zu zerquetschen. Wir können uns trotz mehrfacher, eindeutiger Mordversuche durch Autofahrer behaupten und chekken in das "Cosy Guesthouse" ein. Diesmal ist es nicht so einfach, eine Unterkunft zu finden. Problematisch ist besonders die Unterbringung der Räder: Wir brauchen ein Zimmer, in das auch unsere Räder hineinpassen, sonst können wir sie gleich verschenken. Und die Zimmer dürfen auch nicht in der x-ten Etage liegen, weil wir unsere Anabolika zu Hause gelassen haben, die es uns erlaubt hätten, die schwer beladenen Bikes stundenlang Treppen hochzutragen. Erst das fünfte Hotel entspricht diesen Anforderungen.

Den ersten Tag in Mombasa verbringen wir mit touristischen Lieblingsbeschäftigungen: Wir kaufen Souvenirs und schlemmen uns durch das umfang-

reiche Nahrungsmittelangebot. Die große Auswahl an Obstsorten, verschiedenen Restaurants und Supermarkt ähnlichen Geschäften ist zu verlockend.
Von Mombasa schicken wir auch das erste Paket nach Hause, in dem Reiseerinnerungen und überflüssige Ausrüstungsgegenstände verpackt sind. Wir hatten beschlossen, mit nur einem Kocher und entsprechend weniger Kochgeschirr zu reisen, und auch die wärmeren Klamotten können wieder zurück.
Die Paketaufgabe bei der Hauptpost nimmt einen Großteil des Nachmittages in Anspruch: Als wir stolz mit unseren fertig verpackten Paketen auf der Post erscheinen, wird uns als erstes ein Stapel Formulare in die Hand gedrückt. Nachdem wir den bearbeitet haben, verlangt der Zoll sein Recht. Wir sollen die Pakete aufschneiden, sie wollen den Inhalt sehen. Unser Klebeband ist verbraucht, und wir müssen Neues kaufen. Nach über zwei Stunden ist endlich alles erledigt und wir kaufen Briefmarken für 30.- DM. Mein Paket tapeziere ich mit 49 Stück, weil nur Briefmarken für Postkarten zu bekommen sind! Nur die Ruhe behalten und an die vielen Briefmarkensammler in Deutschland denken.

Als wir abends unser wohlverdientes Feierabendbier trinken gehen wollen, passiert das Unfaßbare: Ein Auto kommt mit hoher Geschwindigkeit von hinten auf uns zu und nimmt Thomas auf die Haube. Es geht alles ganz schnell. Thomas wird zur Seite geschleudert und bleibt an einer Kioskwand liegen. Der Autofahrer macht sich aus dem Staub, von meinen Flüchen und denen der Einheimischen begleitet. Thomas sitzt ganz benebelt auf dem Boden und tastet sich ab. Zum Glück ist nichts Schlimmes passiert, nur ein paar Hautabschürfungen. Es ist wirklich nicht zu glauben! Und der Typ fährt einfach weiter!

*

Unser eingeplanter Kulturtag in Mombasa erfährt eine unerwartete Wendung. Als wir gerade in das Fort Jesus - die alte Festungsanlage von Mombasa - gehen wollen, sprechen uns zwei junge Frauen aus Berlin an. Chris und Sandra sind gerade aus Deutschland gekommen, und fühlen sich in dieser großen Stadt völlig allein und hilflos. Da erwacht natürlich unser Ritterherz, zumal die beiden ganz nett sind. Irgendwie sind sie auf die Idee gekommen einfach mal nach Kenia zu fliegen - vermutlich waren die Flüge zu den Kanarischen Inseln gerade ausgebucht. Das Chaos der Dritten Welt, der Temperaturunterschied, die neuen Gerüche, der Linksverkehr, die vielen „fremdländischen" Menschen (obwohl wir Bleichgesichter hier natürlich die Fremdländischen sind!) haben den beiden das „Panik-P" auf die Stirn geschrieben. Und das merken Safarianbieter, Obstverkäufer und alle anderen sofort und lassen sie nicht mehr in Ruhe. Am Ende verbringen wir den ganzen Tag zusammen. Wir schlendern durch die Gassen der Altstadt von Mombasa, kaufen auf dem sehenswerten Markt exotische Früchte, die wir abends zu einem erstklassigen Obstsalat verarbeiten. Dabei machen wir Chris und Sandra so gut es geht mit Preisen und Gebräuchen vertraut, besorgen zusammen ein Zugticket nach Nairobi für sie und geben ihnen Adressen mit, um z. B. eine Safari in die Massai Mara zu buchen.

Wie es der Zufall wollte, haben die beiden nicht nur in unserem Hotel ein Zimmer gebucht, nein, es liegt sogar auf dem gleichen Flur, fast nebenan. So ist es ein langer, schöner Tag geworden, bevor Thomas und ich am nächsten Morgen Mombasa verlassen.

Entlang Kenias Küste

Um den Touristenmassen zu entgehen, fahren wir die Küste des Indischen Ozeans entlang nach Norden bis Watamu, einem kleinen Nest kurz vor Malindi. Der Weg dorthin wird von einer schon vergessenen Naturerscheinung begleitet: Regen. Während Thomas seine Regensachen anzieht, bin ich viel zu faul sie aus der Gepäcktasche zu holen und denke, daß es schon bald aufhören wird. Erst als ich naß bis auf die Knochen bin, sehe ich den Irrtum ein. Es regnet ununterbrochen. Mittags kehren wir in einem unscheinbaren Lokal ein, in dem es Bohneneintopf gibt. Die Besitzer sehen uns an, als kämen wir von einem anderen Stern. Kein Wunder, die Regensachen in extrem auffälligen Farben, die nassen Haare und T-Shirts und unsere komischen Gefährte ergeben schon eine ungewöhnlich aussehende Mischung.

Im stärksten Regen zischt Thomas' Hinterreifen ganz verdächtig. Und richtig, er hat einen Plattfuß. Warum muß das immer bei Regen, Sturm, Schnee, Dunkelheit, sandiger Piste oder einer anderen Katastrophenbedingung passieren? Aber auch das kann uns nicht aus der Ruhe bringen. Wir legen einen neuen Schlauch ein und weiter geht's.

Nach langem Herumfragen finden wir eine traumhafte Unterkunft. Direkt am Ozean mieten wir uns auf einem Gelände ein, das normalerweise von Jugendgruppen genutzt wird. Watamu ist ein übersichtliches Dorf, und man lernt sich schnell kennen. Allerdings ist es nicht vom „typischen" Tourismus verschont geblieben und so sehen wir viele weiße Männer mit schwarzen Schönheiten in kleinen Absteigen verschwinden. Überraschend ist für uns die noch größere Zahl der farblosen Frauen, die sich schwarze Lover angeln! Das wird uns zu vorgerückter Stunde nicht ohne Stolz von den Massaikriegern bestätigt, mit denen wir am Tisch sitzen. Aus ihrer prachtvollen Bekleidung zaubern sie

Adressen ihrer Verflossenen und fragen uns, ob wir die deutschen Orte kennen, aus denen die Frauen kommen.

*

An unserem ersten richtigen Tag am Indischen Ozeans fahren wir mit einem Glasbodenboot zu den Korallen raus. Die Korallenriffe sind weltberühmt und werden durch den „Watamu Marine Nationalpark" geschützt. Wir bekommen Schnorchel und Taucherbrille und können selbst zwischen den Korallen herumschwimmen. Dabei sind die vielen bunten Fische, die Brotreste aus der Hand fressen, am schönsten. Die Korallenriffe selbst sind leider schon sehr zerstört. Die Vergleiche zu Hawaii und dem Great Barrier Reef in Australien, die die Hochglanzbroschüren gerne bemühen, hinken ganz gewaltig. Trotzdem genießen wir das klare Wasser und die beeindruckende Unterwasserwelt.

Die erste Krankheit

Die Unbeschwertheit findet am nächsten Morgen ein jähes Ende: Thomas liegt zitternd im Bett. Bei 39° C Fieber und heftigem Durchfall schwinden ihm sämtliche Sinne. Er sagt fast kein Wort, liegt unter dem Moskitonetz, als wenn er gleich das Zeitliche segnet. Ich krame unser Medizinbuch hervor, das uns Hilfestellung in solchen Fällen geben soll. Aber eine genaue Diagnose ist nicht möglich. Ein bißchen Malaria, ein bißchen Ruhr, ein bißchen Lebensmittelvergiftung: Alles ist möglich. Wir messen regelmäßig Fieber und ich sehe mich im Ort schon mal vorsorglich nach Ärzten um. Abends kann ich Thomas überreden, einen Keks zu essen.

Vermutlich hat er trotz Vorsicht verunreinigte Lebensmittel gegessen. Wir achten wirklich immer darauf, z. B. nie bereits geschältes Obst oder fertig zubereitete Salate zu essen. Selbst das Eis in einem Glas Cola kann verunreinigt sein und uns für Tage außer Gefecht setzen. Aber hier scheint sich irgendein Dreck in Thomas' Essen verirrt zu haben, der ihn für 24 Stunden zwischen Klo und Bett hin und her jagt. Zum Glück sind am nächsten Morgen die Magenkrämpfe und das Fieber verschwunden. An eine Weiterfahrt ist natürlich noch nicht zu denken, ein Tag Erholung muß sein.

Die nächsten beiden Tagesetappen zurück nach Mombasa gestalten wir kurz, um Thomas' Körper Gelegenheit zum Verschnaufen zu geben. Dazu steuern wir nach 60 km ein kleines Hotel in Kifili an. Mit Aussicht auf das bunte Treiben des Marktplatzes beziehen wir unsere Zimmer. Es ist herrlich, unbemerkt dem Feilschen, Kaufen und Verkaufen der Menschen auf dem Markt zuzusehen. Bei einem kleinen Rundgang durch den Ort wenden wir Trick 17 an, um Fotos vom Geschehen machen zu können: Einer von uns stellt sich in Pose und der andere tut so, als würde er ihn fotografieren. Tatsächlich zielt das lange Objektiv aber haarscharf am Reisepartner vorbei, zu einem viel interessanteren Geschehen im Hintergrund. Ein ziemlich alter Trick, könnte der kritische Leser nun anführen, aber egal, er ist noch immer sehr wirkungsvoll. Besonders mit der Art Objektive, die wir mitgenommen haben: 28 - 200 mm Zoom. Mit ausreichender Lichtempfindlichkeit sind die Objektive nicht ganz billig gewesen, ersparen aber das Umschrauben verschiedener Brennweiten, das besonders bei Afrikas feinem Sand nur Schäden an der Kamera verursachen würde.

Wir haben 20 Filme mitgenommen, weil Diafilme hier eher schwer zu bekommen sind und vor allem auch mehr kosten als in Deutschland. In regelmäßigen Abständen wollen wir uns weitere Filmrollen schicken lassen, um sie nicht ein halbes Jahr den enormen Temperaturen auszusetzen. Dazu haben wir uns extra einen Bleibeutel besorgt, der die Filme bei der Versendung vor den Röntgenstrahlen der Durchleuchtungsmaschinen schützen soll. Übrigens verwenden wir hauptsächlich 100 ASA Filme, als Ergänzung einige 400er. Wir haben vorher lange gerätselt, wie lichtempfindlich Filme für eine solche Tour sein dürfen, haben uns am Ende für ganz normale entschieden, nachdem uns niemand andere Alternativen plausibel machen konnte. Aber jeder richtige Fotofreak wird da seine eigene Philosophie haben. Wir gehören da mehr in die Kategorie derjenigen, die eine High-Tech Kamera mit sich herumtragen, damit sie alles allein macht. Damit nutzen wir das Potential dieser Wunderteile zwar nur sehr begrenzt aus, aber jedesmal versprechen wir uns, den Optionen der Kameras zu Hause mal richtig auf den Grund zu gehen. Mittlerweile habe ich meine Kamera vier Jahre und sie muß noch immer alles alleine machen...

Trickreiche Zugfahrt nach Voi

Da wir die Strecke zwischen Mombasa und Voi schon geradelt sind, wollen wir uns das Gleiche nicht noch einmal antun, zumal dieser Streckenabschnitt nicht besonders reizvoll war. Um so aufregender ist allerdings die Zugfahrt. Die erste Auskunft ist, daß man Räder nicht mitnehmen darf. Selbst ein Gespräch mit dem Bahnhofsdirektor hilft uns da nicht weiter. Er sagte nur vage „es wird sich schon eine Lösung für unser Problem finden“, was nur bedeuten kann, daß wir irgend jemandem zum rechten Zeitpunkt ein kleines Taschengeld in die Hand drücken müssen. Ein Vorgang, der immer schwer einzuschätzen und auszuüben ist. Schmiert man den Falschen, kann das üble Folgen haben. Schmiert man nicht oder im falschen Augenblick, kann das genau so schlecht sein.

Wir kaufen also normale Personenfahrkarten und steigen in den Zug. Vorsorglich stellen wir uns mit den Rädern in einen Gang der zweiten Klasse, nicht der Dritten. Das erweist sich als clever, da die dritte Klasse überhaupt nicht beleuchtet wird. Es ist stockduster, was Langfinger als Einladung ansehen müssen. Ich will Thomas aufmuntern und erzähle ihm einen dieser beliebten Radtourer-Shanties:

Während einer nächtlichen Zugfahrt inklusive Rad auf Sumatra fiel unerwartet das Licht aus. Prompt hatten mein damaliger Reisepartner und ich jeweils zehn Jugendliche um uns gescharrt, die ganz interessiert unsere Ausrüstung betrachteten. Wir griffen schnell zu den Taschenlampen, was zu einer belustigten Stimmung beitrug. Alle wußten, daß die Nacht lang und die Batterien schwächer werden würden. Zum Glück hatten wir noch Kerzen dabei, die uns tatsächlich bis zum Morgengrauen durchhalten ließen. Die kleinen Indonesier - Stephan und ich sind beide über 1,90 m groß - lagen die ganzen Zeit auf der Lauer und hofften, daß wir einschlafen würden! Obwohl tatsächlich zwei Reißverschlüsse unserer Packtaschen unbemerkt geöffnet werden konnten, sind wir unbeschadet aus dem Zug gestiegen, was ich aber zu einem erheblichen Teil auf unsere Körpergröße zurückgeführt habe.

Während ich Thomas so für die kommenden Stunden motiviere, erscheint der Schaffner. Er knipst unsere Tickets ab und fragt - natürlich - wo die Fahrkarten für die Räder sind. Er weiß ganz genau, daß es solche gar nicht gibt, weil Fahrradtransport in diesen Zügen nun einmal nicht erlaubt ist. Plötzlich fällt mir eine geniale, wenn auch etwas riskante Geschichte ein. Ich erzähle ihm, daß wir bereits auf dem Bahnsteig für die Räder bezahlt haben, und zwar einen Betrag, der fast so hoch wie der Personenfahrschein ist. Dabei sehe ich ihm offen ins Gesicht und werde trotz sonstiger Gewohnheit nicht einmal rot.

Er riecht den Braten und fragt nach der Quittung. Gestenreich beschreibe ich ihm die fiktive Person, die uns keine Quittung gegeben, sondern uns versichert hat, daß man in Kenia für Räder auf dem Bahnsteig bezahlen muß. Da ist der Herr Schaffner denn auch platt. Er hat vermutlich einen Kollegen im Verdacht, der ihn um ein nettes Zubrot gebracht hat, kann aber schlecht ein zweites Mal kassieren. So brummt er ein „OK“ in seinen Bart und zieht von dannen. Vielsagend grinsen Thomas und ich uns an. Am Abend trinken wir ein Extrabier auf die gelungene Aktion.

Die Frage nach dem „Warum“

Auf dem Weg von Voi zur tansanischen Grenze wird Thomas' Psyche ganz besonders gefordert: Die Strecke schüttelt uns durch und ist schwer zu fahren. Er fragt sich ernsthaft „Warum das alles? Warum diese täglichen Strapazen, das ungewohnte, oft langweilige Essen und das dauernde sich-um-alles-kümmern-müssen. Nichts ist wie gewohnt, alles kostet Kraft und fordert dauernde Konzentration!“

Ja, warum? Für mich ist es einfach, vielleicht schon zu einfach zu beantworten: Ich fahre seit 12 Jahren mit dem Rad durch immer neue Länder - immer wieder „unterbrochen“ von Schule, Studium und Arbeit - und weiß gar nicht, wie ich anders reisen sollte. Diesmal ist es einfach Afrika, weil ich noch nicht hier war und der Kontinent aufregende, neue und faszinierende Entdeckungen und Erfahrungen verspricht. Bei Thomas liegt die Sache anders. Er hat das „Pech“ gehabt, einen Fahrradverrückten kennenzulernen und sich mit ihm auch noch anzufreunden. Und da kann ein „Ja“ nach einer durchzechten Nacht schon mal fatale Folgen haben: „Also gestern Abend hast Du aber gesagt, daß Du sechs Monate mit nach Afrika kommst!!“ Jetzt ist Thomas auch mit dem Radtourer-Virus infiziert und kämpft mit den Folgen der Krankheit.

Thomas braucht zwei Tage, um für sich sicher sagen zu können: „Ja ich will sechs Monate auf dem Rad durch Afrika fahren und habe Spaß dabei!“ Er selbst beschreibt diesen ersten Knackpunkt der Tour am besten mal selbst:

„Das war der Moment der Wahrheit für mich. An diesem Tag wurde mir schlagartig klar, daß ich nun meine Grenzen täglich, und das war für mich die härteste Gewißheit auf der ganzen Tour, überschreiten mußte, um die Tour durchzustehen. Hier wurde mir der Unterschied zwischen Theorie und Praxis brutalst vorgeführt. Ich war an meine psychische Grenze gelangt und blickte dabei in eine reale Halbwüste, die auf die nächsten dreihundert Kilometer nichts Gutes mit mir vorhatte. In diesem Rasthäuschen, wo wir frühstückten, hätte ich fast geheult vor Angst an dieser Strecke zu scheitern, Wut, mich darauf eingelassen zu haben, und Angst, diesen langgehegten Traum sausen lassen zu müssen. Frei nach dem Motto von Fishermans Friend: „Sind sie zu stark, bist Du zu schwach." Der Gedanke aufgeben zu müssen hat mir letztendlich zu dem Schritt verholfen, ab dem dritten Tag meine Grenzen zu überschreiten. Denn wir wollen doch alle einmal im Leben Helden sein, oder!!! Danach habe ich mir diese Frage so nie mehr gestellt. Jetzt war ich erst „entschlossen", komme was wolle."

Die Bedeutung der Entscheidung für eine so lange Reise, die manchmal viele Monate oder gar Jahre vor dem Start zu treffen ist, wird oft erst unterwegs deutlich. Jeder, der die üblichen drei bis sechs Wochen Reisezeit überschreiten will, wird die bevorstehende Reisedauer schwer einschätzen können. Ich werde nie vergessen, wie ich zum Start meiner 15 monatigen Radtour nach langer Planung am Flughafen stand und „Tschüß" sagte: Völlig unfähig die Dauer der Reise ernsthaft abschätzen zu können. 15 Monate sind leicht zu sagen, man stelle sich aber mal vor, was das bedeutet. Damals war es fast die gesamte Dauer des Zivildienstes, länger als das letzte Schuljahr und länger als ich bisher jemals mit einer Frau zusammen war! Ich konnte Thomas' Schwierigkeiten nur allzu gut verstehen. Für mich ist eine „nur" sechsmonatige Reise durch die

Erfahrung der langen Tour zur vorstellbaren Größe geworden. So wird Thomas demnächst über eine dreimonatige Aktion nur müde lächeln.

*

Am Abend des vorletzten Tages in Kenia erhalten wir von Hesckins, der uns einfach auf der Straße anspricht und uns nach unseren Reiseplänen fragt, eine wichtige Nachricht: Die nächste Stadt in der wir übernachten wollen, existiert nicht mehr. Der Hauptgrund für die Stadtgründung war wohl mal eine Bahnstation, die aber schon seit einigen Jahren nicht mehr betrieben wird.

Da der Ort in dem wir Hesckins treffen kein Guesthouse hat, bietet er uns kurz entschlossen die Zimmer seines Bruders an. Der ist Lehrer und zur Zeit nicht zu Hause. Die beiden Räume, die im Monat ca. 40.- DM kosten, haben mit deutschen Lehrerwohnungen nichts gemeinsam. Die Wände sind mit Kalenderblättern, die bis ins Jahr 1975 zurückreichen, verziert und die Farbe darunter ist vermutlich deutlich älter. Ein Tisch, zwei Stühle, ein Bett, ein Radio und ein kleiner Kohleofen bilden die Wohnungseinrichtung. Lehrer werden hier schlecht bezahlt, oft bekommen sie über Monate gar kein Gehalt. Nachdem wir den Raum spinnenfrei gemacht haben (ja, die großen mit den haarigen Beinen!), ist er bezugsfertig.

Hesckins ist sehr besorgt um uns und führt uns als nächstes zu einem kleinen, versteckten Restaurant. Eigentlich besteht es nur aus vier Pappwänden, zwei Tischen und vier Bänken. In der Ecke verziert ein Poster von Hulk Hoogan den Raum. Und das Essen ist das beste, was wir bisher bekommen haben, einfach genial. Wir sind von den Kochkünsten so begeistert, daß wir uns gleich zum Frühstück anmelden und die Köchin „Mama Afrika“ taufen, was hier ein großes Lob ist.

Morgens verabschieden wir uns herzlich von Hesckins, der zur Arbeit muß. Er arbeitet in einem einsam gelegenen Souvenirladen und kennt neben den deutschen Zahlwörtern auch Begriffe wie „Ebenholz“. Er erzählt, daß ganz viele Touristen - auch Deutsche - bei ihm kaufen, die nur ihre Muttersprache sprechen. Also muß er mehrere Sprachen beherrschen, um den Umsatz anzukurbeln. Italienisch, Französisch, Englisch und Deutsch gehören zu seinem Repertoire. Sehr beeindruckend.

Mit dem Abschied von Hesckins ist auch unser letzter Tag in Kenia angebrochen. Sorgenvoll sehen wir dem Grenzübertritt entgegen. Schließlich hat man von den Grenzkontrollen in Afrika eine ganze Menge gefährlicher und teurer (Stichwort „Bestechung“) Dinge gehört. Unser Reiseführer kündigt denn auch die tansanischen Grenzer als besonders arm und ehrgeizig an.

Die Ausreise aus Kenia ist unproblematisch, um so gespannter sind wir auf den tansanischen Kollegen. Hinter seinen Fragen, wohin wir wollen, wie lange wir im Land bleiben und wo genau wir übernachten, wittern wir schon verschiedene Geldbeträge, die er im Kopf zusammenrechnet. Dann legen sich seine Stirnfalten kraus, als wir ein längeres Visum als gewöhnlich beantragen. „Mal sehen ob das möglich ist“, läßt uns nichts Gutes ahnen. Nach einem ausführlichen Gespräch über die Tour drückt er uns dann plötzlich und wie selbstverständlich den Einreisestempel nebst Visum in die Pässe und wünscht uns einen netten Aufenthalt in Tansania. Ohne Komplikationen! Wir sind begeistert, den ersten Grenzübergang so locker überstanden zu haben und sind im zweiten Land unserer Tour: Tansania!

Das Land des Kilimandscharo

Direkt hinter der Grenze befindet sich glücklicherweise eine Wechselstube, in der wir unsere Traveller Cheques gegen tansanische Schillinge eintauschen können. Die Leute hier scheinen das aber zum ersten Mal zu machen oder finden unsere Schweißausdünstungen besonders aromatisch: Es dauert ewig, bis wir einen Stapel völlig abgegriffener, kaum lesbarer Banknoten in den Händen halten. Nach jedem Grenzwechsel müssen wir uns an neue Scheine und Geldstücke gewöhnen. Dabei verändert sich natürlich auch der Umrechnungskurs, was immer wieder unsere mathematischen Kenntnisse aufs Äußersten strapaziert.

Auf erstklassiger Asphaltstraße rollen wir in Moshi ein. Diese Stadt, genau wie eigentlich der gesamte Norden Tansanias, wartet mit einer guten touristischen Infrastruktur auf. Es ist kaum zu glauben, wie sich der Norden vom Rest des Landes abhebt. Während hier der Kilimandscharo, der Ngorongoro Crater und die Serengeti die reichen Touristen locken, ist im Rest Tansanias nichts dergleichen zu entdecken. Aber ich will nicht vorgreifen.

Wie man es in Moshi erwarten darf, blicken wir aus unserem Hotelzimmer auf den Kilimandscharo, den höchsten Berg Afrikas. Und er zeigt sich gegen Abend sogar in seiner ganzen Pracht. Wunderschön. Einen Aufstieg haben wir nie ernsthaft in Betracht gezogen. Eigentlich weiß ich gar nicht mehr warum. Waren es die Massen an Leuten, die diesen Berg hinaufgehen? Oder weil der Mt. Kenia landschaftlich schöner sein soll, als der Kili? Oder waren es die 500 US $, die ein solches Unternehmen mindestens kostet? Egal, auf jeden Fall begnügen wir uns mit dem Blick auf den Berg und hören uns einige Geschichten von Bergsteigern an. Angeblich schafft nur ein Drittel der Leute den Aufstieg bis zum Ende. Nach unseren Erfahrung am Mt. Kenia kein Wunder. Denn jeder vermutet in der Kili-Besteigung eine nette Wanderung, weil keine besondere Bergsteigerausrüstung nötig ist. Aber er ist noch höher als der Mt. Kenia und so scheitern die meisten Bergsteiger an der Höhenkrankheit, die sie nicht einkalkuliert haben.

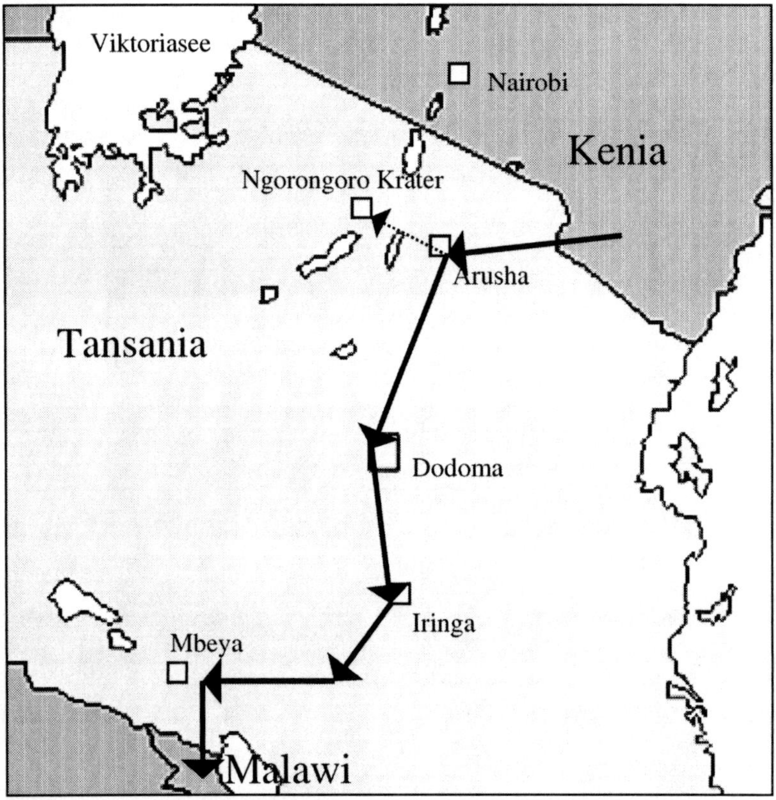

Unsere Route durch Tansania

Am nächsten Tag sind wir bereits ins Arusha, dem Safari-Zentrum der Region. Es wimmelt von Travellern und Touristen. Direkt am Ortseingang werden wir von David angesprochen. Er erkennt an unseren vollbepackten Rädern, daß wir neu in der Stadt sind und versucht daraus ein Geschäft zu machen. So geht es in fast jeder größeren Stadt. Meist sind es junge Männer, die sich anbieten, bei der Unterkunftssuche zu helfen. Sie bekommen dafür vom Hotelbesitzer eine Provision. Wir brauchen so nicht lange nach einem passenden Zimmer zu suchen und können schon vorher unsere Wünsche anmelden (z.B. daß die Räder mit in das Zimmer dürfen). David macht seine Sache gut, und wir mieten uns in eine nette Herberge ein, die billig, etwas abseits gelegen und auch von Einheimischen genutzt wird.

Natürlich versucht er, uns eine Safari zu vermitteln und liest uns unsere Wünsche von den Augen ab. Er würde für das Büro einer Französin arbeiten, die heute Abend vorbeikommen könnte. Da wir viel zu müde sind, noch große Aktionen zu starten, lassen wir uns darauf ein. Und so kommt es, daß wir Anies kennenlernen, die bereits seit zweieinhalb Jahren in Arusha wohnt und mit einem Tansanier verheiratet ist.

Sie erzählt uns viel über die Gegend und über verschiedene Safaris. Sie schätzt, daß es in Arusha über 200 Anbieter von Safaris gibt. Die meisten ziemlich unseriös, aber jeder versucht eben, mit dem Naturreichtum seinen Schilling zu machen.

Sie überzeugt uns von ihren Angeboten und so legen wir die nächsten Tage in ihre Hände. Für 70 US $ pro Tag wollen wir den Lake Manyara und den Ngorongoro Crater Nationalpark besuchen. Das ist für hiesige Verhältnisse ein guter Preis.

Noch wichtiger ist für uns, daß Anies uns über die verschiedenen Routen Richtung Süden Auskunft geben kann. So erfahren wir, daß die von uns geplante Westroute viel zu einsam ist und die Straße kaum vorhanden. Außerdem gibt es aufgrund der geringen Population kaum Versorgungsmöglichkeiten. Konzentrieren wir uns also doch auf die Hauptstraße. Davon rät sie uns zwar auch ab, weil die Straße durch extreme Halbwüste führt und sehr schlecht ist, aber irgendwie müssen wir ja weiterkommen.

Post aus der Heimat

Während Anies den Sonntag damit verbringt, weitere Safariteilnehmer zu suchen, gehen wir erst einmal zur Post. Die hat zum Glück auch am Sonntag auf. Arusha ist unser erster „Briefkasten". Wir haben vor dem Start etwa ausgerechnet, wann wir in Arusha sein würden, und lassen uns postlagernd Briefe zuschicken. Das ist wirklich was Besonderes, wenn nach fünf Wochen das erste Mal Nachrichten aus der fernen Heimat kommen. Den Vogel schießt dabei Steffi, Thomas' Freundin, ab, die 50 Seiten geschrieben hat!
Es ist ziemlich einfach, sich Post in andere Länder schicken zu lassen. Name, General Post Office, Poste Restante, Stadt und Land auf den Umschlag schreiben und schon kommt der Brief mit etwas Glück an. Das einzige Problem ist, den Ankunftstag, die Brieflaufzeit und damit den Absendetag ungefähr zu treffen. Über die verschiedenen Brieflaufzeiten kann die deutsche Post grobe Angaben machen, wie schnell man in den geplanten Orten ist, muß man allerdings selbst abschätzen. Meistens werden die Briefe zwei bis vier Wochen von den angeschriebenen Postämtern zurückgelegt. Das variiert von Land zu Land. Man sollte also nicht zu sehr mit seinen Berechnungen danebenliegen. Wir haben tatsächlich jeden Termin genau getroffen, was kaum zu glauben ist.
Nach Arusha kommen auch das erste Mal neue Diafilme. Allerdings kostet die Rücksendung der belichteten Filme 30.- DM Porto. Da müssen wir uns etwas anderes einfallen lassen.

*

Die Vorbereitungen für die Safari laufen nicht so, wie wir uns das alle vorgestellt haben. Es lassen sich keine neuen Safariteilnehmer finden, so daß wir noch einen weiteren Tag vertröstet werden. Den nutzen wir für einen ausgiebigen Marktbummel. Im Bereich des Busbahnhofs macht das wirklich Spaß. In vielen kleinen Bretterbuden werden die unterschiedlichsten Waren angeboten: von bunten Stoffen über abgefahrene Reifen bis hin zu Obst und kleinen Mahlzeiten. Mich begeistern immer wieder die Sandalen, die hier aus alten Autoreifen hergestellt werden. Die Fußformen werden in verschiedenen Größen aus der Lauffläche des Reifens herausgeschnitten und kleine Reifenstreifen bilden die Fußriemen. Bridgestone und Goodyear steht auf den Sohlen - echte Markenschuhe. Und eine lange „Laufzeit“ ist garantiert.

Abends sitzen wir wieder im Büro der Französin und überlegen, wie es weitergehen soll: Trotz des wöchentlichen Fliegers aus Deutschland sind keine Safarikandidaten in Arusha angekommen. Wir sehen die Safari schon ins Wasser fallen, als plötzlich Dirk und Tina am Fenster vorbeigehen. Zwei Deutsche, die wir schon in Moshi kurz getroffen haben. Wir zerren sie in den Laden und versuchen, sie von einer Safari zu überzeugen. Während wir über Geld, Sinn und Unsinn von Safaris und die neuesten Nachrichten aus Deutschland reden, versteht Anies kein Wort. Aber sie hofft natürlich auf ein Geschäft. Nachdem wir vier einen gemeinsamen Nenner gefunden haben, feilscht Anies mit uns noch eine ganze Weile um die Kosten. Schließlich landen wir bei 85 US $ für eineinhalb Tage, inklusive Fahrer, Koch, Essen und alles sonstige, was dazugehört. Das ist zwar ein guter Preis, aber die Zeit für diese Unternehmung ist ganz klar zu kurz. Bevor wir aber noch tagelang auf eine andere Gruppe warten, machen wir lieber diesen Kurztrip.

Exkursion zum Ngorongoro Krater

Am nächsten Tag mittags soll es losgehen. Wir können unsere Räder inklusive Gepäck bei Anies zu Hause unterstellen, so daß wir uns darum keine Sorgen machen müssen. Der Start verschiebt sich natürlich um mehrere Stunden, aus den vielen Gründen, die in Afrika nun mal üblich sind. Aber immer die Ruhe „pole, pole“, irgendwie läuft immer alles wieder zusammen.

Wir kommen erst weit nach Sonnenuntergang auf dem Zeltplatz vor dem Nationalpark an, und es dauert bis kurz vor Mitternacht, bis wir etwas zu essen bekommen. Uns knurrt der Magen schon mächtig, als der Koch mit einem breiten Lächeln das Mahl serviert. Es schmeckt so lecker, daß wir die lange Wartezeit schnell vergessen haben. Reis mit verschiedenen Gemüsen und kleinen Fleischstücken. Was das nun alles ganz genau ist, können wir nicht ausmachen, Hauptsache es schmeckt. Für Tina kocht er sogar ein extra Essen, weil sie Vegetarierin ist.

Das dauernde Warten auf Abfahrt, Essen oder ähnliches ist nicht so schlimm, weil wir uns erstklassig mit Tina und Dirk verstehen. Dabei hat Tina schnell den Spitznamen „Berliner Engel“ weg, weil sie lange, blonde Haare hat und aus genannter Stadt kommt. Die blonden Haare rufen dauernd alle männlichen Wesen im näheren Umkreis auf den Plan, die sie am liebsten gleich heiraten würden. Das Balzverhalten der Afrikaner unterscheidet sich übrigens wenig vom Europäischen, wie Thomas und ich in einer kurzfristig aufgelegten wissenschaftlichen Studie über das „Werbeverhalten des Homo Sapiens in verschiedenen Kulturen“ nebenbei feststellen. Tina nimmt die Angebote gelassen, kokettiert ein wenig, bis die Männer einsehen, daß alles Werben nichts nutzt und sie mit einem lockeren Spruch von dannen ziehen. Auch hier kein Unterschied zu Europa.

Wie Dirk und Tina sich kennengelernt haben, ist übrigens eine interessante Geschichte. Sie haben an einem internationalen Workshop der Organisation „Internationale Jugend- und Gemeinschaftsdienste“ teilgenommen, der über vier Wochen im kenianischen Busch stattfand. Zusammen mit einer internationalen Gruppe junger Leute und einheimischen Studenten der Kenia Voluntary Development Association haben sie bei einem Wohnprojekt mitgeholfen. Dabei lebten und arbeiteten sie unter den gleichen Bedingungen wie die Einheimischen, was beiden gut gefallen hat.

*

Noch bevor der Park seine Pforten öffnet, sind wir morgens am Eingang des sagenhaften Ngorongoro Kraters, einer regelrechten Arche Noah, bis der weiße Mann kam, um die Tiere zu erschießen. Durch die Arbeit von Prof. Dr. Gzymek und seinem Sohn Michael wurden die Serengeti und der Ngorongoro Krater zu Nationalparks erklärt. In dieser Gegend wurde übrigens auch der Film „Serengeti darf nicht sterben“ aufgenommen, bei dessen Dreharbeiten Michael Gzymek ums Leben kam. Die Gräber von Vater und Sohn entdecken wir auf dem Kraterrand.

Im Ngorongoro, der einen Durchmesser von 20 km hat, sind alle größeren Tiere Afrikas heimisch. Es gibt so viele Tiere hier, daß man fast immer irgendwo welche entdecken kann. Das führt natürlich auch zu einem hohen Touristenaufkommen. Es sind hier noch deutlich mehr Autos unterwegs, als in der Massai Mara in Kenia. Immer wenn irgendwo ein Auto stehenbleibt, vermuten andere Fahrer, daß es dort etwas zu sehen gibt, und fahren auch dorthin. Wenn dann schon zwei Autos an einem Fleck stehen, wirkt das geradezu wie ein Magnet auf Metallspäne - aus allen Richtungen nähern sich Fahrzeuge. Einmal haben wir unseren Fahrer gebeten, in der Nähe eines besonders schön aussehenden Baumes zu halten, um ihn fotografieren zu können. Es trat der beschriebene Effekt ein und die nachfolgenden Touris fragten, was es denn Tolles zu sehen gäbe. „Seht ihr nicht den Leoparden oben auf dem Ast, der gerade eine Antilope verspeist...?“

Wenig später entdecken wir ein Flußpferd, das außerhalb des Wassers herumläuft. Meistens kann man diese massigen Tiere, die richtig gefährlich werden und trotz ihres Gewichts bis zu 60 km/h laufen können, nur in den sogenannten Hippo-Pools erleben. Die sind allerdings auch einen Besuch wert, weil dort mehrere Dutzend Hippos träge im Wasser liegen oder schwimmen und witzige Grunzlaute von sich geben. Dabei reißen sie manchmal ihre riesigen Mäuler auf und beeindrucken durch ihre Zahnreihen.

Kurz vor dem Mittagessen fahren wir durch eine riesige Herde Gnus und Zebras. Besonders die Zebrafohlen haben es uns angetan, echt niedlich. Die Tiere lassen sich hier nicht von Autos stören, weil es davon offensichtlich mehr als Löwen gibt. So kann es gut passieren, daß man eine ganze Weile mit dem Auto mitten in der Herde steht, ohne weiterzukommen. Das nervt die Fahrer ungemein, erfreut aber das Touristenherz.

Der Reiz der Essenspause liegt darin, das Lunchpaket vor aberwitzigen Vögeln zu schützen. Wie diese gierigen Raubvögel heißen, ist mir entfallen, auf jeden Fall sind sie sehr gefräßig. Im Sturzflug kommen sie vom Himmel geschossen und klauen einem die Wurst vom Brot. Oder, wie in unserem Fall, die vorgebratenen Hähnchenschenkel. Dabei stört es die Vögel überhaupt nicht, daß sie bei ihren gewagten Flugmanövern gegen den Kopf eines Opfers fliegen! Das erinnert doch sehr an den bekannten Film von Hitchcock aus 1963.

Bis wir am frühen Abend den Park verlassen, sehen wir noch viele Löwen, Hyänen und zwei Elenantilopen, die ich schon immer mal sehen wollte. Das ist eine riesige Antilopenart, die in der Frühgeschichte Afrikas eine große Rolle spielte, glaubt man den Erzählungen von James A. Michener. Sein Buch über Afrika „Verheißene Erde“, in dem er die Geschichte Südafrikas auf gut 1000 Seiten beschreibt, sei hier wärmstens empfohlen.

Das Straßenkinderprojekt von CCF

Wir fahren am gleichen Tag nach Arusha zurück und kommen dort entsprechend spät an. Tina und Dirk ziehen in das gleiche Hotel wie wir, weil für den nächsten Tag noch etwas geplant ist, was die beiden auch interessiert: Wir wollen Peter besuchen. Peter haben wir kurz vor der Safari in einem Restaurant kennengelernt und ihn gebeten, ihn besuchen zu dürfen. Er hat in Arusha ein Straßenkinderprojekt mit dem Namen "Children for children's future" (CCF) aufgebaut. Da Thomas und ich Sozialarbeiter sind, und ich selbst mit Straßenkindern gearbeitet habe, die bei uns in Deutschland vom Staat zwar eine Wohnung zur Verfügung gestellt bekommen, de facto aber auf der Straße leben, sind wir sehr an seinen Erfahrungen interessiert.

Mit einem vollbesetzten Bus fahren wir in einen Randbezirk von Arusha. Im Gegensatz zu Projekten, die von großen Organisationen geführt werden, hat Peter kein Dienstfahrzeug. Die großen Entwicklungshilfeorganisationen verfügen über einen erstaunlichen Fuhrpark - fast immer sind es die neuesten Modelle, die ein Heidengeld kosten. Mit Sicherheit leisten diese Organisationen auch gute Arbeit, ob das Geld aber für teure Autos ausgegeben werden muß, ist doch sehr fraglich. Um so gespannter sind wir auf Peters Projekt, das zu den NGO-Projekten (Non Goverment Organisation) gehört.

Nach einer Stunde Fahrt und einem kleinen Fußmarsch erreichen wir das Gelände. Peter mußte lange mit der Gemeindevertretung von Maji ya chai verhandeln, um unbebautes Land für seinen Zweck zu bekommen. Dort bauen Peter, drei Sozialarbeiter aus verschiedenen Ländern der Welt und die Jugendlichen eine Gemeinschaftsunterkunft für 40 Personen. Die Steine formen sie selbst und lassen sie von der Sonne trocknen. Die Jugendlichen sind sichtlich stolz auf ihre Arbeit: Sie zeigen uns das Haus, den angrenzenden Garten mit Teich und ihren Bolzplatz. Mit Hanteln in der Hand lassen sie sich bereitwillig fotografieren. Denn auch sie ahnen: Geld für das Projekt kann nur gesammelt werden, wenn viele Leute davon wissen.

Peter beschreibt uns die Schwierigkeiten, Geld von großen Organisationen zu bekommen. Mit maximalem persönlichen Einsatz gibt er sich dem Projekt hin. Es ist faszinierend, wieviel Kraft er hier investiert. Ein 24-Stunden-Job, ganz ohne Frage. Uns als „professionellen Sozialarbeitern", denen eine Trennung von Arbeit und Privatleben wichtig ist, imponiert das schon mächtig. Wir diskutieren in der behelfsmäßigen Unterkunft über Vor- und Nachteile einer solchen Arbeit und verlassen die Einrichtung mit großem Respekt für die CCF-Mitarbeiter. Peter bietet uns an, daß wir mal ein Jahr hier arbeiten können. Sozialarbeiter aus Köln würden das auch gerade machen. Vielleicht später mal. So sinnvoll und beeindruckend das Ganze ist, mir sind heroinabhängige Kids am Hamburger Hauptbahnhof näher.

Mittlerweile hat Peter einen Verein in Deutschland gegründet, dessen erster Vorsitzender Thomas ist. Über diesen Weg kann man auch spenden oder Vereinsmitglied werden. Nähere Informationen gibt es bei CCF - Straßenkinder in Arusha; c/o T. Wallig, Herderstr. 4, 24116 Kiel (weitere Infos am Buchende).

Für uns ist mit dieser kleinen Fortbildung die Zeit in Arusha vorbei. Zum Abschied von Tina und Dirk veranstalten wir noch ein großes Fruchtsalatessen. Es ist immer wieder schön, mit neuen Leuten einige Tage zu verbringen, aber es bedeutet auch, Abschied zu nehmen. Eine solche Reise ist eigentlich ein dauerndes Abschied nehmen. Jeden Tag lernen wir neue Leute kennen, tauschen Erfahrungen aus, diskutieren, verbringen lange, interessante Abende miteinander - und am nächsten Morgen heißt es Abschied nehmen. Seien es Hotelbesitzer, Köche, Bedienungen, die einzig Englisch sprechenden Menschen in einem einsam gelegenen Ort oder andere Reisende. Oft werden zum Abschied Adressen ausgetauscht. Mal sehen, was daraus wird, meist bleibt es leider bei guten Vorsätzen.

*

Als wir mal wieder eine Nacht kaum zum Schlafen kommen, weil der Lärm aus der angrenzenden Bar unerträglich ist, schreibe ich in mein Tagebuch die folgenden Zeilen:

„Besonders für Tansania ist die gnadenlose Beschallung mit Musik typisch. Die Boxen werden bis weit über deren Leistungsgrenzen hinaus aufgedreht. Manchmal ist es schwer zu unterscheiden, ob gerade Nachrichten gesendet werden oder Musik läuft: Afrikas Nächte sind laut! Haben wir nach einem harten Tag Radfahren endlich Schlaf gefunden, bittet die Moschee um 4.30 Uhr zum ersten Gebet. Auch hier erlaubt der Einsatz modernster Technik eine Lautstärke, die bei uns sofort das Ordnungsamt auf den Plan rufen würde. Deshalb ist eine der vielen zu beachtenden Regeln bei der Wahl einer Unterkunft: Keine räumlich angeschlossene Bar und weit weg von der nächsten Moschee.

Selbst wenn ein solcher Ort gefunden ist - um 6 Uhr ist die Nacht vorbei, weil Afrika auch laut aufwacht: Transistorradios in unerträglicher Lautstärke und angeregte Diskussionen vor unserer Tür oder unter unserem Fenster. Da können wir wirklich froh sein, wenn nicht auch noch der Generator des Nachbarhauses angeworfen wird. Ohne Ohropax ist man in Afrika verloren.“

Allein unterwegs

Kaum haben wir Arusha Richtung Süden verlassen, wird Thomas von einer Grippe heimgesucht. Am ersten Tag ist das kein Problem, weil die Straße gut asphaltiert ist. Aber schon die Strecke nach Babati offenbart uns Thomas' Gesundheitszustand. Nach 50 km normaler Asphaltierung beginnt eine Piste, die so die nächsten ca. 700 km anhält: Ohne jede Befestigung führt ein gründlich ausgefahrener, ehemaliger Wanderweg durch die beginnende Halbwüste. Mit möglichst wenig Aufwand wurde der Weg auf Lastwagenbreite erweitert, aber ohne weitere bauliche Maßnahmen. So besteht die Strecke aus tiefem Sand, in dem ein Fortkommen kaum möglich ist. Die Anstrengungen von Bussen und Lkws sind deutlich zu erkennen und haben tiefe Wellen in die Piste geschliffen. Neben dem tiefen Sand macht uns die für offroad typische Wellblechpiste zu schaffen, die teilweise auch in Treppen und Rampen ausartet.

Die Landschaft ist dabei wunderschön. Sträucher verschiedenster Art, die alle wie fast tot aussehen, rote Erde und Akazien. Dazu wenig bis kein Verkehr, ab und zu ein paar Lehmhütten und Frauen, die ihre Lasten auf dem Kopf und gleichzeitig die Kinder auf dem Rücken tragen. Fast unbemerkt sind wir aus dem touristisch entwickelten Norden Tansanias im tiefsten, unterentwickelten Afrika gelandet. Kein Wunder, daß uns alle, die wir nach dieser Strecke befragt haben, uns dringend von der Fahrt durch dieses Gebiet abgeraten haben. Aber uns reizte diese Strecke ungemein.

Ich bin in meinem Element, aber Thomas geht es immer schlechter. Wir machen öfter Essenspausen, aber so recht kommt er nicht mehr in Fahrt. Nach einigen Kilometern entdecke ich, daß neben der fürchterlichen Piste eine Art „Radweg“ verläuft. Die Afrikaner haben ihren Fußwanderweg umgelegt, damit sie nicht durch den tiefen Sand der „Autostraße“ gehen müssen. Für einige Kilometer kann ich diesen Weg benutzen und komme so einfacher vorwärts. Aber Thomas bleibt auf der Straße. Er ist so kaputt, daß er auf ein Fahrzeug hofft, das ihn mitnehmen kann. Aber solche Wünsche erfüllen sich fast nie, und so fährt Thomas mit gequältem Gesicht und sichtlich am Ende seiner Kräfte bis in den nächsten Ort.

So kommen wir spät am Abend in Babati an, es wird bereits dunkel. Mit den letzten Lichtstrahlen finden wir ein Hotel, das zur Abwechslung spartanisch ausgestattet ist. Thomas fällt wie tot ins Bett. Er ist nicht mehr in der Lage, nur die kleinste Handbewegung zu machen. Ich bekomme es richtig mit der Angst zu tun.

Um ihn etwas aufzupäppeln, koche ich Spaghetti. Die haben nicht nur viele Kohlenhydrate, sondern tun unseren europäischen Mägen richtig gut. Erst als ich mit dem Kochen fertig bin, wecke ich Thomas. Er meint gleich, daß er morgen nicht weiterfahren kann. Wir vermuten, daß er sich beim gemeinsamen Obstsalat-Essen bei Dirk mit einer Erkältung angesteckt hat.

An eine Weiterfahrt auf der geplanten Strecke ist für ihn nicht zu denken: Uns erwartet der vermutlich härteste Abschnitt auf unserer Nairobi-Kapstadt-Radtour. So beschließen wir, daß Thomas morgen mit dem Bus bis zum nächsten Ort fährt. Denn die Aussicht, mehrere Tage in Babati die Krankheit auszukurieren, begeistert uns beide nicht.

Daß Thomas auf den Bus umsteigt, ist eine clevere Entscheidung, denn die Strecke hat es in sich. Es ist sehr sandig, immer wieder muß ich schieben, weil ich im feinen Wüstensand steckenbleibe. Außerdem ist es zum Teil sehr steil, so daß ich auch kerngesund Schwierigkeiten habe, das Etappenziel zu erreichen.

Ein Fahrrad paßt auch noch auf's Dach

Gegen frühen Nachmittag kommt Thomas mit dem Bus vorbei. Er hat den besten Platz des Busses ergattert, nämlich auf dem Dach, und genießt die Strecke mit einer tollen Aussicht. Das Fahrrad und Gepäck liegen neben ihm. So hat er alles im Blick.

Als ich endlich in Kolo ankomme, erwarten Thomas und ein anderes Bleichgesicht mich schon. Es ist nicht zu glauben: Hier hat nun wirklich kein Reisender etwas verloren - es gibt keine Unterkünfte, kaum Essen und nichts zu sehen.

Trotzdem treffen wir einen Hamburger! Aber Roland ist kein „richtiger“ Reisender, wie sich herausstellt. Er ist Sprachforscher und verbringt in verschiedenen Abständen mehrere Monate des Jahres in diesem kleinen Nest, um die Zusammenhänge der verschiedenen Sprachen und Dialekte zu untersuchen. Natürlich beherrscht er fließend Kisuaheli und andere Sprachen. Er übersetzt die unbekannten Dialekte ins Kisuaheli und dann ins Deutsche. Jeden Tag geht er mit seinem einheimischen Führer durch die Gegend, spricht mit Leuten, befragt sie nach alten Geschichten und Ereignissen und lernt auf diesem Weg ein Wort nach dem anderen.

Ich mußte noch lange danach über diese Begegnung nachdenken. Mit welcher Beharrlichkeit wandert da ein Hamburger für mehrere Monate durch karge, afrikanische Landschaft und sammelt Worte einer Sprache, die kaum einer kennt und die von wenigen Menschen gesprochen wird.

Thomas fühlt sich nach dem Tag auf dem Bus zwar besser, aber noch nicht gut genug, um weiterzuradeln. Die Krankheit schwächt ihn zu stark, und diese Strecke duldet keine Schwächen. Das hört sich vielleicht albern an, aber es ist so: Entweder man powert den ganzen Tag mit hoher Konzentration durch diese Gegend - die Orte liegen nach unseren Vermutungen jeweils ca. 100 km auseinander - oder man bleibt in der Mitte liegen, verdurstet und läuft Gefahr, nachts von wilden Tieren angegriffen zu werden. Es fahren keine Autos und der Bus nur unregelmäßig, mit Glück einmal am Tag. Mit anderen Worten: Für diese Strecke muß man schon eine ordentliche Portion Leidenschaft mitbringen oder eine Spur verrückt - und fit - sein.

Thomas Gesundheitszustand läßt keine Debatten zu - es geht so einfach nicht. Also entscheiden wir uns für die getrennte Alternative. Während Thomas die

Strecke mit dem Bus fährt, mache ich mich für die nächsten knapp 700 km allein auf den Weg. In Dodoma, der Hauptstadt Tansanias, wollen wir uns in zwei Tagen wiedertreffen.
So essen wir abends zusammen mit Sprachforscher Roland und dem halben Ort, der interessiert um uns herum steht, Reis und Erbsen. Trocken, einen Teller voll, dazu viel Tee. Das Knurren im Magen verstummt mit einer solchen Mahlzeit zwar etwas, Energie oder Kraft gibt sie aber nicht. Und ruhigen Schlaf gibt es auch nicht. Das einzige Zimmer was zu bekommen war, hat nur ein Bett. Und da es Thomas nicht so gut geht, ist mein „Bett" der kahle Fußboden. Klar, mit Isomatte und Schlafsack kann man sich die Ecke im 4 m² großen Zimmer schon kuschelig einrichten. Aber nachdem ich eine Handvoll Spinnen und anderes Getier herausbefördert habe, ahne ich, daß die niedlichen Geschöpfe bestimmt zurückkommen, schließlich gibt es keine richtige Tür. Naja, so bin ich zumindest nicht einsam im Schlafsack...

*

Kurz nachdem ich im Morgengrauen Kolo verlasse, versuche ich in Kondoa Milch zu bekommen. Unglaublich, aber es gibt in der ganzen - ziemlich großen - Stadt nur Kondensmilch. Ich gönne mir also eine eiskalte Cola, und mache mich wieder auf den Weg. Im Stillen verfluche ich diesen Abstecher, der über eine Stunde Zeit gekostet hat. Das bedeutet, daß ich länger als nötig in der Hitze brutzeln muß.
Als ich die staubige Kreuzung zur Hauptstraße erreiche, treffe ich auf den jungen Tansanier Moshi Changai. Er wartet auf den Bus Richtung Süden und freut sich, etwas Abwechslung zu haben. Ich lehne mich an ein Backsteinhaus, das ein kleines Restaurant beherbergt und kaufe einen Chapati. Das sind Fladen aus Maismehl, die manchmal recht gut gewürzt sind. Dieser schmeckt eher lang-

weilig und so lege ich eine aufgeschnittene Tomate in den Fladen, rolle ihn zusammen und schiebe ihn in den Mund. Moshi ist schwer beeindruckt von dieser Art, einen Chapati zu verfeinern, und so kommen wir ins Gespräch. Er lebt zur Zeit in Dar es Salaam und fährt gerade zu Besuch in sein Heimatdorf. Das liegt zufällig auf meiner Strecke, und ich werde es noch heute erreichen. Also verabreden wir uns für den Nachmittag auf eine Cola.

Nachdem ich viele Kilometer über schlechte Piste und tiefen Sand gefahren bin, treffen Moshi und ich uns tatsächlich wieder. Während ich erneut Chapatis zum verspäteten Mittag esse, stellt er mir seine gesamte Verwandtschaft vor und präsentiert mich als den großen, weißen Freund aus Europa. Wir gehen zusammen zu seinem Haus, wobei wir von vermutlich allen Kindern des Dorfes begleitet werden, die mich mit ihren großen, braunen Kulleraugen begutachten. Ein Typ mit weißer Haut sieht ja auch irgendwie komisch aus...

Moshi handelt mit Vögeln, die er hier fängt und dann nach Dar es Salaam bringt, um sie dort zu verkaufen. Sicher, damit hat er eine Marktlücke geschlossen, denn die Vögel singen wunderschön und sollen auch gut schmecken. Aber ich habe doch eher Mitleid mit dem Getier, auch wenn ich verstehen kann, daß dies ein Weg für Moshi ist, sich zu finanzieren. Wir tauschen Adressen aus und nach einer weiteren Cola mache ich mich wieder auf den Weg.

Die Strecke wird länger und länger, gleichzeitig auch schlechter. Ich muß manchmal über mehrere Kilometer schieben, weil der Sand zu tief zum Fahren ist. Immer wieder suche ich dabei die „Radwege“. So lasse ich manchmal das Bike stehen, und gehe in den Busch, um diesen Weg zu suchen. Meistens ist er sehr schmal, manchmal führt er auch weit von der Straße weg, was mir doch zu

riskant ist - wer weiß, ob der Weg nicht zu einem Wasserloch führt, anstatt zum nächsten Ort.
Auch einheimische Radfahrer benutzen diese Wege. Besonders wenn kleine Dörfer nur wenige Kilometer auseinander liegen, sehe ich erstaunlich viele Räder. Sie werden als Transportesel und manchmal auch als Taxi eingesetzt. Oft frage ich die Radfahrer, wie weit es etwa bis zum nächsten Ort ist, bekomme aber immer so unterschiedliche Antworten, daß ich damit nichts anfangen kann. Manchmal differieren die Angaben um einen halben Tag!

Nach unglaublich harten 105 km erreiche ich Haneti. Dies ist die größte Stadt zwischen Kolo und Dodoma, aber nicht auf der Karte verzeichnet. Der Ort besteht im wesentlichen aus vielleicht zwei Dutzend Häusern, ist aber von zentraler Bedeutung für die Umgebung. Hier hält der Nordsüd-Bus, wird Handel getrieben und erfährt man Neuigkeiten.
Bevor ich im örtlichen Hotel übernachten kann, muß erst einmal der Dorfrat einberufen werden. Die Männer begutachten mich und ziehen sich dann zur Beratung in ein Zimmer zurück. Da bin ich ja mal gespannt. Während sie so beraten, pumpe ich schon mal das Wasser für den nächsten Tag durch den Wasserfilter.
Nach langem Palaver gibt es keine Probleme für die Übernachtung, ich bekomme etwas Wasser zum Waschen und ein kleines Zimmer. Der Duschraum besteht aus einer etwa 1,50 m hohen Lehmwand, was dazu führt, das ich den Kühen in Nachbars Garten direkt in die Augen sehen kann.
Wie in jedem Dorf spielt sich auch hier das Leben an der Hauptstraße ab. Ich suche mir ein kleines Restaurant, das wie so oft aus einigen Kanthölzern und Brettern besteht, und esse leckere Fleischspieße. Bei dem Fleisch handelt es

sich vermutlich um Ziegenfleisch, aber wer weiß das schon genau. Die Fleischspieße in Chapati gewickelt sind eine wahre Köstlichkeit.
Wie die fliegenden Händler, warte ich auf den Bus, in dem Thomas sitzt. Dabei trinke ich einen Softdrink nach dem anderen und werde damit bester Kunde des Tages in der kleinen Hütte. Wie mir der Besitzer offenherzig bestätigt, könnte er den Laden nach meinem Besuch zumachen - der Umsatz reicht für heute.
Erst spät verlasse ich den Straßenrand - Thomas' Bus ist nicht gekommen. Spät in der Nacht fahren die Busse nicht mehr, weil die Gefahr, auf Elefanten oder Löwen zu treffen zu groß ist. Ein verärgerter Elefant kann ziemlich ungemütlich werden.

*

Beim Frühstück erfahre ich, daß tatsächlich kein Bus durchgekommen ist. Das sei zwar ungewöhnlich, aber ernsthafte Sorgen macht sich keiner. Wenn ein Bus einen Schaden hat, muß er eben unterwegs repariert werden, und das kann schon mal einige Tage dauern. Vorgestern habe ich auf der Strecke einen liegengebliebenen Bus gesehen. Die Reisenden hatten sich im angrenzenden Busch häuslich eingerichtet. Pole, pole...

Tiefe Sandpisten machen das Fahren fast unmöglich

Die Landschaft nimmt mich immer mehr gefangen. Die Halbwüste, die mehr „Wüste" als „Halb" ist, mit ihrer rötlichen Erde, die Lehmhütten am Straßenrand, die vereinzelt umherziehenden Menschen, die scheinbar aus dem Nichts kommen und dort auch wieder hingehen. Es ist phantastisch und unbeschreiblich. Nie empfand ich mich so „tief" in Afrika.

Als ich gerade die armselige Hüttenansammlung Meia Meia verlassen hatte, kommt von hinten ein Staubball herangerauscht. Ich bin wie in Trance, reagiere gar nicht. Dann erkenne ich einen Bus, der hier so fehl am Platz erscheint, wie ein Schwimmbad auf dem Mond. Er kommt näher, da sehe ich eine winkende Hand auf dem Dach. Thomas! Ich brülle ein kurzes „Alles klar?" in die Höhe, da ist er auch schon verschwunden. Die Begegnung mit der Dritten Art - völlig unwirklich. Da fährt man ganz alleine durch Afrika, plötzlich erscheint ein Bus, auf dem ein guter Freund sitzt und einem zuwinkt. Ich komme mir vor wie im

Film. Als der Staub sich legt, bin ich wieder allein in dieser endlosen Weite und Einsamkeit. Es war wie ein kurzer Traum.

Sätze aus meinem Tagebuch:

„Die Strecke ist unbeschreiblich: Rote Erde. Steppe. Buschland. Häuser aus Ästen und Lehm gebaut. Frauen mit Krügen auf dem Kopf. Ich bin völlig beeindruckt - wie im TV, nur das ich mitten drin bin. Die „Straße" ist weiter sandig und schlecht. Oft weiche ich auf die „Radwege" aus, die die Einheimischen benutzen. Immer, wenn keine Radspuren auf der Straße sind, muß irgendwo ein Weg sein. Diese Wege sind traumhaft: Schmal, feste Erde, kurvig und einfach toll. An Baobabs vorbei auf roter Erde. Menschen grüßen, Kinder schreien, laufen weg oder kommen angerannt."

Wiedersehen in Dodoma

In Dodoma treffe ich Thomas wieder. Es ist schon irre, wie wir uns immer an den vorher vereinbarten Treffpunkten wiedersehen. Er hat bereits in einer der ehemals exklusivsten Hotelanlagen ein Zimmer gemietet und wartet auf mich. "Ehemals exklusiv" heißt dabei, daß man die Grundstrukturen einer Luxusherberge gerade noch erkennen kann. Hier müssen sozialistische Machthaber einst ihre Freunde empfangen haben. Natürlich um über die Notwendigkeit des Klassenkampfes zu diskutieren und um Strategien festzulegen, wie das volkseigene Einkommen am besten auf Schweizer Nummernkonten unterzubringen ist. Eines haben die sozialistischen Herrscher - nicht nur in Afrika - wohl immer als erstes gelernt und sofort, ohne Fünfjahresplan, in die Tat umgesetzt: Sich selbst zu bereichern.

Die Sportplätze sind überwuchert, die Farbe blättert von den Wänden, und Löcher in Holz, Fenstern und Mauerwerk sind überall zu entdecken.

Zur Begrüßung setzen Thomas und ich uns in das hoteleigene Restaurant, damit ich meine ausgetrocknete Kehle mit eiskalter Cola erfrischen kann. Im runden Restaurant sind ca. 25 Tische und es steht soviel Personal herum, daß nach unserer Vermutung ein vollbesetztes Restaurant bedient werden könnte. Wir sind die einzigen. Und wir bestellen zwei Cola. Eigentlich kein Problem, sollte man meinen.

„Faszination Restaurant"

Der erste Ober nimmt die Bestellung auf, während sich seine Kollegen offensichtlich darüber in der Ecke amüsieren, daß er arbeiten muß. Zielstrebig geht er auf den Kühlschrank zu, aus dem uns schon die gekühlten Flaschen entgegenleuchten. Davorstehend entdeckt er, daß der Kühlschrank verschlossen ist. Das scheint ihn zu verwundern, obwohl das schon seit Jahren so ist. Aber es hätte heute schließlich anders sein können. So beschließt er, den Schlüsselinhaber zu suchen. Das ist selbstverständlich keiner der anderen fünf Leute, die dort in der Ecke stehen. Nach nur fünf Minuten kommt er mit dem Schlüssel zurück und schließt den Schrank auf. Daraufhin kommt eine Kollegin, nimmt den Auftragszettel über die beiden Cola aus seiner Hand und stellt die Cola auf ein Tablett. Während Ober A den Kühlschrank verschließt, bringt Kellnerin A die Cola an unseren Tisch. Ober B ist sofort zur Stelle, um die Flaschen zu öffnen. Leider hat er den Öffner doch nicht in der Tasche - wie sonst immer - und geht gemächlichen Schrittes davon, um einen zu holen. Unsere, nicht immer zu verbergende, deutsche Hektik bricht in diesem Moment aus, und wir öffnen die Flaschen mit unseren Feuerzeugen. Manchmal fällt es schwer, sich den örtlichen Gegebenheiten anzupassen. Als Ober B stolz mit dem Flaschenöffner ankommt, lächeln wir ihn ermunternd an: Vielleicht beim nächsten Mal.

Der ganze Vorgang wiederholt sich nun etwa fünfmal. Immer holt Ober A den Schlüssel, das dauert immer fünf Minuten, Kellnerin A bringt die Cola, Kellner B öffnet die Flaschen. Wir werden ein eingespieltes Team, daß sich langsam auf den Höhepunkt vorbereitet: das Bezahlen!
Dann ist es soweit „Bitte bezahlen". Das stiftet Verwirrung, schließlich gab es diese Situation heute noch nicht - wir sind immer noch die einzigen Gäste. Zu dritt wird der zu zahlende Betrag errechnet, den uns Ober C überbringt. Ah, wir dachten schon, er hätte gar keine Funktion in diesem Laden. Wir haben das Geld nicht passend, was auch Ober C beim kritischen Beäugen der fast unlesbaren Banknote feststellt. Er geht zu seinen Kollegen zurück, und alle sind sich nach längerer Beratung einig, daß nun Ober D in den Organisationsablauf eingeschaltet werden muß. Er erhält unseren Geldschein und wird zum Wechseln in die Stadt geschickt. Nach etwa 15 Minuten kommt er wieder, übergibt das Geld Ober C, der uns nun das Wechselgeld freudestrahlend übergibt.

Ja, so ist das Leben und Reisen in Afrika. Es macht immer wieder Spaß, solchem Treiben zuzusehen, außer man hat richtig Hunger oder Durst. Das passiert am nächsten Morgen. Unglücklicherweise ist das Frühstück im Preis inbegriffen, was uns in Luxusgedanken schwelgen läßt und unsere Vorsicht reduziert.
Wir betreten also erneut das Restaurant und werden überschwenglich begrüßt, man kennt sich schließlich. Wir setzen uns an den einzigen Tisch, der noch nicht von Essensresten übersät ist. Offensichtlich haben die anderen Hotelbewohner schon vor uns gespeist. Die Ober A bis D und die Kollegin stehen in der Ecke und warten offensichtlich, bis alle Gäste mit dem Frühstück durch sind, um dann abzuräumen. Zwischenzeitliches reinigen der Tische würde die

ganze Arbeit bis zum Lunch vermutlich vorwegnehmen, oder die Personen E - I sind dafür zuständig, und kommen erst später zum Dienst.

Egal, der Ober kommt und fragt nach Tee oder Kaffee. Thomas bestellt Tee, ich Kaffee. Nach gut 10 Minuten kommt er wieder und teilt mir mit, daß es keinen Kaffee mehr gibt. OK, dann nehme ich auch Tee. Wir beginnen schon früh am morgen zu scherzen und stellen uns vor, was für Überraschungen das Frühstück wohl noch so bringt. Nach erneuten fünf Minuten kommt der Ober wieder und eröffnet uns, daß auch der Tee alle ist.

Ich möchte nicht langweilen, darum fasse ich zusammen: Nach einer knappen Stunde haben wir festgestellt, daß es kein Frühstück mehr gibt! Eine Stunde! Und das morgens nach dem Aufstehen! Und alle fünf Ober wußten das vorher, wußten schon gestern, wieviel Frühstücksgäste kommen würden. Soviel Lethargie ist wirklich umwerfend. An Streß stirbt dabei bestimmt keiner. Aber dafür sind alle sehr freundlich und nett. Als ich dem Ober ins Gesicht sehe und ihn frage, was ich denn jetzt essen soll, lächelt er mich an und freut sich, daß wir uns so gut unterhalten.

Das Ende vom Lied ist, daß ich mit dem Rad zum Bahnhof fahre, mich in eine Bretterbude setze und mehrere Mandazi in mich hineinstopfe. Mittlerweile ist es fast Mittag.

*

Thomas geht es immer noch nicht besser, und wir rätseln weiter, was der eigentliche Ursprung der dauernden Krankheiten ist. Malaria kommt uns in den Sinn, und Thomas beschließt, einen Test zu machen. Dafür suchen wir das örtliche Krankenhaus auf. Unglaublich, wie viele Leute sich vor und im Krankenhaus herumtreiben. Ganze Familien kümmern sich um einen Kranken, der sich hier selbst um Verpflegung und Sauberkeit zu sorgen hat. Nach einigen

Verhandlungen mit Ärzten und anderen wichtigen Leuten über den Preis der Untersuchung, kann Thomas den Test gleich hier vor Ort machen. Komisch, daß man in deutschen Krankenhäusern immer ewig auf die Untersuchungsergebnisse warten muß. Das Resultat des Tests ist negativ. Das beruhigt uns etwas, macht uns aber auch nicht schlauer.

Da die ganze Strecke bis Iringa weiterhin so schwierig wie die bisherige sein soll, bleiben wir bei der Lösung, daß Thomas mit dem Bus fährt. Abends treffen wir glücklicherweise noch einen Basketballtrainer, der Iringa gut kennt. Er beschreibt uns ein Hotel, das wir als Treffpunkt vereinbaren.

Weiter allein durch Zentraltansania

Am nächsten Morgen verlasse ich Dodoma und mache mich auf ins Ungewisse. Nur wenige Meter nach dem Ortsausgang - immerhin der Hauptstadt Tansanias - bin ich wieder mitten in der Strauchwüste, wie ich sie schon auf dem Weg hierher erlebt habe. Da es keine genauen Landkarten gibt, informiere ich mich bei den Einheimischen über Streckenlänge und Übernachtungsmöglichkeiten. Es ist immer wieder haarsträubend, wie sich diese Angaben von der Wirklichkeit unterscheiden. So werden aus den für den ersten Tag geplanten 60 km satte 110 km. Und das bei einer Strecke, die richtig fordert: Sand, Sand und nochmal Sand. 40 kg Rad und Material durch bis zu vierzig Zentimeter tiefen Sand zu schieben ist eine Tor - tour statt Rad - tour. Dazu brennt mir die Sonne den ganzen Tag auf den Pelz, und ich komme nur ganz vereinzelt durch kleine Dörfer. Die Hüttenansammlungen sind so klein, daß es nicht einmal etwas zu essen, geschweige denn Softdrinks zu trinken gibt. So muß ich mich an das mitgeschleppte Wasser aus meinen Flaschen halten und esse fast nichts. Bei dieser Hitze fällt essen ohnehin schwer, aber eigentlich bräuchte mein Körper ganz dringend Kohlenhydrate.

Völlig geschafft komme ich im Zielort Cipogoro an. Wie es in dieser trockenen Gegend zu erwarten ist, gibt es kein Trinkwasser. Vorsichtshalber hatte ich meine Notfall-Wasserbeutel gefüllt, deshalb ist das erst einmal kein Problem. Und um den Sand und Staub von der Haut zu waschen, bekomme ich 5 l drekkiges, stinkendes Wasser. „Besser als nichts" denke ich, aber es dauert nur wenige Minuten, bis ich nach der Wäsche rote Punkte auf der Haut habe.
Als ich nach Essen frage, ernte ich Gelächter: „Sorry, my friend, this is no area for a restaurant!" In diesem vergessenen Teil Tansanias ist alles anders - sonst gibt es in jedem Ort zumindest das fürchterliche „Sima", ein Maismehlbrei undefinierbarer Konsistenz ohne Geschmack. Aber auch diese Auskunft kann mich nicht kleinkriegen. Ich habe noch Notnahrung dabei; auch wenn mir der Sinn nun wirklich nicht mehr nach Kochen steht. Ohne Essen wäre aber eine weitere Etappe dieser Art kaum zu bewältigen. So krame ich eine Packung „Globetrotter-Fraß" (interner Sprachgebrauch) aus den Katakomben meiner Satteltasche und mache mich ans Kochen. Mein Lieblingsessen „Försterin" steht auf dem Programm. Die Globetrotter-Mahlzeiten bestehen aus getrockneten Bestandteilen, die in kochendes Wasser eingerührt werden. Das ganze schmeckt ausgezeichnet, kostet aber um 12 .- DM. Ich esse eine 250g Packung (in 0,8l Wasser eingerührt) alleine auf. Es gibt auch „Kinderpackungen", auf denen „reicht für eine Mahlzeit" steht. Davon sollte man sich als Radfahrer aber nicht irritieren lassen, die sind vermutlich für busfahrende Backpacker gedacht...

Vor einer majestätischen Akazie

Abends kommt dann doch noch Wasser ins Dorf: Dreckig, sandig und als besonderer Leckerbissen schwimmen tote Fliegen auf der Oberfläche. Auch hier hilft wieder nur High-Tech: Mein Wasserfilter verwandelt die Brühe in klares, sicheres Trinkwasser. Dabei stört es nur am Rande, daß sechs Leute im Türrahmen stehen und mir beim Pumpen interessiert zusehen.

Im Schein der Petroleumlampe sehe ich später direkt neben meinem Bett, wie sich eine gut 5 cm lange Kakerlake über eine heruntergefallene Nudel hermacht. Ein deutlich stattlicheres Exemplar entdecke ich kurze Zeit später am Kopfende meines Bettes. Die Größe der Kakerlaken auf dem Klo ist nicht anders, deren Anzahl läßt aber auch mich zusammenzucken.

*

Ich frühstücke am nächsten Morgen im Schatten eines Baobabs. Vom Vortage habe ich noch ein paar Chapati und Tomaten übrig. Danach habe ich für eine

Woche ein taubes Gefühl im Mund: vermutlich irgendein bei uns verbotenes aber exportiertes Insektenschutzmittel auf den Tomaten.

Auf dem Weg nach Mtera beschleicht mich mehrfach ein ungutes Gefühl. Letzten Abend bin ich mehrfach vor den wilden Tieren dieser Gegend gewarnt worden und sehe jetzt nur alle paar Stunden ein motorisiertes Gefährt und keine Dörfer. Wenn hier ein Löwe aus dem Gebüsch springt und großen Hunger auf Radfahrerwaden hat, bin ich geliefert. Es dauert auch nicht lange, bis ich völlig ungewöhnliche Abdrücke auf der Straße entdecke. Sie sehen aus, als wenn jemand einen großen Sack auf die Straße gestellt hätte. Komisch. Dann verschwinden die Sackspuren im völlig zugewachsenen Dickicht. Bei dieser Hitze arbeiten die Gehirnwindungen deutlich langsamer, ich komme aber trotzdem 'drauf: Elefanten. Und alt können die Spuren noch nicht sein, deshalb fahre ich sehr vorsichtig um jede Kurve. Vor einer Elefantenherde zu stehen ist ungefähr das Letzte, was ich jetzt gebrauchen könnte. Elefanten können ungemütlich werden, wenn sie sich bedroht fühlen. Und ein unbekanntes Gefährt, auf dem so eine komische Menschengestalt sitzt, würde die Elefanten bestimmt reizen.

Wenig später beschließe ich, daß die Elefantenherde das *Vor*letzte ist, was ich sehen möchte: Ich entdecke unzweifelhaft Löwenspuren auf der Straße. Die Tiere sind natürlich schlau und benutzen die Straße, auf der es sich viel einfacher gehen läßt, als im dichten Buschgeflecht. Mit meiner Ruhe ist es jetzt vorbei, denn auch diese Spuren sind nicht verwischt, mit anderen Worten recht frisch. Ich hole meine Signalrakete aus der Lenkertasche, lade sie und plaziere sie so, daß ich sie innerhalb von Sekundenbruchteilen in der Hand habe. Das gibt zwar etwas Sicherheit, entspannter werde ich aber erst, als die Spuren die

Straße verlassen. Geschichten wie „Radfahrer kämpft mit einem Rudel Löwen“ lesen sich bestimmt interessant, aber ich bin froh, diese nicht schreiben zu können. Dabei fällt mir wieder Alaska ein, wo wir aus wenigen Dutzend Metern Entfernung einen Grizzly mit zwei Teddybären fotografierten. Sekunden vorher waren wir auf der abschüssigen Strecke mit 50 km/h ungefähr einem Meter an den drei vorbeigefahren. Solche Erlebnisse treiben den Adrenalinspiegel in ungeahnte Höhen.

Isac

In Mtera, etwa auf halber Strecke, mache ich schon mittags mit dem Fahren Schluß. Mtera ist die größte Stadt zwischen Dodoma und Iringa, ist aber auf keiner Landkarte verzeichnet. Das liegt vermutlich am Stausee, der als militärische Schutzzone eingestuft wird. In dem kleinen Hotel am Stadtrand treffe ich auf den Fischhändler Isac, der wie ich im Schatten der Hotelveranda sitzt. Isac kauft hier Fische, um sie an der sambischen Grenze zu verkaufen. Gemeinsam gehen wir durchs Dorf und essen zusammen. Dafür organisiert er herrliche Omelett, wozu er einen leckeren Fisch spendiert. Wir verbringen den Rest des Tages zusammen, und ich erfahre dabei unter anderem, daß der Brautpreis in Tansania bei etwa 250 US $ liegt.

Am Abend gehen wir in die Kantine der ehemaligen italienischen Stauseearbeiter. Sie ist sogar mit Aircondition ausgestattet. Ein unerwarteter Genuß. Was mich ganz besonders an der Gesellschaft von Isac freut ist, daß er mich zum Bier einlädt. Es ist das erste Mal seit vielen Wochen, daß jemand nicht erwartet, daß ich die Zeche zahle.

Nach einem ausgedehnten Frühstück mit Isac und dem Kauf von zwei dieser leckeren Omeletts für unterwegs, geht es wieder los. Es erwartet mich heute außer heißer Luft, sandiger und steiniger Piste ein kleines Extra: Es geht nur bergauf. Langsam und schleichend zwar, dafür um so zermürbender. Ich fahre wieder Slalom zwischen den Dornenbüschen neben der Straße, weil diese selbst unerträglich schlecht ist. Irgendwann zischt es laut. Ich habe mich schon seit 2400 km gewundert, daß ich nie einen Platten hatte. Dafür hat es mich jetzt vorn und hinten gleichzeitig erwischt. Ich ziehe 4 cm lange Dornen aus dem Reifen. Damit habe ich mir beim rasanten Querfeldeinfahren auch schon meine T-Shirts zerrissen. Beim Einlegen der neuen Schläuche ziehe ich noch 12 vorn und hinten 15 Dornen aus dem Mantel. Nicht schlecht. Eine Antiplatt-Einlage zwischen Schlauch und Mantel hat also viele Platten verhindert. Wieder eine Investition, die sich gelohnt hat.
Die Piste schüttelt mich fast den ganzen Tag durch. Es gibt nicht ein einziges Dorf am Wegesrand, und ich bin froh über meine angelegten Wasserreserven. Neben einem leckeren Omelett, daß bei dieser Hitze fast die gleiche Temperatur wie in der Pfanne behalten hat, runden zwei Orangen die "reichhaltige" Verpflegung ab. Orangen esse ich immer dann, wenn ich durstig bin, aber aus Sparsamkeit nicht mehrere Schlucke Wasser trinken will. Die Apfelsinen haben mit unseren gezüchteten und genetisch veränderten Orangen nur wenig gemeinsam. Während unsere kaum Kerne haben, sind die afrikanischen voll davon. Wir haben uns deshalb eine neue Essvariante bei den Afrikanern abgeguckt: Die Früchte werden in sechs Stücke zerschnitten und dann quasi ausgesaugt. Das sollte man tunlichst machen, wenn keiner in der Nähe ist, es sieht nämlich ziemlich fürchterlich aus. Der Saft läuft am Mund vorbei, die Kerne

werden so weit wie möglich weggespuckt und die leere Schale hinterhergeschmissen. Es macht also richtig Spaß und ist auch noch gesund.
Nachdem eine Niete der Satteltaschen durch das tagelange Geschüttel gebrochen ist, versuche ich eine neue Taktik. Ich fahre nicht mehr auf der Straße, sondern entlang der Hochspannungsleitung, die von Mtera irgendwo in den Süden führt. Die Strecke ist landschaftlich ein absoluter Traum. Massen von Baobabs auf roter Erde, wunderschön. Über 20 km sehe ich die Straße nicht einmal und werde schon unsicher, ob ich noch in Zielrichtung unterwegs bin - die Stromleitungen können ja auch sonstwohin führen. Aber es paßt mal wieder.

Im Zielort angekommen wird mir - wie immer lächelnd - eröffnet, daß dieser Ort keine Übernachtungsmöglichkeit hat. Schön. Das Zelt habe ich aus Gewichtsgründen Thomas mitgegeben. Es gibt immer noch eine Steigerung der zu meisternden Umstände. Nach langem Palaver kann ich in einem winzigen, dreckigen Lagerraum schlafen, wo mich nur eine hauchdünne Holzwand vom Lärm einer Bar trennt - an Schlaf ist nicht zu denken. Nach sieben Stunden schwitzen gibt es heute auch keine Dusche o.ä. Na gut, dann kann ich gleich in dem T-Shirt schlafen, in dem ich heute gefahren bin. Das Salz im Kragenbereich macht das T-Shirt ziemlich „stabil“. Dann noch ein wenig Wasser in die Kniekehlen und hinter die Ohren damit es beim Schlafen nicht so klebt - und schon gehe ich erfrischt ins Restaurant.
Man ahnt es schon: „Food finished!“ Ich kann mir aber das mittlerweile zwei Tage alte Omelett aus Mtera, was ich mir als Reserve eingesteckt hatte, in der Küche aufwärmen. Die Küche ist hier ein stockdunkler Raum, in dessen Mitte

ein Feuer unter einer Pfanne brennt. Die Wände sind verrußt und überall liegt Asche herum.
Mit mir am Tisch sitzen sechs Massaikrieger im schönsten Schmuck. Während es zu Beginn der Reise geradezu eine Sensation war, mit Massaikriegern am Lagerfeuer zu sitzen, gehörten sie im Norden Tansanias zum normalen Straßenbild. Hier, kurz vor Iringa, im Süden des Landes, sind sie wieder etwas Besonderes - auch für die Bewohner der Gegend. Es ist faszinierend, wie stolz und selbstbewußt die Massai auftreten, obwohl sie vom Rest der Bevölkerung deutlich ausgegrenzt und mißtrauisch beobachtet werden.
Während ich so im Restaurant sitze und mein Tagebuch schreibe, kommt kein Lichtstrahl durch das Fenster, weil es voller Kinderköpfe ist. Sie bestaunen mich mit ihren großen, braunen Augen und verfolgen jede Bewegung. Als es mir zuviel wird, zücke ich meine Kamera. Bisher hatte das immer den Erfolg, daß alle Anwesenden auseinander gelaufen sind, weil sie sich nicht fotografieren lassen wollten. Hier passiert völlig unerwartet genau das Gegenteil. Die Kids fangen an zu johlen und freuen sich über mein Interesse. Noch mehr Köpfe drängen sich ans Fenster, und so entsteht eines der schönsten Fotos der Tour.

Ruhepause in Iringa

In Iringa treffe ich Thomas im vereinbarten Hotel. Schön, in der Fremde „plötzlich“ seinen Freund wiederzusehen. Die fast 700 km tiefstes Afrika sind nun geschafft. Eine Strecke, die zwar körperlich viel abverlangte, aber mir auch so richtig Spaß gemacht hat. Genauso hatte ich mir eigentlich das Gros der Tour vorgestellt.
Ich genieße einen Tag Ruhepause und esse pausenlos. Nur kurz kümmere ich mich um meine Ausrüstung und das Bike.

Wie verabredet kommt Isac am nächsten Tag vorbei. Seine Eltern wohnen in Iringa, und auf dem Weg zur sambischen Grenze macht er hier immer Station. Später erfahre ich, daß er mit seinem Fischgeschäft Pleite gegangen ist. Als er in seinem Heimatdorf ankam, war die Stromversorgung zusammengebrochen, so daß er die Fische nicht einfrieren konnte. In der gnadenlosen Hitze sind die Fische vergammelt, und fast sein gesamtes Kapital von mehreren 100 US $ war damit verloren. Nun muß er sich nach einem neuen Verdienstweg umsehen. Es ist schon das zweite Mal, daß ihm so etwas passiert. Beim ersten Mal wurde er in einem Hotel in Lusaka ausgeraubt und sein Bargeld gestohlen. In Afrika zählt nur Bargeld, zu einem sicheren und bargeldlosen Bankverkehr wie bei uns hat ein normal Sterblicher kaum Zugang. Bei diesem Raub in Lusaka wurden auch seine sämtlichen Papiere gestohlen, was dazu führte, daß er an der Grenze als Verbrecher für mehrere Wochen eingesperrt wurde. Und die Gefängnisse haben eine andere Qualität, als die unsrigen. Es ist schon bitter, wie schnell der wirtschaftliche Ruin über Leute hereinbrechen kann, die wirklich engagiert sind, und zu diesen gehört Isac. Nach seinen Geschichten mußte ich den Eindruck gewinnen, daß es Sisyphos noch einfach hatte gegenüber afrikanischen Kleinunternehmern.

*

Beim Tausch von Traveller Cheques in Iringa will die Bank tatsächlich 20 US $ Kommission (Bearbeitungsgebühr) einbehalten! Der Bargeldtausch ist dagegen kommissionsfrei. Jeder Ort, jede Bank ist da unterschiedlich. In der Regel läuft es mit den Traveller Cheques gut, aber um solchen Unregelmäßigkeiten des unergründlichen Bankgeschäftes entgegenzuwirken, ist es auch für uns nötig, mit Bargeld herumzufahren. In kleinen Scheinen haben wir US $ dabei, nicht nur zum legalen Eintauschen bei Banken, sondern auch, um mal einen oder fünf Dollar als „Geschenk" ausgeben zu können. Am Ende sind wir mit ca. 150 US $ in Bargeld für die ganze Tour gut ausgekommen. Ich hätte eigentlich mehr Bedarf erwartet, aber die dauernden Bestechungen und Devisenbeschränkungen gehören langsam der Vergangenheit an. Aber in Afrika ändert sich alles sehr schnell. In Kenia haben wir noch gehört, daß wir Safaris in Tansania mit Bargeld bezahlen müssen. Als wir dann da waren, konnten wir problemlos mit Traveller Cheques bezahlen.

*

Thomas geht es mittlerweile besser, er konnte sich während der einwöchigen Busfahrt gut erholen. Trotzdem bedauert er, daß er die Strecke nicht auch mit dem Rad fahren konnte, schließlich ist Busfahren nicht ganz so aufregend. Er hat einen Abstecher in den Mikumi Nationalpark gemacht, hatte mit Tierbeobachtungen aber nicht viel Glück.

Anderes erzählen zwei holländische Radfahrer von diesem Nationalpark, die wir in Iringa treffen. Das Pärchen ist fast auf der gleichen Strecke wie wir unterwegs, hat nur einen großen Bogen um die Chaosstrecke gemacht, auf der ich unterwegs war. Im Mikumi Nationalpark standen sie plötzlich mitten auf der Straße einer erregten Elefantenherde gegenüber, die von einem verrückten Autofahrer richtig wild gemacht worden war. Während sich der Autofahrer in seiner Blechbüchse aus dem Staub gemacht hat, sahen sich die Radfahrer einer wilden Herde gegenüber. Nur mit knapper Not und überlegtem Rückzug sind sie einem Angriff der Elefanten entgangen.

Die beiden Holländer sind die ersten Radfahrer, die wir seit langer Zeit treffen. Sie haben sich ähnliche Länder vorgenommen wie wir. Allerdings ist ihre Strecke mit deutlich weniger Schlenkern und Umwegen versehen, womit sie kürzer wird. So können sie weniger Kilometer auf die gleiche Zeit verteilen -

ganz schön clever. Gemeinsam essen wir zu Abend und fachsimpeln lange über die verschiedenen Strecken, die man bis Kapstadt wählen kann. Spät in der Nacht verabschieden wir uns wie alte Freunde, und sind uns sicher, daß sich unsere Wege wieder kreuzen werden.

Zu zweit macht es mehr Spaß

Zusammen verlassen Thomas und ich Iringa. Endlich wieder zu zweit! Die Straße ist erstklassig asphaltiert, genügend Verpflegungsmöglichkeiten am Wegesrand und schöne Landschaft, die sich von den letzten 700 km deutlich unterscheidet. Es wird grüner, und die Wasserversorgung ist offensichtlich leichter. So können die Menschen ihre Äcker bestellen, was sich nicht nur auf das Landschaftsbild, sondern auch auf das Angebot in den kleinen Restaurants positiv auswirkt.

Trotzdem geht uns langsam das dauernde „Muzungu“ rufen (Bezeichnung für „Weiße Europäer“) auf die Nerven. Seitdem wir in Tansania sind, hören wir diese Rufe mindestens 1000 Mal am Tag. Eigentlich ist mir nicht ganz klar, warum uns dauernd erzählt wird, daß wir Weiße sind. Aber so werden alle Bewohner des Dorfes auf uns aufmerksam gemacht, die dann zur Straße laufen und auch „Muzungu“ brüllen. Die Kinder haben offensichtlich besonders viel Spaß daran. Diese Situation ist nur mit Humor zu nehmen, den leider keiner versteht, der so etwas nicht schon einmal durchgemacht hat: Manchmal, wenn die ersten 100 Bewohner des Dorfes uns „Muzungu“ zugerufen haben und eine Menschenmenge das nicht mitmacht, rufen wir ihnen zu: „Hey, wir sind Muzungus, staunt uns endlich an und kommt zur Straße gelaufen!“ Ja, vielleicht sind das auch Auswirkungen der intensiven Sonnenbestrahlung...

Auch unser Verhalten in den üblichen Bretterbuden-Restaurants läßt manchmal zu wünschen übrig. Es kann schon mal passieren, daß Thomas mit ernstem Gesicht, und ohne mich darauf vorzubereiten, bei der Bedienung auf Deutsch eine Pizza und ein Stück Erdbeertorte mit Sahne bestellt. Daraufhin muß ich loslachen und alle um uns herum halten uns für komplett übergeschnappt. Genau soviel Spaß macht es Thomas, wenn ich einen Ober auf Deutsch freundlich bitte, das plärrende Radio mal kurz aus dem Fenster zu schmeißen.

*

Die Strecke von Iringa zur malawischen Grenze ist schön zu fahren. Wir kommen gut voran und sind trotz der täglich knapp 100 km immer am frühen Nachmittag im Zielort. In Mafinga treffen wir dabei einen Koch, der uns von einem Deutschen erzählt, der vor einigen Jahren auch bei ihm Station gemacht hat. Er war mit Rad und Gitarre unterwegs. Sofort wissen wir, wer gemeint ist: Hartmut Fiebig. Der hatte über seine Afrikadurchquerung gerade ein Buch herausgebracht, bevor wir gestartet sind, und wir haben daraus viele Informationen mit auf unseren Weg genommen. Der Koch - Heskins - wartet noch immer auf eine Antwort auf seine Briefe. Also Hartmut, schreib' ihm doch mal. Wir werden von Heskins fast mütterlich bekocht. Nebenbei kosten wir seine Backwaren, die er kunstvoll aufgestapelt in einem Glasschrank lagert. Etwas trocken sind sie schon, aber mit Tee lassen sie sich essen. Bei ihm bestellen wir auch gleich das Frühstück und vereinbaren eine Zeit dafür. Es geschehen noch Wunder: Am nächsten Morgen erwartet Heskins uns mit dampfendem Kaffee.

*

Pause.

Nördlich von Makumbako trauen wir unseren Augen nicht. Es scheint, als sind wir in meine Lieblingsreiseecke, Alaska, verschlagen worden. Keine Frage, die Außerirdischen sind am Werk und haben uns aus Afrika weggebeamt. Die Straße wird von großen Tannenwäldern gesäumt, unterbrochen von sumpfigen Waldlichtungen, aus denen jede Sekunde ein Elch zum Grasen kommen kann. Es riecht wie auf dem alaskanischen Denali Highway, nur daß die Piste dort schlechter ist. Wir radeln tatsächlich durch erstklassiges Forstgebiet und sind doch in Afrika. Eine Erklärung dafür muß ich schuldig bleiben, fest steht, daß es abends im Restaurant wieder Sima gibt, und das bekommt man in Alaska garantiert nicht.

*

Der Rest des Weges nach Malawi führt dann, wie es sich gehört, durch Bananen- und Teeplantagen. Kurz vor Tukuju, einem traumhaft gelegenen Ort, geht es völlig unerwartet noch mal in die Berge. Plötzlich finden wir uns auf über 2200 m wieder. Dafür sind die restlichen Kilometer zur malawischen Grenze wie für Radfahrer gemacht: Es geht fast nur bergab.

Bevor die Grenze in Sichtweite kommt, tauschen wir einige tansanische Schillinge in malawische Kwacha schwarz auf der Straße. Den aktuellen Kurs haben wir vorher in Erfahrung gebracht, damit wir beim Schwarztausch nicht über den Tisch gezogen werden können. Obwohl wir nach Malawi fahren, müssen wir noch einige Tage mit T-Schillingen bezahlen, da die nächste Bank in Malawi erst in mehreren Tagen zu erreichen ist. Das wird kein großartiges Problem darstellen, so hoffen wir zumindest.
Wie zu erwarten, fragt uns der tansanische Zöllner, wieviel Geld wir außer Landes nehmen wollen. Wir zeigen ihm mehr, als man offiziell über die Grenze nehmen darf, was er sofort drohend moniert. Daß er Schwierigkeiten machen würde, wußten wir, deshalb haben wir die doppelte Menge Geld in den Satteltaschen gelassen. So kann er sich über einen vergleichsweise geringen Betrag aufregen, und wir treten darüber in die Verhandlung ein. Am Ende schieben wir ihm mit den Worten "enjoy your lunch" umgerechnet ca. 2,50 DM als Schmiergeld über den Tisch und er untersucht unsere Gepäckstücke erst gar nicht.
Kaum haben wir die Bretterbude des tansanischen Zöllners verlassen, stehen wir vor einem geradezu als luxuriös zu bezeichnenden Gebäude, das die Malawier beherbergt. Was für ein Unterschied! Nachdem die Formalitäten überstanden sind, bittet uns ein Grenzer in ein Einzelzimmer und wir ahnen schon

Schreckliches. Schließlich durfte man bis vor kurzem nur mit kurzen Haaren und nach strenger Visite über die Grenze. Langhaarigen Männern oder Frauen in Hosen wurde die Einreise verwehrt. Aber der Zöllner ist nur an unserer Tour interessiert und gibt uns viele gute Tips für sein Land mit auf den Weg. Willkommen in Malawi, dem Land mit den freundlichsten Menschen Afrikas.

Der Lake Malawi

Der Lake Malawi ist beeindruckend, immerhin der drittgrößte See Afrikas. Seit dem Indischen Ozean das erste Mal wieder Wasser, soweit das Auge reicht. Und dazu ein traumhafter Strand mit weißem Sand, Palmen und netten Menschen. „Das ist ja fast wie Urlaub!“, entfährt es Thomas. Damit hat er nicht Unrecht, schließlich ist so eine Radtour eine Menge harter Arbeit, auch wenn es sich wie Dauerurlaub anhört.

Nach einem herrlichen Bad im See und einem leckeren Abendessen mit schmackhaftem Fisch, sitzen wir mit dem genialen Koch und dem Ober noch lange am Tisch und klönen. Es ist so richtig einer der Abende, zu dem Bier, Wein und Zigaretten gehören. Thomas überlegt einen Augenblick, ob er tatsächlich Wein trinken sollte. Ich erinnere ihn beiläufig, daß es heute zum Nachtisch nicht nur die Antibiotikatablette gegen die angehende Bronchitis für ihn gab, sondern auch die Sonderration von vier Malariatabletten. Aber der Abend ist einfach zu schön, und der malawische Wein lockt. Nur ein kleines Glas.

Am nächsten Morgen ist Thomas nicht besonders gesprächig und er fühlt sich schlecht. Bereits nach 20 km braucht er eine lange Schlafpause, was völlig ungewöhnlich ist. Nach weiteren zehn Kilometern, die er sich im Schneckentempo über die Straße quält, kommt die nächste Pause. Kaum sitzt er laut stöhnend, an die Hausmauer gelehnt auf dem Boden, springt er auf und rennt zur Häuserecke um sich mal so richtig auszukotzen. Nicht über die Tour sondern in Stückchen. Die letzte Gräte des gestrigen Fisches erblickt so wieder das Tageslicht.

Das war's natürlich für heute, wenn da nicht der unglückliche Umstand wäre, daß das nächste Guesthouse noch über 50 km entfernt ist. Das geht an die Substanz. Ich fahre langsam vorweg und gebe so Windschatten, damit Thomas weniger Kraft aufwenden muß. Zwischendurch halten wir oft und er versucht zumindest, etwas zu trinken. Thomas' Gesicht hat die Farbe einer frisch gekalkten Wand angenommen. Als ein Lastwagen kurz vor uns hält, fragt er nicht nach einer Mitfahrgelegenheit, sondern will mit dem Spruch „Nur die Harten kommen in den Garten!“ bis zur nächsten Unterkunft durchhalten. Mein Lieblingspubertätsspruch kommt mir in den Sinn: Das Leben ist hart, aber ich bin härter! Ich liebe solche Weisheiten.

Schließlich kommen wir doch in Chilumba an. Ein Ort, den wir eigentlich nicht besuchen wollten, weil er etwas abseits von der Strecke liegt, aber er hat das nächste Guesthouse. Chilumba ist ein absolut abstoßendes Nest, wie es nur wenige in Malawi gibt. Ein Fährhafen, den jeder so schnell wie möglich versucht zu verlassen, ein paar Holzhütten und Geschäfte, die allen möglichen Tand anbieten. Das einzige Guesthouse im Ort in ein heruntergekommener Bau mit 20 kleinen Zimmern. Die Fenster sind kaputt, ein defektes Dach und schmierige Wände. Ein echtes Loch. Das Erscheinungsbild der Stadt steht dem in nichts nach. Ich kann nicht einmal etwas zu essen auftreiben. Während Thomas schon fast im Delirium im Bett liegt, koche ich Globetrotter Fertiggerichte, damit wir nach dieser Anstrengung noch etwas Deftiges in den Magen bekommen. Wir haben nur vier dieser Mahlzeiten mitgenommen, aber wenn sie zum Einsatz kommen, sind sie dringend nötig. Außerdem schmecken sie wie lange vermißtes, europäisches Essen. Lecker.

Abends sitzen wir zusammen und diskutieren den Vorfall. Es wird deutlicher, daß Thomas' Körper die Strapazen einer solchen Radtour schwer wegstecken kann. Das „Warum“ ist uns nicht immer erklärlich, die Zeichen aber deutlich. Schließlich kann ich Tabletten essen und Bier obendrauf gießen, und trotzdem noch am nächsten Tag ein Rennen fahren. Auch andere Probleme mit der Gesundheit habe ich bisher nicht. Wir beschließen, keine Extratouren mehr zu machen, die wir in Malawi angedacht hatten.

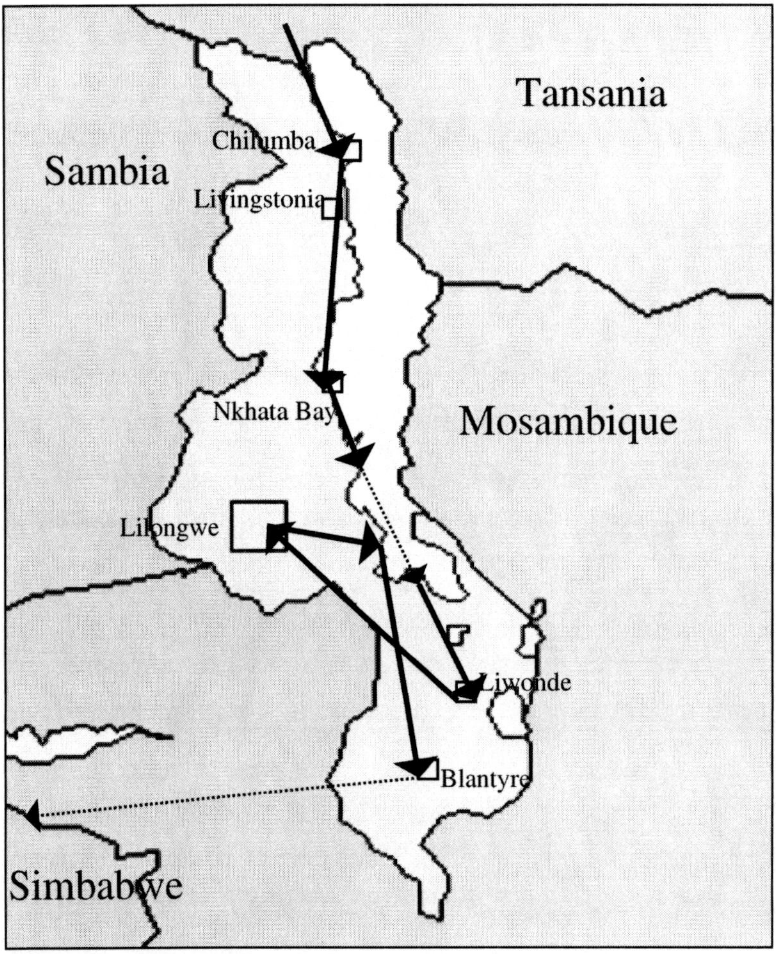

Ziemliches Gekurve durch Malawi

Der nächste Tag soll Thomas als Ruhetag dienen, ich werde ihn für eine kurze Exkursion nach Livingstonia nutzen. Zum Frühstück können wir tatsächlich kalten Reis und toten Fisch auftreiben. Thomas genießt danach die Ruhe am Strand, während ich mich aufs Fahrrad schwinge.

„Ruhetag" Livingstonia

Die ehemalige Missionsstation Livingstonia, die nach unserem Reiseführer eine der schönsten Aussichten Afrikas zu bieten hat, soll laut Landkarte nur 18 km entfernt liegen. Nach 25 km gerader Straße am See entlang wird mir eröffnet, daß es weitere 18 km sind. Aber damit nicht genug. Die kommende Strekke ist in 20 durchnumerierte Haarnadelkurven unterteilt, die sich steil in die Höhe schrauben. Daß die Piste nicht asphaltiert, sondern steinig und schwer zu fahren ist, versteht sich von selbst. Da ich aber gerade nichts anderes zu tun habe, fahre ich trotzdem weiter.

Als ich nach 800 Höhenmetern endlich oben ankomme, tropft das T-Shirt vor Schweiß und ich habe unglaublichen Durst. Ich werde durch vier Läden geschickt, die alle nichts zu trinken haben. Eigentlich bin ich ein ruhiger Mensch, aber hier drohe ich aus der Fassung zu geraten. In jedem kleinen Nest Afrikas kann man irgendwo einen Softdrink auftreiben, nur hier stehen nur leere Flaschen herum. Für Lkws ist es sehr beschwerlich, hier hoch zu kommen, deshalb ist die Versorgung mit Getränken und frischen Lebensmitteln eher schlecht. Schließlich finde ich eine Kanne Tee. Mit gierigem Blick gieße ich - nach kenianischem Vorbild - das heiße Getränk in die Untertasse, damit er schneller abkühlt. Vier Augenpaare sehen mich ungläubig an, als ich das köstliche Naß wie der letzte Mensch aus der Untertasse schlürfe.

Nachdem ich Essen bestellt habe - die Zubereitungszeit wird mit 1 1/2 Stunden veranschlagt - sehe ich mir Livingstonia an. Diese 1894 vom schottischen Missionar R. Laws begründete Stadt ist schon beeindruckend. Hier entstand zur Jahrhundertwende das beste Krankenhaus Zentralafrikas, eine Schule, eine Post, eine technische Hochschule und eine Kirche.

Als ich die Kirche erblicke, läuft mir trotz enormer Hitze ein kalter Schauer über den Rücken und ich bekomme eine Gänsehaut. Hier wurde am Ende der Welt und in großer Höhenlage eine riesige Kirche für mehrere hundert Personen gebaut. Und nicht etwa aus Lehm, wie es hier üblich ist, nein, es wurden Steine aus ungeahnten Entfernungen herangeschafft. Die Kirchenfenster, die David Livingstone auf einer seiner Reisen darstellen, sind aus Schottland importiert. Vor einhundert Jahren! Es ist unglaublich, was zu Zeiten der Kolonisation geleistet wurde, um die „armen Wilden" zum christlichen Glauben zu bekehren und um ihnen die Errungenschaften der Zivilisation nahezubringen. Die Afrikaner werden es mit so von einer Idee besessenen Leuten nicht einfach gehabt haben. Vermutlich waren sie den Ideen der Weißen gegenüber aber aufgeschlossener, als umgekehrt.

Bevor ich mich auf den Rückweg mache, versuche ich noch die angepriesene Aussicht zu genießen. Schade ist dabei nur, daß durch die hohen Temperaturen eine dicke Wasserdampfwolke über dem See liegt und ich gerade mal das Ufer schemenhaft erkennen kann. Mit anderen Worten: Die Sicht ist ausgesprochen schlecht. Vermutlich muß man ganz früh morgens hier sein, um dieses Wunder Afrikas erleben zu können.

Die Abfahrt schüttelt mich durch. An den Manchewe Falls vorbei (die mit ihren 60 m Höhe einen kleinen Abstecher lohnen) geht's mit hoher Geschwindigkeit in die Tiefe. Hier vermisse ich nicht zum ersten Mal mein heimisches

Federgabel-Mountainbike. Leider läßt sich an eine solche Gabel nur ganz schwer und unzureichend ein vorderer Gepäckträger anbringen, weshalb ich mit steifer Gabel fahre. Aber selbst wenn es dafür eines Tages eine vernünftige Lösung geben sollte - für eine solche Tour sind Federgabeln wohl zu anfällig. Denn im tiefsten Afrika gibt es keine neuen Dichtungsringe.
Am Ende des „kurzen Ausflugs" heute habe ich fast 100 km zurückgelegt. Manchmal kann ich über mich auch nur noch den Kopf schütteln.

Thomas geht es besser, und so gehen wir am nächsten Tag langsam die nächsten Etappen an. Rechts der Straße fahren wir meist an Berghängen entlang, links lassen Lichtungen immer wieder einen Blick auf den blauen See zu. Es fährt sich wirklich schön. In regelmäßigen Abständen kommen wir durch Fischerdörfer, wo wir immer etwas zu essen und zu trinken bekommen. Die Leute sind unendlich freundlich und kramen ihre Englischkenntnisse hervor, um etwas von unserer Tour zu erfahren. Während wir Chapati mit Tomaten essen und nebenbei eine Softdrinkflasche nach der anderen leeren, erfahren wir einiges über Land und Leute und fühlen uns richtig wohl. Ein Handicap ist aber auch hier in Malawi die dauernde Bettelei. Wenn wir erst einmal einen Gesprächspartner gefunden haben - oder er uns - hört die Bettelei schlagartig auf, aber bei der Durchfahrt durch Dörfer ruft uns fast jeder „give me money" zu.
Das lockere Radeln wird durch eine anstrengende Bergetappe unterbrochen. Es gilt, 110 km mehr oder weniger bergauf zu fahren, weil von Chiweta bis Ekwendeni keine Übernachtungsmöglichkeit besteht. Das geht mal wieder richtig in die Knochen, auch wenn wir die ganze Sache ruhig angehen. Als wir am zweiten Tag am Ende der Bergfahrt in Mzuzu ankommen, ist Thomas am Ende seiner Kräfte. Vor einem Supermarkt, dem ersten seit Ewigkeiten, läßt er sich

mit dem Rücken an einer Säule zu Boden gleiten, streckt quasi alle Viere von sich.

Ich durchstreife derweil den Laden, um irgend etwas Aufbauendes für Thomas aufzutreiben und finde unglaubliche Sachen: Seit Nairobi das erste Mal Joghurt und genießbare Milch. Als ich Thomas einen Becher davon in die Hand drükke, vermutet er, daß er Weihnachten vergessen hat. Das ist genau das richtige Lebenselexier. Denn besonders die ungewohnte Nahrung - keine Milchprodukte - haben ihm sehr zu schaffen gemacht. Nach zwei Monaten Abstinenz sind wir versucht, die leckere Milch gleich literweise in uns hineinzuschütten. Aber dann würde der Körper erneut Kapriolen machen. Also halten wir uns zurück, mit dem Wissen, daß wir solche Nahrungsmittel jetzt wohl öfter bekommen können.

Nach einer längeren Pause in Mzuzu und dem ersten offiziellen Geldtausch, geht es noch bis Nkhata Bay. Hier hat uns die Touristenzivilisation wieder. Nkhata Bay ist so ein richtiges Traveller Nest, wie ich es „liebe". Hier hängen diese Typen rum, die gerade von Phuket (Thailand) auf dem Weg nach Nicaragua sind, nachdem sie ein Jahr in Indien verbracht haben. Der besondere Reiz von Malawi ist offensichtlich: Immer Sonne, billig, billig, billig und als Höhepunkt „Malawi Gold". Das ist wohl eine der besten Cannabis-Züchtungen im Universum. Tütenweise reine Blüten für ein paar Pfennige. Da freut sich das Kifferherz. Natürlich ist der Konsum und der Verkauf unter strenge Strafe gestellt, aber wir bekommen das Zeug schon angeboten, bevor wir noch eine Unterkunft haben.

Die finden wir im „African Bay Backpackers" in Form einer typisch südostasiatischen Bambushütte, mit Blick auf den See. Einfach traumhaft. Der Besitzer ist auch etwas besonderes: Er ist weißer Malawier und garantiert noch vor

Sonnenuntergang sternhagelvoll. Da er in diesem Zustand überhaupt nichts mehr merkt, geht jeder selbst an die gut gefüllten Kühlschränke und trägt seinen Verbrauch auf einer Strichliste ein - wenn er's nicht vergißt. Aber wir sind ja alle eine große Familie und nett zueinander, da passiert so etwas natürlich nicht.

Thomas tut mir richtig leid. Während ich dieses ausgesprochen hervorragende malawische Carlsberg Bier genieße, nuckelt er an einer Cola. Das Leben hält Härten bereit.

Da wir uns in einem richtigen Touristennest befinden, haben die Traveller auch nicht vergessen, ihre kulinarischen Spuren zu hinterlassen. Das unfaßbare wird war: Ein Restaurant bietet Pizza an! Erdbeertorte ist ausgegangen, aber Pizza ist schon eine geniale Sache. Die ideenreiche Zubereitung - schließlich gibt es keinen Ofen, sondern nur Lagerfeuer - dauert eine Stunde, aber das Warten lohnt sich. Wir schwelgen im siebten Himmel und beschließen, alle zehn angebotenen Pizzageschmacksrichtungen durchzutesten.

Völlig fasziniert bin ich von den Schnitzereien, die hier angeboten werden. Besonders die Schachspiele, die auf kleinen Tischchen mit eingeschnitztem Spielbrett stehen, erinnern mich daran, daß auch ich ein gewöhnlicher Tourist bin. Die Faszination von 32 handgeschnitzten Figuren, einem wunderschön gestaltetem Spielbrett und Tisch läßt mich nicht in Ruhe. Ich konnte damals auf Bali schon nicht widerstehen und schleppte eines der dortigen Exemplare 2000 km in der Satteltasche mit mir herum!

Auch hier erliege ich der Versuchung. Nach stundenlangem Handeln, Diskutieren und Palavern halte ich das Spiel der Könige in meinen Händen. Der Verkäufer verpackt es gleich und bringt es mit zur Post. Der Vorteil im Gegensatz

zu anderen afrikanischen Ländern ist in Malawi, daß die Postgebühren die billigsten in ganz Afrika sind. So tapeziere ich das Paket mit 168 Briefmarken und schicke es nach Deutschland.
Während meines Kaufrausches ist Thomas zum Friseur gegangen. Ich treffe ihn, als er gerade die Tür des Frisiersalons verläßt und traue meinen Augen nicht. Die Haare sind höchstens noch 2,5 mm lang, und er sieht aus wie ein klassischer Skinhead. Die Friseuse hat ihn nur „Eins, zwei oder drei?" gefragt und danach den Scherkopf ausgewählt. Da kein Spiegel im Laden war, konnte Thomas nicht sehen, was sie gerade macht - und schwupps waren die Haare ab. Nun muß Thomas erst einmal eine Kopfbedeckung tragen, weil er sich sonst seine Kopfhaut in der Sonne verbrennt. Aber eine Frisur wie diese hat natürlich auch Vorteile: Das Kämmen entfällt.

Die Route muß geändert werden

In unserer Unterkunft treffen wir viele Reisende, die von Süden kommen. Wir versuchen, möglichst viele Informationen über die nächsten Streckenabschnitte zu sammeln. Alle Infos der letzten Tage und Wochen deuten darauf hin, daß wir unsere Route komplett umbauen müssen. Eigentlich wollen wir durch Sambia fahren, aber von dort erreichten uns bisher ausschließlich schlechte Botschaften. Niemand rät uns, Sambia zu durchqueren. Es soll große Armut herrschen und deshalb besteht die verstärkte Gefahr, daß die Sambier aus purer Not zur Gewalt greifen. Besonders nachdenklich stimmt uns die Nachricht, daß dort Radtourer überfallen wurden, und nur mit einer Unterhose und dem Leben davongekommen sind. Der Tete-Korridor durch Mosambique soll dagegen sicher sein. Noch bis vor kurzem wurde diese Straße „the gun-run" genannt.

Diesen Spitznamen hatte die Straße bekommen, weil von Militär begleitete Konvois häufig überfallen wurden.
Nach langem Überlegen, Karten lesen und Abwägen entscheiden wir uns, Sambia nur an den Victoriafällen einen kurzen Besuch abzustatten und mehr Zeit in Simbabwe zu verbringen. Das heißt, wir benutzen den Tete-Korridor, und müssen für Mosambique ein Visum auftreiben. Außerdem verlängert das die Strecke in Malawi und bietet mehr Abwechslung in Simbabwe. Solche Planungsveränderungen sind immer spannend und aufregend. Sie machen das Salz in einer langen Radtoursuppe aus. Auch wenn wir dadurch mehr organisieren müssen, sind wir über die zusätzliche Arbeit nicht ärgerlich. Denn lieber ein bißchen mehr planen, als nur mit Unterhosen bekleidet nach Deutschland zurückfliegen zu müssen!

*

Am See entlang Richtung Süden verbringen wir erholsame Tage, wobei sich Kende Beach als Geheimtip entpuppt. Als Quartier der Overland-Trucks konzipiert, erfahren wir in Nkhata Bay von diesem Ort. Der Weg dorthin führt zwei Kilometer durch tiefen Sand. Während wir unsere Räder unter Einsatz des ganzen Körpergewichtes durch den knöcheltiefen Sand schieben, vernehmen wir ein lautes Motorengeräusch hinter uns, und das auch noch kurz hinter einer unübersichtlichen Kurve. Leider können wir nicht ausweichen, da der Weg die exakte Breite eines Personenwagens hat, und am Rand Dornenhecken stehen.
So etwas ähnliches passiert uns ständig. Da können wir stundenlang auf einer einsamen Strecke fahren, die sich kilometerweit überblicken läßt, und irgendwann taucht am Horizont ein Punkt auf, der sich als Auto herausstellt. Etwas später nimmt man ein Motorengeräusch von hinten wahr, und es folgt genau

das, was man einfach nicht für möglich hält: Die beiden Autos treffen exakt auf der Höhe zusammen, wo man sich selbst befindet.
In der aktuellen Situation braucht es keinen entgegenkommenden Wagen, um uns einen rekordverdächtigen Spurt hinlegen zu lassen. Wir kommen gerade noch aus der Kurve weg. Da schleudert er auch schon um die Biegung: Es ist ein Pick up mit einer angetrunkenen - weißen - Mannschaft auf der Ladefläche. Kein Werner-Zeichentrickfilm hätte dieses Bild besser zeichnen können. Der Fahrer, hektisch an seinem Steuer drehend, hat sogar noch Zeit sich mit einer angedeuteten Handbewegung bei uns zu entschuldigen, während sein Gefährt das Weite sucht. Kopfschüttelnd schauen wir einer riesigen Staubwolke mit durcheinander wirbelnden Armen und Beinen hinterher...

Im Strandcamp treffen wir auf zwei Overland-Trucks. Diese, zu Personentransportern umgebauten Lkws, sehen wir immer wieder. Auf den Trucks, die meist aus England kommen oder irgendwo in Afrika ihre Heimatgarage haben, fahren bis zu 25 meist jugendliche Reisende. Alle gemeinsam auf dem Weg, Afrika individuell zu erobern. Sie fahren von einer Sehenswürdigkeit zur nächsten und erleben dabei viel pures, afrikanisches Leben. Sie kaufen auf heimischen Märkten, übernachten im Busch und sind von Wasser- oder Benzinmangel direkt betroffen. Hartgesottene Trucker verbringen schon mal 12 Monate auf ihrem Gefährt, um Afrika zu durchqueren. Das kostet ein kleines Vermögen, ist aber deutlich billiger als bei Neckermann zu buchen. Gehässig gesagt, ist es einer Pauschalreise ähnlich, nur viel abenteuerlicher. Als wirklicher Individualist kann man zwischendurch Strecken mit einem solchen Truck mitfahren, solange ein Platz frei ist. Oder einfach mal zwei Monate an einem Ort bleiben und einen späteren Truck zur Weiterreise nutzen. Dadurch kann man viele neue Leute aus allen erdenklichen Ländern kennenlernen und sich dem Gruppenfeeling einer Riesengruppe hingeben.

*

Neben dem absolut herrlichen Sandstrand von Kende Beach reizt mich eine vorgelagerte Insel, zu der ich rausschwimme und Unglaubliches entdecke: Nicht nur bunte Fische im Wasser, sondern auch große Echsen und als Krönung zwei Seeadler.

Abends treffen wir einen Deutschen, der mit seinem alten VW Bus schon seit einigen Jahren in Afrika unterwegs ist. Reiner kommt aus dem Osten Deutschlands und hat nach der Wiedervereinigung keine Perspektive mehr in good old Germany gesehen. Warum, haben wir ihn lieber nicht gefragt. Er hat mehrere Jahre in Simbabwe gelebt, bis die Behörden ihm die Arbeitserlaubnis nicht verlängert haben, und er das Land verlassen mußte. Nun ist er schon seit Wochen an diesem Strand und überlegt, wie es weitergehen soll. Nach Deutschland zurück ist für ihn ausgeschlossen und nun überlegt er, ob er nicht nach Zaire gehen sollte. Da gibt es in weiten Teilen des Landes praktisch keine Regierung, die ihn rausschmeißen könnte.

Solche Menschen, die von der Hand in den Mund irgendwo in der Weltgeschichte herumleben, haben mich schon immer fasziniert. Jeder von denen hat seine Geschichte, die ihn zum Aussteigen trieb, und die bestimmt nicht schön ist. Meistens erzählen sie belangloses Zeug, wenn man nach dem Grund fragt, offenbaren nie so richtig, was wirklich los war.

*

In Nthunga erleben wir das übliche Frühstücksgenerve. Wie so oft haben wir am Abend vorher gefragt, ab wann wir etwas essen könnten. „6 Uhr ist kein Problem“, hieß es. Tatsächlich erreicht uns um 7.30 Uhr die Nachricht „bread finished". Die Ausbeute von eineinhalb Stunden Warten sind zwei Eier und zwei Tassen Tee. Warum sie so lange brauchen, um festzustellen, daß sie kein Brot mehr haben, ist mir bis heute unklar. Ich vermute, daß erst abgewartet wird, ob der Bäcker oder ein Nachbar Brot übrighaben. Zum Glück haben wir an diesem Morgen noch eigenes Brot und Marmelade. So bekommen wir wenigstens etwas in den Magen. Und: Pole, pole...

Abenteuerliche Fährfahrt auf dem Lake Malawi

In Nkothakota steigen wir in einem einsam gelegenen und sehr skurrilen Hotel ab. Es liegt direkt am Strand und hat alte Autotüren, Schiffs- und andere Metallteile undefinierbarer Herkunft als Baugrundlage. Sieht witzig und originell aus. Schade nur, daß uns der Koch, mit dem wir sofort Bekanntschaft schließen, immer wieder über den Tisch ziehen will. Er macht Kinderportionen zum doppelten Preis, bis wir ihm erklären, daß wir Preise und Mengen kennen und endlich richtig essen wollen.

Es beginnt uns jetzt doch zu nerven, daß die Leute, egal welcher Beschäftigung sie nachgehen, immer gelangweilt wirken und im Zeitlupentempo arbeiten. Vermutlich haben wir unsere deutsche Mentalität noch nicht genug abgelegt oder uns steigt die Hitze zu Kopf, aber irgendwann reicht es einfach. So freundlich die Leute alle sind - Unfreundlichkeit kann hier durch Hektik auf jeden Fall nicht entstehen - haben wir zwischendurch doch so unsere Probleme. Aber wir sind natürlich tolerant und verstehen alle Probleme der Welt, denn streßloser ist das Leben ja so viel schöner ... aber nicht jetzt!

*

Von Nkothakota bis Monkey Bay wollen wir die Fähre nehmen, um den See auch mal auf diese Weise zu erleben. Das Schiff fährt nur einmal in der Woche, das zweite ist schon seit mehreren Jahren in Reparatur. Die Fähre ist für 11 Uhr vormittags angekündigt. Und tatsächlich: Schon 17 Uhr ist sie da. Solange wir genug zu essen und trinken haben, kann uns diese Verspätung nicht aus der Ruhe bringen.

Die Flagge Malawis

Die Passagiere werden mit kleinen Booten an Land gesetzt, ohne auf dem Rückweg zum Schiff neue Reisende mitzunehmen. Erst als es stockduster ist, nehmen sie uns zur Fähre mit. Auf dem schmalen, mit vielen Löchern übersäten Steg, beginnt ein heilloses Schieben, Drängeln und Schubsen. Die Menschen klettern übereinander her, versuchen alle als erste, in diese kleinen Nußschalen zu kommen. Erstaunlich, daß dabei nur ein Karton ins Wasser fällt, und niemand ein unfreiwilliges Bad nimmt, schließlich sehen wir die Hand vor Augen nicht.

Irgendwie haben wir uns vorgekämpft. Nur mit dem Licht unserer Taschenlampen hieven wir Räder und Taschen in die winzigen Boote. Dabei müssen wir alle Gepäckstücke im Auge behalten, damit nicht z. B. eine Tasche unfreiwillig den Besitzer wechselt. Als wir in dem „Bötchen“ das Fährschiff errei-

chen, muß ich an Berichte über untergegangene Fähren irgendwo in der Dritten Welt denken - dieser Kahn ist hoffnungslos überladen.
Trotzdem kommen wir am nächsten Morgen wohlbehalten in Monkey Bay an. Obwohl wir im Supermarkt Leckereien wie Joghurt, Milch und zwei Äpfel erstehen, ist Thomas am darauffolgenden Tag wieder krank. Diesmal ist es die Abteilung Magen - Darm. Wir steuern nach wenigen Kilometern Fahrt einen Zeltplatz an und legen eine Pause ein. Der Platz ist traumhaft gelegen und lädt zu einer kleinen Wanderung ein. Während Thomas, unter Palmen liegend, den Blick auf den schönen See genießt, sehe ich viele Seeadler und phantastische Bäume, deren Wurzeln sich um die Felsen schlängeln.

Nach dem Abendessen besuchen uns drei Jugendliche, die mit uns ein kleines Geschäft machen wollen. Sie bieten uns an, für uns kleine Holzschilder zu schnitzen, die man als Schlüsselanhänger oder ähnliches verwenden kann. Die Namen werden mit verschiedenen Symbolen und Bildern verziert und in schweres Holz geschnitzt. Keine schlechte Idee finden wir und geben einige Schilder in Auftrag. Am nächsten Morgen kommen die Jungs mit den Kunstwerken zurück: Echt schöne Arbeiten und ganz individuelle Souvenirs für zu Hause.

*

In Liwonde übernachten wir nahe eines Nationalparks. Zu der Lodge dort kommen angeblich fast jeden Abend Flußpferde. Manchmal schlafen sie sogar direkt in der Bar. Es sollen gefährliche Tiere sein, wie uns ein Engländer erzählt, der seit elf Jahren in Malawi lebt: Jedes Jahr töten sie mehrere Menschen.

Am zweiten Abend kommt tatsächlich ein Hippo vorbei. Genüßlich frißt es nur wenige Meter von uns entfernt das saftige Gras der Uferwiese. Da wir auch gerade essen, verschieben wir das Fotografieren auf später. Klar, daß sich später keines dieser gewaltigen Tiere mehr sehen läßt. Dafür erleben wir eine andere Überraschung: Ein Pastor spricht uns auf Deutsch an. Er hat fünf Jahre in Deutschland studiert und freut sich, seine exzellenten Sprachkenntnisse einsetzen zu können. Er beschreibt eines der zur Zeit größten Probleme für sein Land: AIDS. Die Infektionsrate in Malawi soll bei etwa 30% liegen, wie uns auch deutsche Entwicklungshilfeärzte erzählt haben. Der Pastor baut für die durch AIDS zu Vollwaisen gewordenen Kinder Heime und Schulen auf, da sich sonst niemand um sie kümmern würde.

*

Der Weg entlang der mosambiquanischen Grenze nach Lilongwe, der Hauptstadt Malawis, ist traumhaft schön. Wilde Bergformationen und weite Täler. Dazwischen in regelmäßigen Abständen kleine Dörfer und Verkaufsstände. Was uns allerdings wundert, ist die Lockerheit im grenznahen Gebiet. Wir achten strengstens darauf, unsere Kamera nicht in Richtung Mosambique zu halten, damit es keinen Streß mit den Grenzbehörden gibt. Als wir bei einem Cola-Stop mit den Bewohnern eines kleinen Dorfes ins Gespräch kommen, stellt sich heraus, daß der Grenzübertritt überhaupt kein Problem ist. Der Ladenbesitzer ist sogar Mosambiquaner. Der Bürgerkrieg ist seit zwei Jahren vorbei und hat in dieser Gegend ohnehin kaum Auswirkungen gehabt, erzählen uns die Dorfbewohner.

Die gebirgige Landschaft scheint sich gut zum Kartoffelanbau zu eignen. Was mal wieder den Vorteil hat, daß wir am Wegesrand Pommes Frites angeboten bekommen. Dazu werden die Kartoffeln direkt vor Ort geschält und in eine Schale mit heißem Öl geworfen. Aus altem Zeitungspapier werden Tüten gefaltet und fertig ist „einmal Pommes zum mitnehmen, bitte". Meist ist ein Fleischstand in der Nähe, wo man kleine gegrillte Fleischstückchen bekommen kann und schon ist die Zwischenmahlzeit perfekt. Als Krönung kramt Thomas noch eine alte Flasche Ketchup aus den Untiefen seiner Satteltasche, die wohl mal nach einem Spaghettiessen übriggeblieben ist. Genial!

Lilongwe, Hauptstadt Malawis

In Lilongwe erwartet uns Post von zu Hause. Fünf Wochen sind seit dem letzten „Briefkasten" vergangen und wir genießen es, nach langer Zeit einen Stapel Briefe in den Händen zu halten, und Neuigkeiten von Freunden und Verwandten zu lesen. Völlig verwirrt sind wir zuerst über die Wetterberichte, bis uns einfällt, daß im fernen Deutschland ja schon der Herbst beginnt. Es ist Ende September. Das läßt uns die warmen Temperaturen natürlich noch um so mehr genießen.

Schon bevor wir in Lilongwe einrollten, wurde uns erzählt, daß die Post in diesem Land sehr unzuverlässig ist, und das müssen wir leider auch erleben. Da eine ganze Reihe von erwarteten Briefen nicht angekommen ist, kann ich nach mehreren Diskussionen mit dem Postboß auch die noch nicht sortierte Post durchsehen. Die wird hier nämlich nur einmal in der Woche in die poste restante-Fächer verteilt. Tatsächlich finden sich darunter viele Briefe an uns. Ein zwanzig Seiten langer Brief von meiner Schwester bleibt aber leider für immer verschollen, worüber ich mich lange ärgere.

Auch ein Brief von Tina ist in der Post. Sie und Dirk haben am Victoriasee in Kenia Anni getroffen, mit der wir zusammen vor einem knappen Vierteljahr

Nairobi verlassen haben. Die Welt ist klein - wie immer. Da gibt es die komischsten Begebenheiten. So habe ich einmal in Alaska mit einem Radfahrerpaar gesprochen, das ich bei einer Wanderung in Neuseeland erneut traf. Aber damit nicht genug, zwei Monate später sahen wir uns vor der Hauptpost in Sydney. Oder die Frau von der drei Tage dauernden Alaskafähre, die vor mir in der Schlange zur U-Boot Fahrt in den Universal Studios in Los Angeles stand... Aber zurück nach Afrika.

In unserem Hotel nahe des zentralen Busbahnhofes erleben wir mal wieder die chronische Wasserarmut hautnah: Über 26 Stunden gibt es kein Wasser. Das hindert niemanden daran, die Toiletten weiterhin zu benutzen. Wird denken positiv: Der Gestank, der sich durch die Etagen zieht, vertreibt die Moskitos...
Um der Wasserknappheit zu entgehen, behelfen wir uns mit verschiedenen Tricks. So füllen wir alle möglichen Behälter - auch die wasserdichten Schlafsack-Packsäcke - mit Wasser, sobald es fließt. Dazu lassen wir nachts den Wasserhahn aufgedreht und wachen vom Plätschern sofort auf. Einmal pumpen wir sogar das Wasser aus dem Klospülkasten durch unseren Wasserfilter, damit wir Trinkwasser zum Zähne putzen haben.
In Lilongwe bleiben wir fünf Tage. Wir besorgen uns hier das Visum für die Reise durch Mosambique. Die schöne Mitarbeiterin der mosambiquanischen Botschaft versichert uns zwar, daß eine Fahrt durch ihr Land auch auf dem Rad möglich und nicht gefährlich sei. Thomas droht aber unsere Freundschaft aufzukündigen, wenn ich darauf bestehe, durch das erst seit zwei Jahren vom Bürgerkrieg befreite Land zu radeln. So erkundigen wir uns nach den Busverbindungen von Blantyre nach Harare. Es scheint nicht besonders kompliziert zu sein.

*

Auf dem Weg von Lilongwe zurück zum Lake Malawi verfahren wir uns: eine Querfeldeinfahrt von mehreren Kilometern, die Spaß macht. Dabei sehen wir in einem Dorf - das mal wieder beim Cola-Trinken geschlossen um uns herum steht - einen kleinen Jungen, der eine häßlich Wunde am Bein hat. Auf dieser offenen Wunde tummeln sich Hunderte von Fliegen. Das können wir nicht mit ansehen. Thomas holt seinen Verbandskasten heraus und verbindet ihm das Bein. Eigentlich haben wir wenig Ahnung von Medizin, so daß wir uns zurückhalten, wenn wir nach Medikamenten gefragt werden. Aber hier muß wirklich etwas passieren. Der Junge ist ganz stolz auf seinen weißen Verband und rennt gleich zu seiner Mutter.

Durch den Umweg und weil vorher kein Ort mit Übernachtungsmöglichkeit kommt, fahren wir 120 km. Das schlaucht ziemlich, zumal die Strecke bergig ist. Als es dunkel wird und noch immer 30 km vor uns liegen, schalte ich den „Trans-Afrika-Express“ ein. Das ist eine Mischung zwischen dem Ausschalten des Gehirns und dem Turbogang in den Beinen. Ich rufe nur kurz „Kette rechts“ und werde immer schneller. Thomas kennt das schon und hängt sich wenige Millimeter hinter mein Hinterrad, um so den Windschatten optimal auszunutzen. Mit gut 30 km/h rasen wir durch die Gegend. Wie und warum unsere Beine das mitmachen, ist mir manchmal schon ein Rätsel. Zumal es auch an diesem Abend als „Belohnung“ ein zähes Hühnchen gibt, das sich selbst im Tod nicht von seinem Fleisch trennen kann. Unglaublich. Trotz maximalem Kraftaufwand meiner Kiefer habe ich in Knochennähe keine Chance, das Fleisch abzubeißen und verliere den Kampf mit dem Hühnerbein.

*

In Senga Bay wollen wir uns zwei Tage von dem Großstadtstreß Lilongwes erholen. Wir steigen im „Hippo Hide“ ab, nachdem sich das im Reiseführer angepriesene Hotel als Luxusherberge herausstellt. Unsere Unterkunft ist dagegen zwar nur ein schnödes Zimmer mit zwei Bettgestellen, aber wir fühlen uns hier vermutlich wohler, als in der Nobelherberge.

Die ist nicht ganz so heftig wie z. B. ein Club Robinson, erinnert mich aber daran. Wenn Urlaubsresorts mitten in ein Entwicklungsland gepflanzt werden, empfinde ich das immer als pervers. Dort erleben die Pauschaltouristen einen exotischen Urlaub bei Schnitzel und Löwenbräu und sind ganz entsetzt, wenn sie ihre Urlaubsfestung verlassen und rundherum Armut erblicken. Als Urlaubshöhepunkt wird dann ein Stadtbesuch angesetzt, wo alle Vorsichtsmaßregeln außer Acht gelassen werden, weil man sich ja sicher wähnt. Schon häufig habe ich mir die Urlaubsgeschichten angehört, in denen solche Urlauber im nächsten Dorf z. B. geschältes und auf der Straße angebotenes Obst gegessen haben und danach von Montezumas Rache heimgesucht wurden. Eine gewisse Schadenfreude kann ich dann nicht verbergen.

Wir treffen in unserer Herberge wieder auf die holländischen Radfahrer. Es gibt ein großes Hallo. Hier haben wir viel Zeit, um unsere Bikes zu vergleichen, Ratschläge auszutauschen und uns Tour-Shanties zu erzählen. Absolut faszinierend finde ich, daß diese Tour für sie die erste ist. Meine erste Radtour ging nach Holland und war zwei Wochen lang. Die beiden fahren gleich für ein halbes Jahr durch Afrika! Das nenne ich mutig.

„Natürlich“ sind unsere Räder viel besser. Wenn die Holländer es mit ihren bis nach Kapstadt schaffen, müssen sie danach jedes Teil erneuern. Bisher sind nur ihre Gepäckträger mehrfach gebrochen. Da sie aber ausschließlich asphaltierte Strecken fahren, haben sie eine gute Chance, durchzukommen. Mit preisgünstigen Bikes erlebt man oft mehr „Abenteuer Fahrrad“ als „Abenteuer Radtour“, kann dafür aber ein halbes Jahr früher losfahren, weil man nicht so lange sparen muß. Die beiden können uns wilde Geschichten aus Werkstätten erzählen, in denen sie versucht haben, ihre Gepäckträger schweißen zu lassen. Ich bin erstaunt, wie weit man auch „mit solchem Material“ kommen kann. Für den Preis unserer Räder kaufen andere Menschen zwar Kleinwagen, aber wir brauchen uns deshalb kaum Sorgen um deren Durchhalten zu machen.

In Senga Bay leihen wir uns ein Kanu, um eine vorgelagerte Insel zu erkunden, die den Namen „Cormoran Island“ trägt. Sie ist über und über mit Kormorankot bedeckt und verbreitet auch einen entsprechenden Geruch. Durch den vielen weißen Vogelkot (der in anderen Ländern als teurer Dünger verkauft wird) sieht die Insel völlig surreal aus. Kahle, weiß überzogene Baumreste heben sich von weißen Felsen ab. Alles wirkt irgendwie tot, trotz der vielen Tiere. Neben den Kormoranen selbst entdecken wir hier auch mehrere Adler.
Die Attraktion sind allerdings die Riesenechsen der Insel. Die Lizzards sind zum Teil über zwei Meter lang und beeindrucken uns mächtig. Wir sind völlig allein auf der Insel. In der Stille hören wir ab und an das Rascheln einer flüchtenden Echse. Die Tiere sind trotz ihrer Größe blitzschnell und haben zum Glück Angst vor uns.
Bevor wir die Insel verlassen, schwimmen wir noch umher, um auch die Unterwasserwelt zu genießen. Die vielen bunten Fische leuchten herrlich im Wasser und ich vergesse die Felsen drum herum. Prompt trete ich bei einem kräftigen Schwimmzug mit voller Kraft gegen den scharfkantigen Stein. Der Fuß blutet heftig, und ich bin froh, daß es hier keine Haie gibt. Oder?

An dieser Stelle ein kleiner Einschub zum Stichwort „Bilharziose“, der Wurmkrankheit, die auch den Menschen befallen kann. Der Lake Malawi lädt zum Baden ein und ich habe niemanden kennengelernt, der dort nicht gebadet hätte. Reiseführer und Einheimische sind sich einig, daß der See Bilharziosefrei ist. Die Tropenmediziner in Deutschland sehen das mittlerweile anders und raten vom Baden im Lake Malawi ab. Bei mir selbst wurde Kontakt mit dem Erreger nachgewiesen, der sehr wahrscheinlich in diesem See stattgefunden hat. Damit gibt es kein Gewässer in Afrika mehr, daß nicht mit Bilharziose verseucht ist.

*

Bevor wir diesen idyllischen Ort und die Radfahrerkollegen verlassen, kauft Thomas noch schöne Schnitzereien ein. Während ich auf ihn warte, wird mir dauernd etwas zum Kauf angeboten. Mittlerweile mache ich damit meine Scherze und biete einem jungen Mann für seine Haschpfeife, die wie ein Affenkopf aussieht, einige Aufkleber an. Da kommt der offensichtliche Boß der Verkaufsstände auf mich zu und ist ganz gierig auf die Sticker. Ich gebe ihm ein paar und er geht damit zu seinem Auto und klebt sie sich auf jede Tür und die Motorhaube. Natürlich kann ich so einen Big Boß nicht ungeschoren davon kommen lassen. Also erhandle ich ein Salatgabelset und die besagte Haschpfeife, mit der ich eigentlich gar nichts anfangen kann, für die Aufkleber.

Auf dem Weg zurück nach Salima treffen wir auf zwei Holländerinnen in reifem Alter. Sie sind auch mit dem Rad unterwegs, was uns umhaut. Wir hatten schon vorher gehört, daß Malawi gerne von Radfahrern angesteuert wird, aber über diese Altersklasse sind wir überrascht. Die beiden fahren zwei Wochen durch Malawi und steigen dabei in etwas edleren Hotels ab als wir. Sie sind von Malawi völlig begeistert und verleben einen ausgesprochen exotischen Urlaub. Hut ab.

300 km in zwei Tagen: kleiner Zwischenspurt

Während Thomas von Salima aus mit dem Bus nach Lilongwe zurückfährt, um noch einmal nach der Post zu sehen, habe ich mir für die nächsten beiden Tage mal „etwas ganz Besonderes“ vorgenommen: radfahren. In zwei Tagen will ich knapp 300 km zurücklegen. Unser Bus durch Mosambique startet in Blantyre. Thomas kann sich für die Strecke nicht erwärmen. Das liegt vermutlich daran, daß sie durch das gleiche Gebiet führt, durch das wir schon einmal gefahren sind.

Morgens geht es gleich mit Gegenwind los. Aber schon nach wenigen Metern habe ich einen Leidensgenossen, der in die gleiche Richtung fährt: Ein einheimischer Radfahrer will mir zeigen, daß er viel schneller radfahren kann als ich. Kein Problem. Ich fahre gern in seinem Windschatten. So fahren wir über 15 km gute 23 km/h im Schnitt, was bei diesem Gegenwind schon eine Leistung ist. Ich kann ihn nicht dazu überreden, mich mal vorn fahren zu lassen, damit er sich im Windschatten ausruhen kann. Er spricht kein Englisch, und ich weiß nicht einmal wie die Sprache heißt, die hier gesprochen wird. Und „Windschatten“ mit Händen und Füßen in voller Fahrt darzustellen, gelingt mir auch nicht so richtig. So bleibt der Kollege irgendwann völlig ausgepumpt am Straßenrand stehen und braucht wohl eine längere Pause. Ich klopfe ihm anerkennend auf die Schulter und drücke ihm als Erinnerung ein paar Fahrradaufkleber in die Hand. Schade, jetzt muß ich allein gegen den Wind kämpfen.
Natürlich war zu erwarten, daß ein solches Vorhaben wie heute nicht von Sonnenschein, Rückenwind und erstklassigen Verpflegungsständen unterstützt wird. Es ist immer das Gleiche: Ausgerechnet auf dieser Strecke gibt es kaum Essensmöglichkeiten. Den ersten Drink kaufe ich nach 27 km, danach ist lange

nichts Trinkbares aufzutreiben. Erst bei Kilometer 85 gibt es Flüssigkeitsnachschub. Ich bin völlig ausgetrocknet und schütte, zur Freude des Ladenbesitzers, vier Flaschen in mich hinein. Meine Wasserflaschen pumpe ich auch wieder voll, wobei ich der umstehenden „Fangemeinde" den Wasserfilter erkläre. Ganz leuchtet es ihnen nicht ein, daß ich Wasser, was sie direkt aus dem Hahn trinken, durch so ein komisches Gerät pumpe. Ich ziehe dafür immer die schwachen Mägen von uns Europäern heran, die sich einfach schwer auf das örtliche Wasser umstellen können. Das reicht in der Regel als Erläuterung, natürlich neben einem Probeschluck. Denn auch der Wassergeschmack ändert sich durch das Filtern etwas.

Abwechslung auf dieser langen Etappe bietet ein Gebiet, in dem Holzmasken für rituelle Zwecke hergestellt und verkauft werden. Besonders für Tänze zu verschiedenen Anlässen werden Masken getragen, die durch farbenprächtige Kostüme ergänzt werden. An den Ständen am Straßenrand stehen häufig keine Verkäufer, weil hier nur selten Menschen vorbeikommen. Meistens werden die Masken in die nächstgrößeren Städte transportiert und dort verkauft. Kurz hinter Sharpevale ist eine Gruppe junger Männer direkt neben dem Stand dabei, neue Masken anzufertigen. Ich sehe ihnen während meiner Trinkpause zu und natürlich bieten sie mir ihre Masken an. Sie sind wirklich schön und beeindruckend, aber auch schwer und sperrig. Trotzdem frage ich rein aus Interesse nach dem Preis, da diese Kunstwerke nicht an den üblichen Touristenverkaufsständen wie in Lilongwe, angeboten werden. Die Antwort haut mich um, für umgerechnet zwei, drei Mark wechseln diese wunderschönen Gegenstände den Besitzer. Auf dem inländischen Markt ist ein höherer Preis vermutlich auch gar nicht zu erzielen. Es kommt, wie es kommen mußte: Ich kann nicht widerstehen und kaufe eine Maske. Da verwende ich für mein Bike nur die

leichtesten Bauteile, und lade dann mein Bike bis zum Rand voll! Irgendwie auch nicht clever.
Den ganzen Tag über bekomme ich nichts zu essen in die Finger und trinke nur. Damit ich diesen Tag auch noch lange in Erinnerung behalte, wird die Strecke nach 150 km hügelig. Meine Beine brennen wie Feuer. In regelmäßigen Abständen durchzuckt mich die Frage, warum ich mir das antue. Vermutlich ist da tief in mir eine masochistische Ader, die beim Radfahren zu Tage tritt. Aber wenn die nicht vorhanden wäre, würde ich auch nicht soviel erleben. Also weiter!
Nach genau 161 km komme ich im Zielort an. Ein kleines, vergessenes Nest, dessen Existenzberechtigung sich einzig aus der hier vorhandenen Straßenkreuzung ableitet. Der Ort hat keinen Namen und ist nicht auf der Karte verzeichnet. Ich kannte diese Häuseransammlung aber, weil wir hier schon einmal durchgefahren waren.
Ich besorge mir ein kleines Zimmer - „very basic". Ein Holzgestell als Bett, einen ausrangierten Barhocker als Stuhl und schon habe ich die Zimmereinrichtung komplett beschrieben. Das Fenster in Schuhkartongröße macht den Raum auch nicht einladender. Auf dem Flur liegen wahllos verteilt benutzte Kondome herum, die im Schummerlicht der Petroleumlampe kaum zu erkennen sind. Ein richtig nettes Fleckchen Erde.
Nach diesem harten Tag erwartet mich das Spezialessen Malawis, wie ich es so lieben gelernt habe: Zähes Hähnchen mit kaltem Reis. Genau die richtige Grundlage, um morgen 130 km zu fahren...
Als es dunkel wird, gehe ich zu Bett, zumal die Musik in der Kneipe unerträglich laut ist. Ich liege kaum 20 Minuten, als es zart an meine Tür klopft. „Do you sleep? Why do you sleep so early?", haucht eine weiche, zärtliche, weibli-

che Stimme durch die verschlossene Tür. Das ist ja unglaublich! Ich habe den ganzen Abend nicht mal eine Frau aus der Ferne gesehen, und nun muß ich nur die Tür aufmachen, um tief in die malawische Gesellschaft einzutauchen. Die Entscheidung fällt mit nicht schwer, ich lasse die Tür zu. Natürlich nur, weil ich morgen früh aufstehen muß ...

*

Die Wegstrecke nach Blantyre ist kürzer als die gestrige, dafür schwieriger. Nach 100 km wird es sogar so bergig, daß ich auf das kleine Ritzel schalten muß. Da ich vor Thomas in Blantyre ankomme, checke ich schon mal die verschiedenen Unterkünfte. An dem vorher vereinbarten Treffpunkt hinterlasse ich eine Nachricht für Thomas, da diese überfüllt ist. Gegen Abend treffen wir uns dann wieder. Leider ohne Post von zu Hause - Thomas hat keine neuen Briefe aus Lilongwe mitgebracht.

Mit dem Bus durch Mosambique

Wir bleiben einige Tage in Blantyre und bereiten die Busfahrt vor. Sie ist mit zehn Stunden angesetzt, was nichts Gutes verheißt. Kurz vor Ablauf unseres Visums für Mosambique geht's los.

Wir verstauen die Räder auf dem Dach des Busses und ergattern zwei Sitzplätze nebeneinander. Schade nur, daß hier zwei Sitzplätze die Breite von 1 1/2 Plätzen haben. Das bedeutet, daß eine Hinternhälfte immer in der Luft hängt. Dazu ist das Sitzmaterial dieser klebrige, luftundurchlässige, schweißerzeugende und schmierige Kunststoff. Genau das Richtige für schwitzende, nackte Oberschenkel.

Der erste Grenzübertritt verläuft einfach und ohne Probleme. Aber die Abfertigung dauert lange, da alle Businsassen ihren Stempel bekommen müssen.

Auf der Fahrt durch Mosambique sehen wir nur eintöniges, fast totes Gebiet. Kriegsspuren überall: zerschossene Häuser und ausgebrannte Panzer am Straßenrand. Eine Fahrt mit dem Rad wäre wohl machbar gewesen, aber die Versorgungsmöglichkeiten scheinen noch schlechter und seltener zu sein, als in Malawi.
Richtig ätzend ist der Grenzübertritt nach Simbabwe. Die Beamten der Immigrationsbehörde und des Zolls scheinen in ihre Macht verliebt. Als wir mit dem Bus ankommen, ist die Schlange der Wartenden schon lang. Wir stehen über eine Stunde an. Die Grenzer sind äußerst pingelig, wollen sogar meine Kreditkarte als Bonitätsnachweis sehen. Das gleiche Theater mit den Zöllnern. Das ganze Gepäck - inklusive unserer Bikes - muß vom Busdach genommen werden und wird durchsucht. Zum Glück räumen sie nicht alle unsere Taschen aus, dann hätten wir noch Stunden länger an diesem Grenzposten verbracht. Die Selbstherrlichkeit der Beamten treibt uns fast zur Weißglut. Natürlich sind wir nach außen hin die Ruhe selbst, sonst kommen die ja erst richtig in Fahrt.

Nach über 12 Stunden erreichen wir endlich Harare, die Hauptstadt Simbabwes. Es ist stockduster, als wir irgendwo im Randbezirk dieser Millionenstadt unsere Räder das letzte Mal abladen. Ein Mitreisender sagte, daß dies die dichteste Haltestelle zum Stadtzentrum sein soll, also ist auch für uns hier die Fahrt zu Ende. Wir versuchen, einen Lodgebesitzer anzurufen, der uns in Malawi zugesichert hatte, uns mit dem Auto in Harare abzuholen und zu seiner Unterkunft zu bringen. Der Anschluß ist aber dauernd besetzt und uns ist auch etwas mulmig zumute. Die breiten Straßen sind menschenleer, die Geschäfte vergittert und manchmal drücken sich ziemlich windige Gestalten in den Hauseingängen herum.

Wir haben noch eine zweite Hosteladresse in Harare und steuern mit dem kleinen Stadtplan, aus dem Reiseführer, dorthin. In einer völlig fremden Stadt, mit unbekannter Währung und Sprache und das alles bei Nacht: Wir sind nicht gerade in Partylaune. In dem versteckt liegenden Hotel bekommen wir einen schlechten Zeltplatz zugewiesen. Aufgrund der hohen Kriminalität in dieser Gegend wird der Zeltplatz die ganze Nacht in gleißendes Flutlicht getaucht. Angenehmer Schlaf. Als Entschädigung gibt es aber eine ofenfrische Pizza, und wir finden sogar noch jemanden, der uns ein paar US $ in Simbabwe Dollar umtauscht.

„Kulturschock" Harare

In Harare erwartet uns ein Kulturschock. Die Stadt stellt sich als eine mit europäischen Verhältnissen durchaus vergleichbare Metropole heraus. Damit hatte ich eigentlich erst ab Südafrika gerechnet. Breite Alleen, Hochhäuser mit Glasfassaden, Parks mit schönen Springbrunnen - wir trauen unseren Augen nicht. Ich empfinde diesen plötzlichen und unvermuteten Wechsel als völlig demoralisierend. Ich bin auf Sand, Wasserknappheit, tägliche Essenssuche und Lehmhütten eingestellt - eben das typische Fernseh-Afrika - und finde mich in einem auf touristische Ansprüche ausgerichteten Land wieder. Thomas ist dafür um so glücklicher. Er verträgt das afrikanische Essen nicht, und hier bekommen wir Milch, Joghurt, sogar typisch amerikanische Donuts an jeder Ecke.

Wir ziehen in die „Wayfarer Lodge" um, die 7 km außerhalb Harares liegt. Hier können wir richtig relaxen und sind fern jeglichen Reisestresses. Das liegt zum Großteil wohl daran, daß wir hier „unter uns" sind: Alles Reisende aus verschiedenen Ländern, die viel vor oder hinter sich haben. Tom reist zum Beispiel mit seiner Frau und dem unterwegs geborenen Kind schon seit 3 1/2 Jahren im Unimog durch Afrika.

In Harare buchen wir die Fähre über den Lake Kariba, da wir gehört haben, daß man früh buchen soll. Und wie selbstverständlich bezahle ich die Überfahrt mit der Kreditkarte. Unglaublich! Von einem Ehepaar aus Deutschland bekommen wir Reiselektüre geschenkt: „Die Zeit" und einen Reiseführer von Simbabwe. Endlich wieder etwas Deutsches zu lesen.

*

In Simbabwe sieht die afrikanische Landschaft fern der großen Städte deutlich anders aus, als in den bisherigen Ländern. Keine Dörfer mehr am Straßenrand, statt dessen Zäune, Zäune, Zäune. Simbabwes ganzer Stolz sind die riesigen Rinderherden, deren Versorgung bei dem kargen Boden schwierig ist. Ein Großteil des Landes ist deshalb in Parzellen unterteilt, um die Tiere von einem Stück Land zum nächsten wandern zu lassen und die Futtergrundlage sicherzustellen.

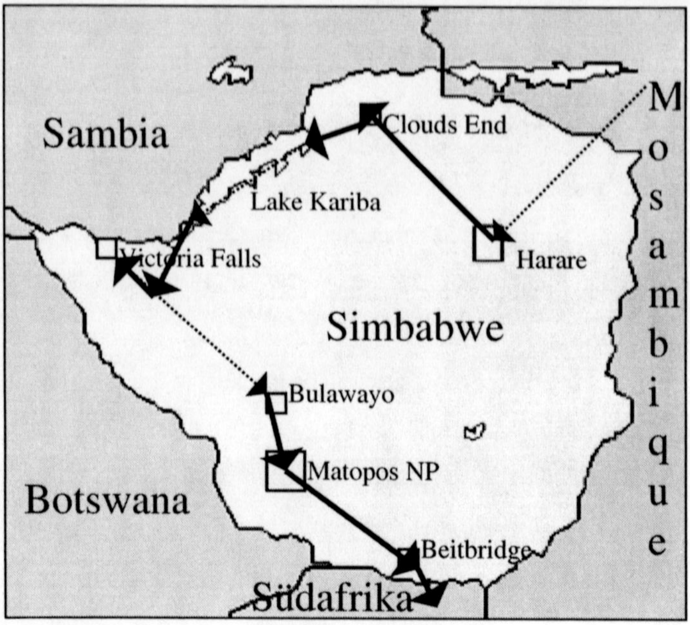

Bus, Fähre und Zug „reduzieren" die Radkilometer in Simbabwe auf knapp 1200 km

Die Straßen sind in erstklassigem Zustand und lassen erkennen, daß die Weißen dieses Land lange regiert haben. Rhodesien wurde erst 1979 unabhängig. Sogar richtige Rastplätze mit Bänken und Mülleimern gibt es. Die Asphaltbänder führen in weitem Bogen um die Dörfer, damit die Autofahrer bloß nicht der schwarzen Bevölkerung ansichtig werden, ein deutlicher Hinweis auf die vergangene Apartheidspolitik. Im Rest von Afrika spielt sich das Dorfleben haupt-

sächlich um die Hauptstraßen herum ab, hier sucht man vergebens nach Bewohnern.
Einen bedeutenden Vorteil hat die verbesserte Infrastruktur allerdings: Es gibt kalte Drinks. Welch ein Genuß! Die Zeit der lauwarmen bis heißen Colas ist nun vorbei. Und statt Chapati oder ähnlichen Snacks für zwischendurch, wird man bei Sausagerolls und Meatpies an die englische Kolonialzeit erinnert.
Es wird allerdings insgesamt teurer: Es gibt keine heruntergekommenen Absteigen mehr sondern nur „richtige" Hotels. Wir übernachten in Simbabwe deshalb auf Zeltplätzen, die es in fast jedem größeren Ort gibt. Zur Perfektion verändert sich das abendliche Essen. Wir gehen nicht mehr durch verschiedene Restaurants und fragen, ob überhaupt, und wenn ja, was, es zu essen gibt. Nein, wir leben in Saus und Braus. Einen vorläufigen Höhepunkt bietet „Clouds End".
Hier, an der Abzweigung nach Kariba, müssen wir beim Hotel fragen, ob wir auf deren Gelände unser müdes Haupt betten dürfen, da kein Zeltplatz existiert. Kein Problem, wir dürfen, „aber nur auf dem Rasen neben dem Swimmingpool". Welch harte und ungerechte Einschränkung! Wir baden mit Blick auf die Sambesi Mountains und fühlen uns pudelwohl.
Das Restaurant lockt abends mit kolonialem Ambiente und günstigen Preisen. In diesem, nur als Gourmettempel zu bezeichnenden Restaurant, verspeisen wir ein köstliches Riesensteak mit frischem Gemüse für umgerechnet 7.- DM! Dabei hat jeder einen Ober an der Seite, der sofort den Teller auffüllt, sollte etwa das Gemüse aufgegessen sein. Mir läuft noch immer das Wasser im Mund zusammen, wenn ich an diese Fleischmengen denke. Und alles garantiert BSE frei.

Gewaltiger Baobab an der Straße zum Lake Kariba

In Kariba, im Nordwesten Simbabwes, treffen wir wieder auf den Sambesi, einem der größten Flüsse Afrikas. Hier in den Sambesi-Mountains rührt sich ab 12 Uhr Mittags kein Lüftchen mehr und nachts im Zelt messe ich noch schlappe 35° C. Wir wälzen uns in unserem Schweiß und können kaum schlafen.

Die Wartezeit auf die Fähre über den Lake verbringen wir ziemlich luxuriös und trotzdem kostengünstig. Da der Zeltplatz selbst keinen Swimmingpool hat, dürfen wir den des „Lake view Inn“ Hotels benutzen. Dort dinieren wir nach Sonnenuntergang und schaffen tatsächlich eine Steigerung zum Essen im „Clouds End“. Wir sitzen ca. 80 m über dem See auf einer Terrasse. Unter uns der erleuchtete Swimmingpool, dahinter der Lake Kariba. Auf dem Tisch steht eine Kerze - also ein richtiges Candlelight dinner - und mehrere Ober bemühen sich um uns. Mir ist das schon fast peinlich. Bei jedem Gang erkundigt sich der

Ober, ob wir denn auch zufrieden sind. Und zum Nachtisch gibt es Eiscreme. Hier möchte ich alt werden.

*

Eine besondere Attraktion Karibas ist das Wildleben. Die beiden Nationalparks Mana Pools und Matusadona liegen in unmittelbarer Nähe. Wir hörten schon vorher faszinierende Geschichten: „Wie lange braucht man, um in Kariba die Straße zu überqueren?“ - „Drei Stunden, weil man warten muß, bis die Elefantenherde die Straße freigibt!“ Shanties wie dieses glaubt man natürlich erst, wenn man es selbst erlebt.

Als wir vom Swimmingpool zum Campingplatz gehen wollen, stellt sich uns tatsächlich eine große Büffelherde in den Weg. Nicht schlecht. Mitten in der Stadt, am Bootsanleger! Sie kommen, um Wasser zu trinken und das hohe Gras zu fressen. Büffel sind ziemlich gefährlich, und so halten wir uns in gebührendem Abstand und beobachten das Treiben. Justice Moyo bittet mich, ein Foto von ihm mit den Büffeln im Hintergrund zu machen. Klar, daß ich auch ein solches von mir haben möchte. Es ist schon ein sehr mulmiges Gefühl, eine ganze Büffelherde im Rücken zu haben, die unwirsch mit Grunzen auf das Näherkommen reagiert. Ja, ich weiß, so etwas soll man auch nicht machen. Das ist typisch touri-mäßig und albern. Na und?, das Foto bleibt.

Ein Ausflug zum Kariba Staudamm rundet das Programm ab. Er ist einer der größten in Afrika und der Hauptstromlieferant für Simbabwe und Sambia. Der Staudamm liegt genau auf der Grenze, so daß ich den Reisepaß abgeben muß, um ihn zu besichtigen. Thomas hat sich diesen Ausflug erspart, schließlich sieht jeder Staudamm aus wie der andere. Damit hat er nicht unrecht, ich kann mich aber immer wieder für diese riesigen, beeindruckenden Bauwerke begeistern.

Am Abend bevor wir auf die Fähre gehen, feiern wir „drei Monate Afrika". Nun haben wir schon ein Vierteljahr Radtour hinter uns und verstehen uns noch immer sehr gut, haben viel gesehen und erlebt, und noch immer Spaß an der Sache. Jeder, der schon einmal eine längere Reise unternommen hat, weiß, was es heißt, einen zuverlässigen Reisepartner zu haben, mit dem es sich streßlos reist. Wir unterhalten uns an diesem Abend lange über das Thema und sind froh, viele Unwegsamkeiten bis hierher gemeistert zu haben. Wir stellen immer wieder fest, daß wir eigentlich ziemlich unterschiedliche Charaktere und Typen sind, aber auf Reisen paßt es einfach hervorragend zusammen. So ein Gespann muß sich erst einmal finden.

Luxusfahrt über den Lake Kariba

Mit einem kleinen Schiff, das 9 Autos transportieren kann und so aussieht, als könnte es gerade mal 9 Fahrräder aufnehmen, gleiten wir über den Lake Kariba. Die Fahrt hat etwas von Flußfahrten, wie Hemingway sie beschreibt. An den Ufern sehen wir Elefantenherden, Antilopen und andere Tiere. Dazu serviert ein Ober kalte Drinks und mit den interessierten Mitreisenden werden afrikaspezifische Diskussionen geführt. Dabei scheint niemand zu merken, daß alle Fahrgäste Weiß und das Personal Schwarz ist. 70 US $ für die Überfahrt können trennen.

Nachdem die Sonne als roter Glutball über dem See am Horizont untergegangen ist, rollen wir uns in unsere Schlafsäcke. Das Gluckern des Wassers gegen den Schiffsrumpf und einige Flaschen des leckeren „Zambezi Lager" lassen uns schnell einschlafen. Kurz nach dem Frühstück können wir baden, wobei das Schiffspersonal uns genau beobachtet - es gibt hier nämlich Krokodile.

*

Durch logistische Ungenauigkeiten - um es nett zu umschreiben - sind es vom Fähranlandesteg bis Victoria Falls nicht 70 km sondern 180 km. Naja, man kann sich ja mal täuschen. Die Strecke wird bei dieser Hitze zu einer erheblichen Bewährungsprobe für die Psyche. Das Thermometer meiner Hightechuhr zeigt 48,5° C als Höchstwert.

Der erste der zwei Tage auf dem Rad bis Vic Falls, foltert uns nicht nur durch die enormen Temperaturen. Nein, wir haben auch pro Person nur zwei Äpfel und zwei Orangen als Wegzehrung dabei und müssen unglaublich steile Berge hoch. Zwischendurch bekommen wir von einem vorbeifahrenden Touristenkonvoi lauthals Beifall gespendet. Dabei prosten sie uns mit eisgekühlten Bierflaschen zu und grinsen uns aus ihren feisten, durch Alkohol leicht geröteten Gesichtern an. Die Welt ist manchmal ungerecht.

Die Berge sind so steil, es ist so heiß, und wir haben so wenig Lebensmittel und Wasser, daß Thomas nicht einmal mehr richtig schimpft. Nachdem wir einen langen, harten und gemeinen Aufstieg hinter uns haben, und er völlig fertig unter einen Baum rollt, der etwa zehn Zentimeter Schatten spendet, sieht er mich nur an und schüttelt den Kopf. „Was für ein Schwachsinn hier", entfährt es ihm. Aber was soll man dazu auch sagen. Es ist einfach total bescheuert, bei dieser Mörderhitze fast senkrechte Felswände hochzufahren. Nur - es gibt genau keine Alternative dazu.

Diese Gegend ist überhaupt nicht auf sich langsam fortbewegende Touristen zugeschnitten. Einzig einen kleinen Kiosk entdecken wir nach mehreren Stunden Fahrt. Aber die Drinks sind ausgegangen, die Milch in den Regalen ist sauer - es ist zum verrückt werden. Zum Glück können wir 2l Wasser in einem Krug bekommen, in dem zwar tote Fliegen schwimmen, aber dafür haben wir ja unseren Wasserfilter. Erinnerungen an Tansania werden wach.

Trinkwasser pumpen vor dem „Wüstenkiosk"

Am späten Nachmittag erhoffen wir uns Besserung, da auf der Karte eine größere Stadt eingezeichnet ist. Aber es ist nur eine „Arbeitsstadt", die aufgrund einer Mine entstanden ist und keinen Laden oder ähnliches hat. Dafür bewirten uns die Polizisten des eigentlich nicht vorhandenen Ortes mit einer Köstlichkeit: eiskaltes Wasser. Wir genießen es wie den besten Champus der Welt.

In Dete Cross gibt es endlich wieder Drinks. Dieses Plätzchen ist nirgendwo verzeichnet und besteht nur aus einer Kreuzung. Es gibt keine Unterkunft und kein fließend Wasser, aber wir können einfach nicht weiterfahren. Über einhundert Kilometer unter den beschriebenen Bedingungen sind zuviel.

Wir erklären eine Hausruine zu unserem neuen Domizil und richten uns ein. Die Wasserversorgung stellt am Ende auch kein Problem dar: Auf einer Ecke der Kreuzung steht eine große Pumpe, wo sich bereits zahlreiche Frauen eingefunden haben, um nach der Hitze des Tages Wasser zu holen. Es ist immer wieder beeindruckend mit anzusehen, wie die Frauen große Krüge und Metallboxen mit Wasser gefüllt auf ihren Köpfen tragen. Wir stellen uns artig in die Schlange der wartenden Frauen, und die haben viel Spaß daran. Dauernd wird gekichert, auf uns gezeigt und laut losgelacht. Als wir an die Reihe kommen, füllen wir alles was wir haben mit Wasser, damit wir nicht bei Nacht noch einmal los müssen. Als Thomas den Pumparm verlassen will, wird ihm von einer Frau bedeutet, daß er doch bitte weiterpumpen möchte. Und unter dem Johlen der Mädchen und Frauen pumpt Thomas noch eine ganze Weile weiter. So etwas ist hier mit Sicherheit noch nie passiert und wird bestimmt noch den Enkeln erzählt.

Unsere Wasserbeutel setzen wir als Duschen ein, was auch gut klappt, da sie eine Schlaufe zum Aufhängen haben. Wir kochen unsere Notration Spaghetti, sind aber das erste Mal zu kaputt, sie auch aufessen zu können.

Abends philosophieren wir noch ein bißchen, wobei Thomas feststellt, daß es jeden Tag - ohne Ausnahme - immer irgendeine Gemeinheit zu bewältigen gibt. Entweder gibt es nichts zu trinken, steile Berge, Gegenwind, mörderische Hitze, mehr Kilometer als erwartet oder etwas anderes. Damit hat er wirklich recht. Afrika macht es einem nicht einfach, zumal wenn man mit dem Rad unterwegs ist. Manchmal ist es wie verhext. Da denken wir, endlich ist alles klar, da taucht das nächste Problem auf. Wie soll die Psyche das, ohne schweren Schaden davonzutragen, über ein halbes Jahr aushalten?

*

Auch der nächste Abend macht es uns nicht einfach. Laut Karte sollte in Hwange ein Zeltplatz sein, aber das ist leider ein Fehleintrag. So fragen wir bei der Polizei nach, ob wir vielleicht auf deren Territorium unser Zelt aufschlagen können. Nachdem wir lange warten müssen, wird es uns tatsächlich gestattet.

wir darauf warteten, in den Denali Nationalpark zu kommen. Die Aktion auf dem Nenanariver war so schön, daß wir hier Ähnliches erwarten.
80 US $ blättern wir für den Spaß hin. Die einzelnen Anbieter scheinen sich nur in Startpunkt und Qualität des Mittagessens zu unterscheiden. So beginnt unsere Fahrt nicht in Simbabwe, sondern in Sambia. Wir können dadurch alle achtzehn Stromschnellen erleben, haben aber etwas mehr Streß durch die Grenzüberschreitung.
Morgens werden wir mit ca. vierzig weiteren Abenteuerlustigen auf einen LKW verfrachtet und auf die sambische Seite des Flusses gebracht. Bevor es richtig losgeht, werden wir lange über die Sicherheitsbestimmungen und Rettungsmöglichkeiten aufgeklärt. Noch lachen wir alle herzlich und halten ein Kentern des Bootes für unmöglich. Wir legen Schwimmwesten und Sturzhelme an, sichern unsere Brillen mit Bindfäden hinter dem Kopf und schon steigen wir in die Tiefe des Sambesitals hinab. Vor dem Start üben wir in einer Bucht, wie wir auf die Kommandos des Bootführers richtig reagieren müssen. Dabei lassen wir uns rudern und verändern die Lage des Boote nur durch unser Körpergewicht.
Nach den ersten zwei Stromschnellen ahnen wir, daß wir uns auf eine wilde Nummer eingelassen haben: Wir werden durch die Luft geschleudert, das Boot wird regelrecht in Wasserwirbel eingesaugt und entkommt dem Untergang oft nur knapp. Wir sind klitschnaß. Aber es kommt noch besser. Bei „Rapid" Nummer fünf beugen wir uns auf Kommando ganz weit nach vorn und erleben, wie sich die Wassermassen öffnen und über uns wieder zusammenschlagen. Nur mit Mühe können wir uns im Boot festhalten. Einfach irre. Ein nachfolgendes Boot kentert und völlig panisch versuchen die Leute, in ihre Nußschale zurückzuklettern.

Die Rapids haben alle vertrauenerweckende Namen wie „commercial suicide“ oder „overland truck eater“. Zwischen den Stromschnellen ist die Fahrt relativ ruhig und entspannend. Wenn da nicht ein Krokodil wäre, das uns vom Ufer aus beobachtet. „Na, das ist ja klasse, für die schwimmt man hier als Frühstück vorbei und zahlt noch viel Geld dafür!“, entfährt es einem Mitfahrer.

Bis zum Mittagessen halten wir uns mit viel Spaß bei der Sache gut im Boot. Schon jetzt haben wir entschieden, daß sich 80 $ dafür lohnen. Nach dem Essen versuchen wir, das Erlebnis noch zu steigern, und wechseln in ein Boot, in dem wir selbst paddeln müssen. Jetzt sitzt Jane hinten im Boot und gibt Kommandos.

Die Offenbarung erwartet uns bei Rapid Nummer 12, den „Drei Schwestern“. Bei Schwester zwei wird unserer Boot ohne Vorwarnung und völlig unerwartet durch die Luft geschleudert und überschlägt sich. Dummerweise verhake ich mich mit einem Fuß in den Halteseilen und tauche unter dem Boot auf. Da ist es ziemlich dunkel und die Luft knapp. Glücklicherweise erinnere ich mich an die Sicherheitshinweise. Ich atme in der Luftblase unterhalb des Bootes tief ein und tauche unter dem Boot heraus. Dabei muß ich mich selbst mit Schwung unter Wasser drücken, da die Schwimmweste einen enormen Auftrieb hat. Natürlich schlucke ich fleißig Sambesiwasser, komme aber zurück ans Tageslicht. Das Paddel habe ich noch immer fest in der Hand und schreie die Anspannung laut aus mir heraus. Was für ein Erlebnis! Gemeinsam drehen wir das Boot um und einer nach dem anderen klettert in das Boot zurück. Alle Mann sind wieder an Deck, bevor wir durch die nächste Stromschnelle müssen. Irre, einfach unbeschreiblich.

Die anderen Rapids meistern wir, wenn auch nur knapp. Der Höhepunkt erwartet uns aber mit Rapid 18 „The Oblivion“. Die Boote vor uns kentern eines nach dem anderen, und uns ergeht es nicht anders. Diesmal stürzen wir ziemlich früh um, so daß wir eine ganze Weile ohne schwimmenden Untersatz durch die Stromschnellen geschleudert werden. Ich lasse mich noch lange im Sambesi treiben, bis mir ein Bootsführer zuruft, daß ich wegen der Krokodile besser mal aus dem Wasser kommen sollte. Ach ja, die hatte ich ganz vergessen.

Am Ende der grandiosen Veranstaltung müssen wir aus dem Tal heraufklettern. Oben erwarten uns zwei große Kühltruhen mit eiskalten Getränken. Leicht beschwipst steigen wir für eine Fahrt über Stock und Stein zurück nach Simbabwe auf die LKW. Wie der Zufall es will, sitze ich in dem Wagen mit der Biertruhe. Voller Übermut meint einer unserer Bootsführer, jeder müßte jetzt noch ein Bier trinken. Wer kann da schon „Nein“ sagen. Wenige Minuten später eröffnet er uns, daß wir keine Bierflaschen über die Grenze nehmen dürfen, denn das stehe unter Strafe. Also schnell runter mit dem Zeug.

Wohlbehalten und leicht schwindelig kommen wir in Vic Falls an. Wenige Stunden später treffen wir die ganze Gruppe, jetzt wieder nüchtern, zur Videoshow. Die besten Passagen der Fahrt wurden aufgenommen, damit man auch auf diesem Wege den Touristen das Geld aus der Tasche ziehen kann. Auf Großbildleinwand, mit erstklassigem Sound und harter Rockmusik wird das wirklich gute Video vorgeführt. Aber wer kauft das schon für den unglaublichen rip off-Preis von 50 US $!?

Wir! Wir können einfach nicht widerstehen, und mit Plastikgeld ist der Kauf ganz einfach. Was sind schon 50 bucks, wenn sie weit entfernt in Deutschland vom Konto abgebucht werden.

Hwange Nationalpark

Einen anderen Tag in Vic Falls investieren wir für den Besuch des Hwange Nationalparks. Nur mit Schwierigkeiten können wir eine Safari buchen, obwohl der Nationalpark nur etwa 100 km entfernt liegt, und sich eine solche Kurzreise als Angebot für Touristen lohnen würde. Im Nachhinein stellen wir aber fest, daß es billiger gewesen wäre, ein Auto zu mieten.

So machen wir uns morgens auf den Weg und verbringen den ganzen Tag im größten Nationalpark Simbabwes. Um die 50.000 Elefanten sollen hier leben, viel zu viele für die Größe des Parks. Die Überpopulation führt dazu, daß das Buschwerk kaum mehr Kniehöhe erreicht, weil die Elefanten alles umtreten und verschlingen.

An einem der Wasserlöcher im Hwange-Nationalpark

Der Nationalpark eignet sich hervorragend für Wildbeobachtungen, weil künstliche Wasserlöcher angelegt wurden, die gut einsehbar sind. Hochsitzartige

Bauwerke erleichtern die Beobachtungen sehr. Während wir unsere Lunchpakete vertilgen, planschen Elefanten im Wasser, spreizen Giraffen ihre langen Vorderbeine, um an das Naß zu gelangen. Die Krokodile sehen ungerührt zu. Ein besonderes Spektakel erleben wir, als ein junger Elefant voller Übermut zwei Hippos mit lautem Trompeten um das Wasserloch herumjagd. Giraffen, Zebras, Gnus und Elefanten in Massen, nur Löwen sehen wir nicht. Das stört uns nicht, weil wir sie schon auf mehreren Filmrollen in der Massai Mara verewigt haben.

An einem kleineren Wasserloch erleben wir, wie ein ausgewachsener Elefantenbulle auf die Zuschauer sauer wird. Mit wehenden Ohren - das Signal für höchste Erregung - geht er auf einen PKW los. Der Größenunterschied ist gigantisch. Wenn der Elefant auf der Motorhaube mal kurz Platz nehmen würde, wäre von dem Wagen wohl nichts mehr zu sehen. Während der Kleinwagen den Rückwärtsgang einlegt, und ganz langsam zurückrollt, wendet sich der Elefant uns zu. Wie nett, soviel Aufmerksamkeit ist gar nicht nötig. Unser Fahrer bleibt völlig ruhig und macht nicht einmal den Motor an! Vielleicht glaubt er ja an Wiedergeburt oder ähnliches, ich habe auf jeden Fall echt Schiß. Nach mehreren Drohgebärden zieht der Dickhäuter glücklicherweise weiter, ohne unser Fahrzeug zu Altmetall zu verarbeiten.

Bad in den Victoriafällen

Nach zwei erlebnisreichen Tagen beschließen wir, noch einen Tag Pause in Vic Falls zu machen. Thomas zieht es zu den Bungeejumpern auf die Brücke zwischen Simbabwe und Sambia, von denen er tolle Fotos schießt. Ich überquere die Grenze nach Sambia, um auf der anderen Seite der Felsspalte, in die der Sambesi stürzt, über die trockenen Victoriafälle zu wandern. Dabei gehe ich direkt an der Abbruchkante entlang, bis ich auf Livingstone-Island bin. Diese Insel liegt bei normalem Wasserstand von reißenden Flußmassen umgeben und ist nicht zu erreichen. Als ich direkt am Sambesi stehe und die Touristen auf der anderen Seite sehen kann, wie sie den Wasserfall bestaunen, traue ich meinen Augen nicht. Mitten in den Fällen, wenige Meter bevor das Wasser über 100 m in die Tiefe stürzt, baden Menschen. Das kann doch nicht wahr sein, warum werden die nicht einfach über die Klippen gespült? Um das herauszufinden, ziehe ich meine Schuhe aus und überquere den ersten Flußarm. War gar nicht so schwer. Also gehe ich weiter, bis ich die anderen Leute erreiche. Unter ihnen sind auch zwei Europäer, die mich zu einem Bad einladen.

Was so unglaublich erscheint, läßt sich leicht erklären: Direkt neben den Hauptfällen hat sich im Laufe der Jahre ein Pool von ca. 1,5 m Durchmesser gebildet. Wenige Zentimeter weiter gäbe es im reißenden Fluß kein Halten mehr. Die Wassermassen donnern nur einen halben Meter neben uns in über 100 m Tiefe! Schwer beeindruckend. Wie ich später erfahre, ist es das erste Mal seit sieben Jahren möglich, an diesem Ort zu baden. Die letzten Jahre war der Wasserstand immer zu hoch, um bis an diese Stelle zu gelangen. Natürlich kann ich mir hier ein Bad nicht entgehen lassen und steige mit meiner kombinierten Bade-, Ausgeh- und Freizeithose in den Sambesi. Einmalig.

*

Obwohl Victoria Falls keine Wünsche der Pauschaltouristen offenläßt, und Individualreisende eigentlich abschrecken müßte, hat sich der Besuch doch gelohnt. Nach vier Tagen verlassen wir Vic Falls zur Abwechslung mit dem Zug. Zum einen gibt es auf der langweiligen Strecke nach Bulawayo wenig Versorgungsmöglichkeiten, und außerdem haben wir einen Großteil bereits auf

dem Herweg zurückgelegt. Zum anderen: Auf dieser Strecke fährt eine alte Dampflokomotive.
Leider endet die Aktion mit einem Fiasko. Die Schienen haben einen Schaden, so daß wir die ersten 100 km mit dem Bus - vollgepackt mit Leuten und Gepäck versteht sich - benutzen müssen. Aber es kommt noch besser. Statt der historischen Dampflok zieht eine langweilige Diesellok den Zug. Wenige Wochen vorher sind die Dampfloks ausrangiert worden. Schade.
Und natürlich haben wir Erste Klasse gebucht, um in den alten Abteilen der Kolonialzeit reisen zu können. Aber wieder schade: Die alten, schönen Waggons sind der Zweiten Klasse zugeordnet. Wir reisen in neuen, auch langweiligen Schlafwagen...

*

Der Zeltplatz in Bulawayo ist mit herrlich lilafarbenen Blüten bedeckt, aber der Anblick kann uns nicht lange aufhalten: Wir springen auf die Räder und rasen in die Innenstadt, denn auf der Post liegen Briefe für uns. Jeder von uns kann einen Stapel in Empfang nehmen, und wir setzen uns an den Straßenrand, um schnell die Briefe zu überfliegen. Am Abend lesen wir sie noch einmal in Ruhe. Diesmal ist auch ein Brief von Stephan dabei, mit dem ich vor einigen Jahren um die Welt gefahren bin. Er ist zurück von einem Kurztrip, der ihn auf den höchsten Paß der Welt im Himalaja geführt hat. Da wäre ich ja auch gerne dabeigewesen... Thomas schüttelt nur den Kopf, während ich fast neidisch auf die Erlebnisse auf der anderen Erdhälfte bin. Stephan ging es zum Teil richtig dreckig: Es gab schlechtes Essen, sie wurden von tagelangen Regen- und Schneeschauern begleitet und erlebten weitere nette Dinge dieser Art. Thomas und ich haben von „Spaß“ manchmal unterschiedliche Vorstellungen ...

Bulawayo ist eine der größten Städte Simbabwes, und wir lassen es uns hier richtig gut gehen. Die leckersten Essen und europäisches Entertainment am Abend, endlich mal wieder Billard spielen. Die Nachmittage verbringen wir in einem großen Freibad, das den englischen Architekten nicht leugnen kann. Wir erneuern unsere Garderobe etwas, da doch schon einige Kleidungsstücke nicht mehr zu benutzen sind. Besonders über die neuen Handtücher freuen wir uns.

Matopos Nationalpark

Nur 40 km von Bulawayo entfernt liegt der Matopos Nationalpark. Hier hat sich der große Cecil Rhodes, nach dem Rhodesien benannt wurde, begraben lassen. Zunächst sind wir über die deftige Eintrittsgebühr verblüfft und die große Hinweistafel für Verhaltensmaßregeln. Hier scheinen einige Leute das Wort „Tourist“ mit dem Wort „Goldesel“ verwechselt zu haben, was für alle Angebote im Park gilt.

Gleich hinter der Parkgrenze verändert sich die Landschaft total. Riesige Granitfelsen in unterschiedlichster Form, Größe und Gestalt wirken einfach nur gigantisch. Wir kommen uns ziemlich verloren vor zwischen all diesen großen Kugeln, Platten und abgerundeten Felsen. Die Grabstätte von Rhodes ist an der vermutlich schönsten Stelle des Parks gelegen. Auf einer gewaltigen, glatten Fläche von mehreren hundert Quadratmetern stehen um die schlichte Grabplatte 2-5 m hohe Kugeln aus Granit herum.

Direkt am Grab erleben wir eine witzige Vorführung: Der „Lizzard-man“, ein Parkbediensteter, lockt mit eigenartigen Rufen und Brotteig unglaublich viele Echsen an, die ihm aus der Hand fressen. Die kleinen Echsen sind scheu und nähern sich dem Menschen sonst nicht. Es ist lustig anzusehen, wie die kleinen, farbenfrohen Tierchen fast auf dem Schwanz stehen, um an den Brotteig heranzukommen.

Schöne Sandpiste im Matopos Nationalpark

Neben den Granitkugeln und -formationen sind die mehrere tausend Jahre alten Felsmalereien der Buschmänner ein Highlight dieses Parks. Clevererweise sind die Eintrittskarten für die Höhlen aber nicht am Höhleneingang zu kaufen, sondern 5 km weit weg irgendwo am Ende der Welt. So ein Ausflug macht bei tiefen Sandwegen und brütender Hitze richtig Spaß. Man muß sich schon sehr für solche Malereien interessieren, um sie nicht todlangweilig zu finden. Es ranken sich verschiedene Geschichten zur Erläuterung um diese Zeichnungen, die sich in versteckten Höhlen befinden. Auf die naheliegendste ist natürlich wieder keiner gekommen. Nach unserer These hat es vor vielen tausend Jahren geregnet, und die Buschmänner mußten sich irgendwo unterstellen. Und da der

Regen lange angehalten hat, haben sie aus lauter Langeweile Giraffen, Zebras und andere Tiere an die Wände gemalt. Klingt doch logisch, oder?

Einen Teil des Matopos dürfen wir nicht mit dem Rad erkunden, da sich dort viele Rhinos herumtreiben. Wir organisieren also wieder eine kleine Safari, an der auch ein paar der Motorradfahrer teilnehmen, mit denen wir die letzte Nacht durchgefeiert haben. Wir sehen zwar erst ganz am Ende die erwarteten Tiere, haben aber trotzdem unendlich viel Spaß bei der Rundfahrt. So sehen wir die ersten Rhinos aus ziemlicher Ferne und der Fahrer bietet deshalb einer hübschen Holländerin heldenhaft an, mit ihrer Kamera dichter an die Tiere heranzugehen, um ein Foto zu machen. Wir sollen derweil im Wagen warten. Wir aber - noch viel heldenhafter - schleichen leise hinter ihm her, um auch Fotos zu schießen. Er fällt fast in Ohnmacht, als er uns hinter sich bemerkt.

Die Stimmung sinkt

Beim Aufbruch am nächsten Morgen werden unsere Heringe fast von Wildschweinen aus dem Boden gegraben. Die borstigen Viecher zeigen keinen Respekt. Die haben wohl noch nie etwas von Spanferkeln gehört.
Die Strecke für diesen Tag ist besonders abenteuerlich gewählt. Wir wollen eine Abkürzung nehmen, die kaum auf unserer Karte zu erkennen und nicht ausgeschildert ist. Wir können so aber fast zwei Tage Fahrt sparen, also versuchen wir es. Die sandige Piste führt durch eine traumhafte Gegend, auch nachdem wir die Parkgrenzen hinter uns gelassen haben. Wir fahren durch kleine Dörfer mit runden Lehmhütten, in denen wir uns nach dem Weg erkundigen. Die Hütten der verschiedenen Orte sind jeweils mit anderen Mustern und Farben bemalt, die verschiedene Stammeszugehörigkeiten symbolisieren sollen.

Schön. Obwohl wir zwischendurch die Orientierung verlieren, finden wir spät am Abend doch die Straße, zu der wir wollten.

Auf der Abkürzung...

Am Zielort angekommen, schaffen wir es gerade noch, unsere Zelte aufzubauen. Dann regnet es, als wenn der Himmel ein ganzes Jahr lang das Wasser für diesen Abend aufgespart hätte. Wir rennen durch den Regen in ein edles Restaurant, in dem wir ein ausgesprochen schmackhaftes Dinner genießen. An diesem Abend wird beim Gespräch deutlich, daß Thomas keinen Spaß mehr am Radfahren hat. Selbst eine so schöne Etappe wie die heutige, kann nur noch wenig Begeisterung in ihm auslösen. Seit drei Monaten fast täglich auf dem Bike, Schwierigkeiten mit den Nahrungsmitteln, Krankheiten, Hitze usw. zeigen Wirkung.

Das verstärkt sich über die nächsten Tage noch, da die Straße bis zur südafrikanischen Grenze richtig langweilig und eintönig ist. Wir legen die Strecke nur zurück, weil sie uns dem Ziel näherbringt, sie bietet aber keine Reize. Statt dessen ist es heiß, nur staubige Erde und vertrocknete Sträucher. Mich versetzt das zwar auch nicht gerade in Jubelstimmung, aber es stört mich auch nicht so sehr, weil es mich dem Ziel - Kapstadt - näher bringt. Thomas hingegen stellt sich die Sinnfrage.

*

Aber erst einmal habe ich Geburtstag. Das schönste Geschenk bekomme ich vom Himmel: Es ist zum ersten Mal den ganzen Tag bedeckt. Keine Sonne, die einem das Hirn brät und das Wasser zum Kochen bringt.

Als wir abends in einem Dorf ankommen, das im wesentlichen nur aus einem Polizeiposten besteht, wird uns dort eine Hütte zum Übernachten angeboten. Wenn das kein Geburtstagsgeschenk ist. Der Hit ist aber eine Einkaufsfahrt mit dem Polizeiwagen. Mitten im Busch befindet sich irgendwo ein Lebensmittelgeschäft, zu dem die Polizisten wollen, um dort einen völlig besoffenen Kollegen abzuholen und andere Kollegen zum Besäufnis dort hinzubringen. Trinken ist hier offensichtlich die einzige Freizeitbeschäftigung, ansonsten gibt es keine Abwechslung im Umkreis von mehreren hundert Kilometern. Und da Alkohol während des Dienstes und auf dem Polizeigelände verboten ist, fahren die Ordnungshüter in ihrer Freizeit in das nächste Dorf. Wir kommen auf diesem Wege zu einer eskortierten Einkaufsfahrt, auf der wir unsere Vorräte ganz unerwartet auffrischen und zwei Bierchen besorgen können, mit denen wir auf meinen Geburtstag anstoßen.

Um es noch einmal herauszuheben: Die Polizisten in Simbabwe sind wirklich sehr freundlich. Auch diesen Abend plaudern wir gern mit ihnen und empfinden es als sehr angenehm, wie aufgeschlossen und ehrlich die Leute hier sind. Keiner versucht, uns abzuzocken oder den Helden zu markieren. Sie erzählen uns von ihren Problemen, der Einsamkeit und über ihre Frauen und Kinder, die zum Teil mit auf der Polizeistation leben.

*

Überraschung auf einer Tankstelle: die „Hausgiraffe" kommt vorbei

Als wir in Beitbridge, der Grenze zu Südafrika ankommen, ist Thomas' Lustlosigkeit deutlich zu spüren. Da es in diesem Grenzort keinen Zeltplatz gibt, gönnen wir uns aufgrund der gedrückten Stimmung einen absoluten Luxus: Wir mieten ein Motelzimmer - Aircondition. Wir können die Zimmertemperatur nach einem Vierteljahr das erste Mal auf kurz über 20°C herunterkühlen! Was für ein Genuß. Bis zum Pool sind es höchstens 5 m, es ist also gut auszuhalten. Für den nächsten Tag nehmen wir uns nur die Grenzüberquerung nach Südafrika vor, um so nach wenigen Kilometern in Messina Zeit zu haben, uns auf das neue Land einzustellen.

Auch dieser Grenzübertritt ist kein Problem. Wir müssen nur lange in der Schlange vor den Schaltern stehen, da wir als Fußgänger eingeordnet werden, und viele Menschen zwischen den beiden Orten hin und her gehen. Hier erhalten wir das erste Mal keinen einfachen Stempel in den Paß, sondern einen computerlesbaren Aufkleber. Gedanken an George Orwell werden wach.

Die Trennung

In Messina, der ersten Stadt, die wir in Südafrika erreichen, haben wir das Gefühl, in einer anderen Welt zu sein. Einkaufszentren, blühende Parkanlagen, die dauernd bewässert werden, erstklassige Straßen, verkehrstüchtige Autos und gefegte Bürgersteige. Was für ein Unterschied. Wir bauen unser Zelt in einem sehr gepflegten Campingplatz auf und erfahren am ersten Abend, daß für Südafrikaner Campen und Grillen die Lieblingsbeschäftigungen in der Freizeit sind. Deshalb befinden sich auf allen Zeltplätzen Braiianlagen (fest installierte Grills), und fast jedes kleine Nest verfügt über einen eigenen Campground. Wir erfahren, daß diese Vorlieben ihren Ursprung in der Geschichte Südafrikas haben. Die Südafrikaner sind ein geschichtsbewußtes Volk und besonders stolz auf die sogenannten Voortrecker, die um 1800 von der Kapprovinz ins Inland gezogen sind, um dort ein freies Leben ohne die Gesetze und Vorschriften der Engländer führen zu können. Das alles erzählt uns der erste Südafrikaner, den wir auf dem Zeltplatz kennenlernen. Wir merken schnell, daß wir bei fast jedem Gespräch auf die Geschichte und Politik Südafrikas zu sprechen zu kommen. Als Vorbereitung eines Südafrika-Urlaubs sollte man schon deshalb den 1000 Seiten Wälzer „Verheißene Erde“ von J. A. Michener lesen.

*

Die Gegend um Messina ist ziemlich eintönig. Die Büsche und der Sand unterscheiden sich nur in der Sprache von denen in Simbabwe. Thomas ist von der langweiligen Landschaft ziemlich genervt und kündigt an, morgen zu trampen statt radzufahren.

Abends passiert es dann. Thomas nutzt eine Errungenschaft der technisierten Welt: das Telefon. Das Unheil nimmt seinen Anfang. Mit diesem Telefonat

beginnen drei aufregende Tage, die den Verlauf der Tour maßgeblich verändern. Thomas ruft seine Freundin Steffi in Deutschland an.
Steffi fühlt sich ohne Thomas einsam. Jeden Abend schneidet sie ein Stück von einem Maßband ab, und denkt so immer wieder an ihren Liebsten in der Ferne. Das macht die Sehnsucht natürlich nicht geringer. Da steht der arme Thomas nun, nachdem er sich über drei Monate durch das unwegsame Afrikas gekämpft hat: am Arsch der Welt, in einer gottverlassenen Telefonzelle, am Rande der Wüste. Er hört die tränenerstickte Stimme seiner Liebsten, die es ohne ihn nicht mehr aushält. Dann ist das Kleingeld alle, und er steht mit ihren Tränen wieder ganz allein, am Rande der Wüste, in einer gottverlassenen Telefonzelle, mitten in Afrika. Was für ein beschissenes Gefühl.
Völlig durcheinander kommt Thomas zum Zeltplatz zurück. Wir reden bis in die späte Nacht, was nun werden soll. Dazu kommt, daß Thomas im Moment keine Lust mehr zum Radfahren hat - zwei Dinge, die aufeinandertreffen und gut zusammenpassen. An diesem Abend beschließt Thomas nach Deutschland zurückzufliegen, wenn es Steffi wirklich dreckig gehen sollte. Er will am nächsten Morgen noch einmal mit ihr telefonieren.

Also erst einmal einen Tag Galgenfrist. Ich mache mich per Rad auf den Weg, Thomas trampt wie geplant. Gegen Mittag rauscht er auf einem Anhänger an mir vorbei, als ich gerade den Wyllie's Poort (Paß) erklimme. Während auf der Nordseite der Limpopo die Landschaft bestimmt und Klima und Landschaft afrikatypisch trocken sind, verändert sich die Szenerie nach der Paßüberquerung grundlegend. Es ist wirklich unglaublich und ich traue meinen Augen nicht. Ich sehe von der Paßhöhe in eine grüne Landschaft. Grüne Felder, Bäume, Gärten, und es ist deutlich kühler. Wirklich faszinierend. Ich glaube den

Grund der Voortrecker zu erkennen, warum sie nicht weiter gen Norden gezogen sind.

*

Wie verabredet treffen wir uns in Louis Trichardt auf dem Zeltplatz. Gegen Abend telefoniert Thomas nochmal mit Steffi. Es geht ihr noch immer dreckig. So sitzen Thomas und ich den ganzen Abend vor dem Zelt, haben keinen Hunger mehr und besprechen, wie es weitergehen soll und ob eine Rückkehr nach Deutschland für Thomas die richtige Entscheidung ist. Für mich steht von vornherein fest, daß ich die Tour auch alleine fortsetzen werde. Damit nehme ich Thomas den Streß, sich eventuell für den Abbruch der Tour verantwortlich zu fühlen. Ohne Thomas wird es nur noch halb soviel Spaß machen, aber das liegt nicht in meiner Hand. Er entscheidet, daß er übermorgen nach Johannesburg fährt, um von dort aus zurückzufliegen. Die Entscheidung fällt ihm unendlich schwer, aber schließlich machen wir hier nur eine kleine Radtour, und bei den beiden geht es vielleicht um den Rest ihres Lebens.

*

Morgens tauschen wir die nötigen Dinge aus und beschließen, noch einen weiteren Tag in Louis Trichardt zu bleiben. Natürlich hat dieser Tag nur ein Thema und nach langen Gesprächen entsteht eine neue Überlegung. Zumindest bis nach Kapstadt möchte Thomas noch kommen, wenn auch nicht mehr per Rad. Also wird er versuchen, Steffi die nächsten sechs Wochen noch zu vertrösten, damit sie auf jeden Fall Weihnachten und Silvester nicht alleine sein muß. Diese Lösung ist ein guter Kompromiß, denn dann bin ich nicht ganz so lange allein, wenn ich auch allein radfahre.
Beim leckeren Abendessen - das den Touch eines Abschiedsessens hat - und dem anschließenden ausgedehnten Kneipenbesuch beschließen wir folgendes:

Thomas fährt nach Johannesburg, telefoniert noch mal mit Steffi und fliegt dann entweder gleich nach Deutschland zurück, oder wir treffen uns in Barberton, kurz vor Swaziland, auf dem dortigen Zeltplatz wieder.

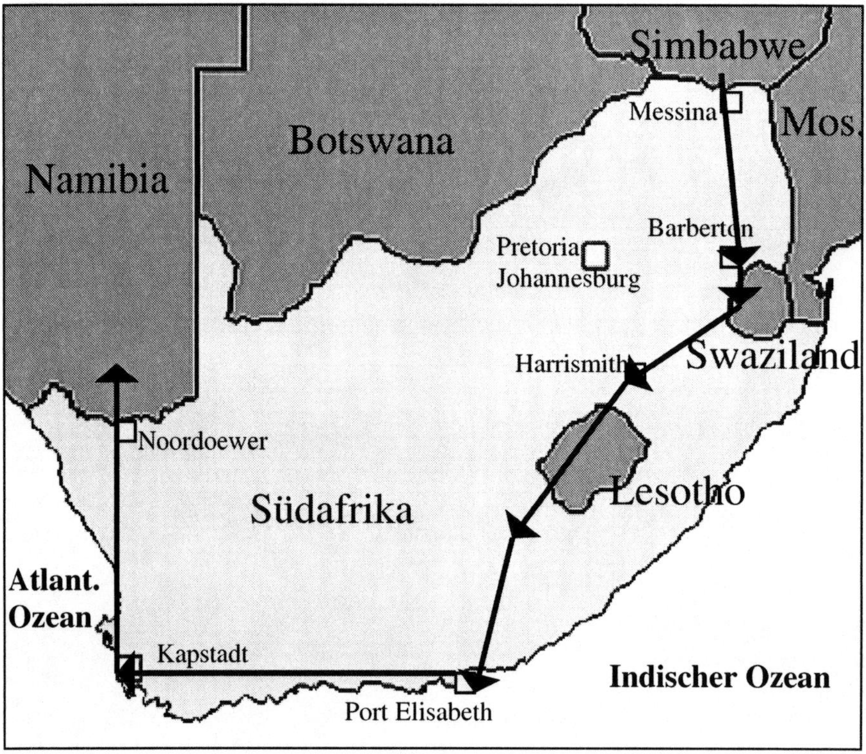

4000 km durch das südliche Afrika

Tja, mit dieser lockeren Verabredung geht es in das größte Land auf dieser Tour, nach Südafrika. An der nächsten großen Kreuzung sehe ich Thomas noch wieder, weil er bis hierher eine Mitfahrgelegenheit bekommen hat, danach trennen sich unsere Wege endgültig - auf Wiedersehen in Deutschland oder vielleicht in Barberton. In wenigen Tagen oder in einem Vierteljahr.

Es ist ein komisches Gefühl, plötzlich ganz allein zu sein.

Durch die Drakensberge

Ich fahre Richtung Drakensberge, womit ich zwei Fliegen mit einer Klappe schlage. Zum einen erlebe ich die wunderschöne Landschaft dieses Gebirgszuges, der sich durch einen Großteil Südafrikas schlängelt, zum anderen fahre ich an den Riesenstädten Pretoria und Johannesburg vorbei. Das soll vorrangig meiner Gesundheit zugute kommen, Johannesburg ist nämlich die gefährlichste Stadt der Welt. Dort verschließen die Autofahrer ihre Türen von innen und rollen nachts auch bei Rot über die Kreuzung - anhalten ist zu gefährlich.

Ich bin jetzt ganz anderen Gefahren ausgesetzt, mit denen ich so nicht gerechnet hatte: den Autofahrern. Radfahrer sind in diesem Land völlig ungewöhnlich, scheinbar versuchen die Autofahrer ständig, mich von der Fahrbahn zu stoßen. Es dauert nur wenige Stunden, bis ich diese Spezies Mensch zu hassen beginne. Sie wollen mich umbringen. Die entgegenkommenden Autofahrer sind da ganz anders, sie winken mir zu, hupen und freuen sich. Südafrika ist schließlich ein sportverrücktes Land. Ich denke, die Leute hier sind so unerfahren im Umgang mit Radfahrern, daß sie ihren Fahrstil gar nicht böse meinen - trotzdem setzen sie dauernd mein Leben aufs Spiel. Zur Gegenwehr schnalle ich einen Stock mit weißer Plastiktüte als Abstandhalter auf meinen Gepäckträger. Das hilft zumindest etwas.

*

Nicht nur die Autofahrer entsetzen mich, auch die Preisstruktur Südafrikas hat es in sich. Jetzt wird für eine Übernachtung auf einem Zeltplatz so um die 12.-DM verlangt! Das liegt hauptsächlich an einer für Einzelreisende ungünstigen Berechnungsgrundlage, die nicht nach Personenanzahl, sondern Stellplatzanzahl berechnet. Das bedeutet, daß ich genau so viel zahlen muß, wie eine elfköpfige Familie, die auch nur einen Platz anmietet. Das erscheint mir nicht gerecht und manches Mal gelingt es mir, den Preis herunterzuhandeln.

*

Sehr schön sind immer wieder die Kontakte zu Südafrikanern, die sich auf den Zeltplätzen ergeben. Nicht nur, daß ich häufig zu einem abendlichen Bier eingeladen werde, ich erfahre auch viel über die unterschiedlichen Lebensweisen, politische Einstellungen und Klassenunterschiede in Südafrika. Die Gesprächspartner reichen vom Wanderarbeiter, der fast sein gesamtes Leben im Wohnwagen verbringt und gerne schwarze Kollegen um sich hat, bis hin zu reichen Nationalisten, die die Apartheid vermissen und Angst bekommen, wenn sie einen Schwarzen nur aus der Ferne sehen.

Schwarze Südafrikaner treffe ich auf Zeltplätzen nur selten. Überhaupt hat sich mein Kontakt zur schwarzen Bevölkerung völlig verändert. Wo in allen bisherigen Ländern ein offenes und freundliches Gespräch schnell hergestellt war, ein Feuer von Lebensfreude aus den Augen der Afrikaner strahlte und wir immer mit Interesse aufgenommen wurden, erkenne ich jetzt Ablehnung und Haß. Natürlich werde ich für einen weißen Südafrikaner gehalten. Aber der Haß weicht schnell der Neugier, wenn ich mich als Ausländer zu erkennen gebe. Trotzdem ist diese Veränderung bedrückend. Am verblüffendsten empfinde ich diesen extremen Gegensatz zu den anderen schwarzen Bevölkerungen in der „Freude am Leben". Die Menschen der bisher durchreisten Staaten sind im Durchschnitt viel ärmer an materiellen Gütern, aber haben viel mehr Spaß am Leben, um es mal platt auszudrücken.

Die Erklärung für diesen krassen Unterschied liegt im politischen System, das bis vor wenigen Jahren die Gesellschaft Südafrikas geprägt hat. Über Jahrhunderte wurden die Schwarzen unterdrückt und z.T. menschenunwürdig behandelt. Kein Wunder also, daß dabei die eigene Würde und auch die Lebensfreude auf der Strecke geblieben sind.

*

Nach drei Tagen abwechslungsarmer Landschaft erreiche ich endlich die Drakensberge. Vor mir steht eine regelrechte Gebirgswand die mich ahnen läßt, was mich in den nächsten Tagen erwarten wird: steile Anstiege und schnelle Abfahrten. Noch vor dem Frühstück geht es los: Die Karte kündigt einen Paß über 2000 m an, verschweigt aber zwei andere. Was für eine Qual, die Paßhöhe zu erreichen, nun wieder bei afrikatypischen Temperaturen. Ich starte meist früh am Morgen, um die ersten steilen Kilometer ohne stechende Sonne hochfahren zu können. Als echten Luxus empfinde ich es, wenn die Straße im Schatten liegt.

Man muß sich eine Paßfahrt etwa so vorstellen: Ich sehe die nächsten 500 m Wegstrecke vor mir und trete langsam aber gleichmäßig in die Pedale. Auf diesen 500 m nährt sich die Hoffnung, daß nach der Kurve die Paßhöhe erklommen ist und es flacher wird. Wenn die Kurve dann erreicht, das Stirnband durchgeschwitzt ist und die Beine schmerzen, sehe ich in der Regel nur die nächsten 500 m steile Straße vor mir. Das geht so weiter, bis es irgendwann egal wird, ob die Paßhöhe kommt, und ich einfach nur gleichmäßig weitertrete. Oben angekommen denke ich kurz „oh, ist der Paß schon zu Ende?". Und dann geht's wieder abwärts.

Als straßenplanerische Gemeinheit empfinde ich die Paßstraßen, bei denen man schon 20 km vor der Paßhöhe selbige sehen kann. Da bleibt nicht ein Funken Hoffnung, man weiß genau, wie lange man sich quälen muß.

Vielleicht glaubt es mir jetzt niemand mehr, aber ich liebe Paßstraßen und Berge. Denn hier wird die Schinderei mit einer schönen Aussicht und einer rasanten Abfahrt belohnt. Mit dem Auto einen Berg hochzufahren ist nun wirklich keine Leistung. Ich weiß oben immer, welche Besonderheiten diese Straße hat, welche schönen Ausblicke und welche extrem steilen Abschnitte. Jeder Paß ist ein Erfolgserlebnis, weil der innere Schweinehund, der dauernd sagt „steig endlich ab und schiebe, das ist doch alles Blödsinn hier", besiegt wurde. Wenn es besonders hart wird (und ich alleine bin) rufe ich oft „ich schaff' dich schon, du Berg, mich kriegst du nicht klein". Das hilft.

Trotz der Anstrengungen: Die Drakensberge mit ihren vielen verschiedenen Sehenswürdigkeiten sind wunderschön. Das Gebirgsmassiv ist ideal für Wanderer und Bergsteiger, aber weniger für Radfahrer. Meine Beine scheinen manchmal platzen zu wollen.

*

Von Pilgrim's Rest aus möchte ich mir „God's window", den Blick über das südafrikanische Lowveld aus 1000 m Höhe ansehen, aber nun spielt das Wetter verrückt: Im südafrikanischen Sommer regnet es wie aus Eimern. Das ist mir bei der Planung wohl entgangen. In den folgenden Wochen habe ich immer wieder Regen, der in Höhen zwischen 1500 m und 2200 m oft kalt und unangenehm ist. Schon schade, daß ich meine Regenhose aus Malawi nach Hause geschickt habe ...

Die Rundfahrt zum „God's window" wird mir durch Helmut etwas vereinfacht. Er kommt aus Deutschland, und hat sich nach seinem ersten Herzinfarkt mit 35 Jahren entschlossen, jedes Jahr mindestens sechs Monate zu reisen. Wir essen abends im exquisiten Campingplatzrestaurant das beste Steak unter südafrikanischer Sonne und verabreden, die umliegenden Sehenswürdigkeiten mit seinem Auto abzufahren. Vor dem Start unserer Sightseeingtour gehen wir in Graskop in einem Restaurant frühstücken, das unglaublich an „Jenseits von

Afrika“ erinnert. Alles ist im Safaristil eingerichtet und der Ober - natürlich schwarz mit erstklassigem Englisch - serviert im Frack. So schmecken Bananenpancake und Kaffee doch schon ganz anders ...
Nach wenigen Minuten Rundfahrt bin ich heilfroh, diese Tour nicht mit dem Rad gemacht zu haben: Laaaange Berge, Dauerregen und Sicht gegen 0 m. So bleiben uns sämtliche Naturwunder und der gigantischen Blick über das Lowveld leider verborgen.

Kälte und Regen - Afrika?

Auf dem Weg nach Barberton, jetzt wieder per Fahrrad, frage ich mich mehrfach, wo ich hier eigentlich bin: Es ist kalt, ich friere, es regnet, alles ist durchnäßt - das kann unmöglich Afrika sein. Aber so ist das eben mit Vorstellungen von anderen Ländern in unseren Köpfen: Von Alaska meinen auch viele, daß es im Sommer schneit, dabei ist es im Inland häufiger wärmer als bei uns.
So komme ich in Nelspruit, einer richtigen Großstadt, völlig fertig und durchgefroren an. Ich kaufe in einem Imbiß eine Lunchbox, verziehe mich damit in einen gewärmten Hausflur, argwöhnisch von Geschäftsleuten beäugt, und fühle mich schlecht. Mit meinen dreckigen und nassen Klamotten kann ich mich in kein Restaurant setzen und die netten, kleinen Bretterbuden in denen Tee ausgeschenkt wird, gibt es schon seit Malawi nicht mehr. Alles scheint sich gegen mich verschworen zu haben, ich weiß nicht genau, ob Thomas überhaupt noch auf diesem Kontinent weilt, und Halsschmerzen habe ich auch. Das schlechte Wetter und die fiesen Autofahrer drücken meine Stimmung doch beträchtlich. Bevor das Gejammer größer wird, beschließe ich, bis Barberton durchzufahren, zumal der Campingplatz von Nelspruit weit außerhalb liegt, teuer und schlecht sein soll.

In Barberton erfahre ich wenigstens, ob ich einsam und verlassen auf diesem großen Erdteil herumfahre, oder ob Thomas sich noch in einem Umkreis von wenigen tausend Kilometern befindet. Er wollte einen Brief schreiben - postlagernd. Kurz vor Schalterschluß stürze ich in den sonnendurchfluteten Raum, nur um zu erfahren, daß kein Brief für mich angekommen ist.
Also geht's schnurstracks in den nächsten Supermarkt, um mir mal wieder etwas Gutes zu tun: Heute abend gibt's Steak. Ein riesiges Stück Fleisch, mit viel Zwiebeln und Pilzen. Das ist so richtig nach meinem Geschmack und zaubert mir wieder ein Lächeln auf das Gesicht.
Um in Südafrika einzukaufen, verwende ich seit einigen Tagen eine neue „Sicherheitstaktik". Darauf gebracht hat mich ein Supermarktbesitzer, der vor seinem Geschäft stand, als ich gerade am Sonntagnachmittag bei ihm einkaufen wollte. Er bot mir an, daß ich mein vollbeladenes Rad in den Laden vor die Kassen stellen kann, damit es nicht geklaut wird. Er meinte, es sei viel zu gefährlich, das Rad unbeobachtet zu lassen. Den Tip hatte ich sogar schon vor einer Bank bekommen: „Rolle das Bike doch bis zum Schalter!" Naja, auf jeden Fall frage ich seit einigen Tagen bei jedem Supermarktbesuch einen Angestellten, ob das mit dem Rad ok wäre, und ich habe *nicht einmal* eine Ablehnung bekommen!
Das liegt an der unausgesprochenen, aber überall augenfälligen Einstellung „Wir sind Weiße und müssen gegen den schwarzen Pöbel zusammenhalten!". Die Weißen können sich nicht damit abfinden, daß Schwarze gleiche Rechte haben. Ihre Angst ist riesengroß, daß sie von einem Schwarzen überfallen, ausgeraubt und vergewaltigt werden. Zugegeben, der noch vorhandene Haß auf Seiten der schwarzen Bevölkerung führt zu Ausschreitungen, die auch in Mord und Totschlag enden können. Aber die Südafrikaner übertreiben maßlos.

Um Häuser und öffentliche Einrichtungen sind meterhohe Mauern gezogen, die Fenster sind vergittert und mit elektrischen Jalousien versehen. Am skurrilsten empfinde ich die Prachthäuser, die auf einem Grundstück mit sagenhafter Aussicht stehen, bei denen man vom Wohnzimmerfenster aber nur die 6 m entfernte Mauer sehen kann.

Ich habe für beide Seiten Verständnis entwickelt. Die Weißen haben Angst um ihre Besitzstände. Sie werden zum Teil von den jetzt an der Macht sitzenden schwarzen Mitbürgern benachteiligt, wie es vorher umgekehrt der Fall war. Und die Schwarzen haben die Nase gestrichen voll von der jahrhundertelangen Bevormundung und zeigen den Weißen deutlich, daß sie nicht mehr die Herren in Südafrika sind. Erschwerend kommt noch hinzu, daß beide Seiten unterschiedliche Arbeits- und Lebenseinstellung haben: Wenn eine schwarze Supermarkthilfe auf Puschen durch die Gänge schlurft und im Zeitlupentempo Waren mit Preisen auszeichnet, bekommt der weiße Marktleiter eine Krise. Wenn dieser seine Angestellte daraufhin zurechtweist, wird er gleich als Rassist und Schwarzenhasser bezeichnet und im Ernstfall vor ein Gericht gezerrt, wie mir eine - weiße - Verkäuferin erzählt.

Thomas!

Ich durchsuche auf dem Zeltplatz in Barberton jeden Winkel nach Thomas, vielleicht ist er ja schon da. Aber ich kann ihn nirgends finden. Zur Sicherheit hinterlasse ich beim Nachtdienst eine Nachricht, wo ich zu finden bin, falls Thomas später auftaucht. Aber es nützt nichts, Thomas kommt nicht. Ich beschließe, noch einen Tag länger in diesem Ort zu bleiben, weil meine Beine ohnehin eine Pause verdienen und ein bißchen hoffe ich doch noch, daß Thomas auftaucht. Außerdem ist die Strecke, die nach Swaziland hineinführt, von

der Ferne aus gesehen extrem steil. Zuerst dachte ich, es handelt sich um eine Skipiste mit höchstem Schwierigkeitsgrad, aber es soll eine Straße sein.
Also gönne ich mir zum Frühstück leckere Brötchen statt des üblichen Müslis und genieße die Sonne, welche die Regenwolken gerade vertrieben hat. Plötzlich eine Fata Morgana. Ich glaube, Thomas steht neben dem Zelt, ist vom Regen durchnäßt und friert wie ein Schneider. Das wäre ja wirklich eine gelungene Überraschung, zumal ich nach unserer Absprache heute bereits auf dem Weg nach Swaziland gewesen wäre. Ich hebe die Hand zum „high five“ - Gruß und tatsächlich, die Fata Morgana bewegt sich. Es ist doch kein Traum. Thomas hat sich per Zug von Jo'burg bis hierher durchgeschlagen, mußte aber die Strecke von Nelspruit bis zum Zeltplatz mit dem Rad fahren. Die mit Sicherheit letzten Radkilometer dieser Tour, wie er deutlich zu verstehen gibt.
Auf eine Nacht im Zelt hat Thomas überhaupt keinen Nerv, er ist naß bis auf die Knochen und hat nur wenig geschlafen. So mieten wir ein geradezu luxuriöses Apartment auf dem gleichen Gelände. Wir lassen es uns so richtig gut gehen. Ich kaufe leckere Sachen und ein paar Wiedersehens-Pilse im nächsten Laden, und wir nutzen die Vorzüge einer vollständig ausgestatteten Küche richtig aus.
Beim nochmaligen Einkaufen werde ich trotz guter Grundstimmung fast zum Mörder, als eine dieser menschenähnlichen Autofahrerbestien mir und den Bierflaschen nach dem Leben trachtet. Der Typ wartet an einer Kreuzung auf freie Fahrt, ich hinter ihm. Plötzlich legt er den Rückwärtsgang ein und tritt aufs Gas. Seine Hinterräder hängen fast in der Luft, als sich seine Stoßstange über mein Vorderrad schiebt. Ich schlage mit der Faust gegen seine Fensterscheiben, um sie zu zerstören und bei dieser Gelegenheit auf mich aufmerksam zu machen. Der Typ rollt endlich von meinem Vorderrad herunter und ich

ziehe ihn fast aus dem Wagen. Zu seinem Glück bin ich ein friedliebender Mensch und keine radfahrerähnliche Bestie! Er kommt also mit dem Leben davon, der Hund. Das Erstaunlichste ist, daß mein Vorderrad nicht einen Kratzer, geschweige denn eine Delle davongetragen hat.

*

Thomas versorgt mich mit Neuigkeiten, die sein Jo'burg-Aufenthalt ergeben hat. Steffi war ganz erstaunt, daß er gleich nach Deutschland losfliegen wollte. So schlimm sei die Lage nun auch wieder nicht, und wenn er Weihnachten zu Hause wäre, würde das völlig reichen. Daraufhin hat Thomas einen Flug für Anfang Dezember von Kapstadt aus gebucht. Das entspricht unserem Zeitplan: Um den ersten Dezember herum wollen wir in Cape Town einrollen. Aber Thomas will kein Fahrrad mehr fahren. Er hat einfach keinen Spaß mehr daran. So erfinden wir eine der abgefahrensten Reisevarianten, die ich jemals mitgemacht habe. Wir nehmen uns die Karte, und ich plane, wo ich wann sein werde. Auf dieser Strecke vereinbaren wir mögliche Treffpunkte. Gemeinsam wollen wir in Lesotho einen Reitausflug machen, an der Küste baden und uns - wenn alle Treffen nicht klappen - Anfang Dezember in Kapstadt wiedersehen. Na, das ist vielleicht eine Geschichte! Ganz ausschließen will Thomas noch nicht, an der Küste mit dem Rad zu fahren, aber er will lieber nichts versprechen.

Nach diesem neuen Reisekonzept sehen wir uns in einigermaßen regelmäßigen Abständen wieder, unternehmen einige Highlights zusammen, und jeder reist doch mit seinem bevorzugten Verkehrsmittel. Thomas wird sein Rad mit sich herumschleppen oder es irgendwo unterstellen - das muß sich unterwegs ergeben.

Swaziland

Während Thomas in den Zug steigt, steht für mich der steile Anstieg Richtung Swaziland an. Swaziland ist ein eigenes Land und Königreich und wie Lesotho wirtschaftlich zu fast 100% von Südafrika abhängig. Es hat auch eine gemeinsame Grenze mit Mosambique, das aber für den Handel durch den langen Krieg uninteressant ist. Ich überquere die Grenze im Nordwesten des Landes und finde auf dem Weg nach Pigg's Peak eine Piste vor, wie ich sie aus keinem Winkel der Welt kenne: Es geht steil, fast senkrecht die Berge hoch und runter. Unglaublich. Manchmal steige ich ab und muß laut loslachen, wenn ich die Pistenführung sehe. Ich erwarte jeden Augenblick, daß die Straße den Hang herunterrutscht, weil sie so steil ist. Die Landschaft ist trotz Strapazen traumhaft schön, ich bin völlig begeistert. In meiner Schönheitsskala erhält sie die Bewertung „atemberaubend".

Die Grenze zwischen Südafrika und Swaziland, die ich gegen Mittag erreiche, hat eine Überraschung für mich parat. Ich werde gefragt, wo denn mein Visum sei! „Ach, ein Visum braucht man?" Schade, daß ich das nicht vorher wußte. In den Reiseführern steht, daß es das Visum kostenlos an der Grenze gibt.

Eine ganze Weile erläutert mir der Grenzer die Schändlichkeit meiner Tat und daß ich mir das Visum doch in Deutschland oder Jo'burg hätte holen sollen. Ich tische ihm eine ganze Reihe netter Geschichten auf, warum ich das Visum nicht habe. Unter anderem erwähne ich ein persönliches Gespräch mit dem Botschafter von Swaziland in Deutschland, der mir gesagt hätte, ich würde das Visum an der Grenze erhalten. Schließlich sind Visastempel nur drei Monate gültig und ich bin nun schon seit längerem aus Deutschland weg, wie mein Paß deutlich beweist. Ob ich das Gespräch mit dem Botschafter tatsächlich geführt habe, ist mir entfallen - in der Politik nennt man das „Black out" -, auf jeden Fall bekomme ich nach langem Hin und Her mein Visum.

*

Nach Bulembu, der ersten Stadt hinter der Grenze, verirren sich nur selten Touristen. Verständlich, ist dieser Ort doch nur aufgrund eines Asbestwerkes entstanden. Prompt finde ich keine Unterkunft und frage in bewährter Manier bei der örtlichen Polizei nach. Der Wachtmeister - in einer schönen lamettabehangenen Uniform - läßt mich einen Kurzbericht über meine Tour schreiben, um diese seinem Boß vorzulegen. Völlig erfreut kommt der später auf mich zu und lädt mich ein, in einem der Räume der Polizeistation zu schlafen: dem Gerichtssaal. Über dem Richtertisch hängt stilecht ein Foto des Königs von Swaziland, auf den Tischen noch Formulare des letzten Gerichtstages. Und ich dachte schon an jedem möglichen und unmöglichen Ort, den man sich vorstellen kann, geschlafen zu haben...

Nachdem ich die offizielle Erlaubnis zum Übernachten habe, kümmern sich die Beamten wirklich nett um mich. Während ich auf die Polizeiwache aufpasse, setzt ein Polizist in seiner Unterkunft Wasser auf, damit ich mich warm waschen kann. Er erzählt mir viel über Swaziland und seine Bewohner, und ich freue mich richtig, daß Bulembu keinen Zeltplatz hat.

*

Die Strecke bleibt weiterhin unglaublich. Rauf auf 1700 m, runter auf 700 m. Und das Gleiche noch einmal. So mußte ich mich nicht einmal in den Drakensbergen abquälen. In der heißesten Mittagshitze nutze ich, ganz gegen meine Gewohnheit, für einige Kilometer einen LKW als Zugpferd. Mit einer Hand lenke ich mein Rad, mit der anderen halte ich mich an den Metallverstrebungen des Anhängers fest. Der LKW kriecht zwar langsamer den Berg hoch als ich ihn fahren würde, aber ich entspanne meine Beine dadurch etwas. Der Fahrer versucht zweimal genervt mich abzuschütteln, aber das schafft er nicht. Als er zur Mittagspause an den Straßenrand fährt, schenke ich ihm einen Aufkleber mit Fahrradmotiv für seinen Truck und fahre weiter.

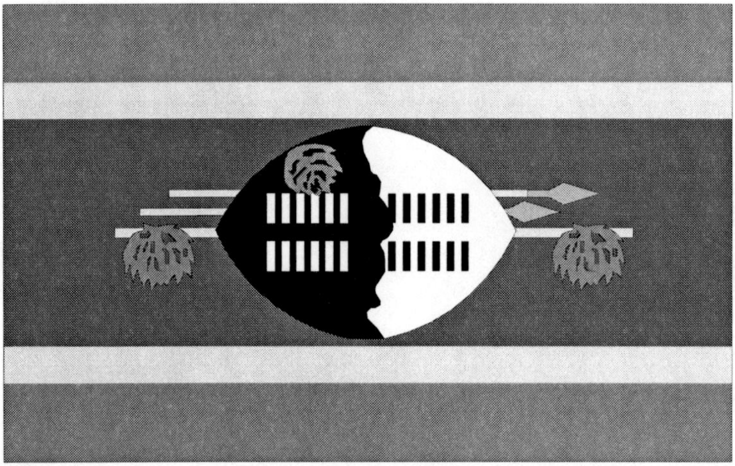

Die eindrucksvolle Flagge Swazilands

Die Landschaft ist faszinierend: Weite Grasflächen, Wälder und Weiden ziehen sich über die Berge, und manchmal taucht sogar eine Antilope auf. Die Strapazen lassen mich das Ganze aber nicht richtig genießen. Und am Abend kommt es, wie es kommen muß: Immer, wenn man besonders fertig ist, läuft alles schief, obwohl man nur noch Hunger hat. Zuerst will der nächstgelegene Lebensmittelladen keine Rand, die südafrikanische Währung, annehmen. Swaziland hat zwar eine eigene Währung mit besonders schönen Geldstücken, aber auch der Rand gilt als Zahlungsmittel. Nur durch gutes Zureden komme ich zu einer kalten Cola und einem Paket Nudeln. Dann ist der Zeltplatz kurz hinter der Hauptstadt Mbabane verkehrsgünstig an der lärmenden Hauptstraße gelegen und trotzdem teuer. Und als Krönung funktioniert mein Benzinkocher nicht. Trotz mehrfachen Reinigens muß ich am Ende mein Essen auf einem Lagerfeuer kochen. Das Holz fürs Feuer suche ich bei Dunkelheit mit der Taschenlampe zusammen.

*

Der nächste Tag wartet mit Nebel und Regen auf, und ich beschließe, eine lange Etappe zu fahren, um der Schlechtwetterzone zu entfliehen. Dabei bleibe ich von steilen Bergen nicht verschont. Bei den Bergfahrten herrscht ganz leichter Rückenwind, gerade so viel, daß ich keine Kühlung durch den Fahrtwind im Gesicht habe. Ich koche fast!

Auf einer kleinen Piste Richtung Piet Retief kündigt eine rabenschwarze Gewitterwand den Weltuntergang an. Bevor der Himmel seine Schleusen öffnet, erreiche ich einen kleinen Ort mit einem Lebensmittelladen, wo sich offensichtlich das halbe Dorf unterstellt. Ich warte das Unwetter ab, um mich danach durch tiefen, aufgeweichten Schlammboden zu kämpfen. Ja, radfahren macht Freude. Der Schlamm spritzt mir ans Schienbein und verschmiert die Bremsen. Größere Klumpen bleiben zwischen Schutzblech und Reifen kleben und schleifen. Was ein entgegenkommendes Auto anrichtet, brauche ich wohl nicht näher zu beschreiben. Ich verliere den Spaß an dieser Strecke. Außerdem ist es mittlerweile spät geworden, und es ist zweifelhaft, daß ich noch vor Dunkelheit eine Stadt erreichen kann.

Die unerwartete Erlösung in dieser einsamen Gegend kommt von hinten angefahren. Es ist der Ladenbesitzer von dem kleinen Geschäft, in dem ich mich untergestellt hatte. Er hält mit seinem Pick-up Truck an und sagt „Lade Dein Rad hinten auf, ich nehme Dich bis Piet Retief mit!“ Das war ein Befehl. Offenbar hat der Mann ein Herz für dumme, junge Europäer, die sich in einer gottverlassenen Gegend mit dem Bike herumtreiben. Unter normalen Umständen hätte ich den „lift“ natürlich abgelehnt - ich will ja schließlich radfahren! - aber ich bin am Ende meiner Kräfte und komme dem „Befehl“ nach. So ist auch der Grenzübertritt zurück nach Südafrika kein Problem. Während ich die Formalitäten erledige, schachert der Ladenbesitzer mit den Grenzern um die Überreste des alten Grenzzaunes. Ein Mitarbeiter von ihm macht sich nicht einmal die Mühe, durch die Paßkontrolle zu gehen. Unauffällig bleibt er im Wagen sitzen, grüßt die Grenzer kurz ab und schon sind wir durch die Kontrollen durch.

Kleines Radrennen gefällig?

In Piet Retief will ich mir - eigentlich - einen Ruhetag gönnen. Aber im Supermarkt frage ich Elmarie nach Kartoffelpüree und schon ändert sich mein guter Vorsatz. Nicht nur, weil sie mir auf Deutsch antwortet! Ihre Vorfahren sind vor fünf Generationen aus Deutschland ausgewandert und daher die Sprachkenntnisse. Überhaupt fallen in dieser Gegend deutsche Ortsnamen wie z. B. Lüneburg auf. Auch auf Namensschildern, die den Weg zu weit entfernten Farmen weisen, entdecke ich häufig deutsche Namen. In einem Sportgeschäft, wo ich versuche eine neue Fahrradkette aufzutreiben, spricht der Boß am Telefon mit seiner Frau Deutsch. Und nicht etwa, weil er aus Deutschland kommt. An seinem Dialekt ist zu hören, daß er Deutschland lange nicht mehr, wenn überhaupt jemals, gesehen hat.

Elmarie lädt mich ein, am nächsten Tag an einem Radrennen teilzunehmen, das ihr Mann mit organisiert hat. 50 km MTB-Rennen? Endlich mal wieder so richtig Vollgas geben können, ohne Gepäck? Eigentlich ist mein Radrahmen für ein Rennen viel zu groß, und ich will Pause machen. Aber was bleibt mir bei einem so reizvollen Angebot schon übrig? Ich sage zu.

So stehe ich am nächsten Morgen mit der Nummer 44 an der Startlinie. Keiner kennt mich, außer Elmarie und ihr Mann, und alle sehen verwundert dieses riesige Rad an, daß noch dazu mit Gepäckträgern und Klingel ausgestattet ist.
Die ersten zwei Kilometer bis zum Wald werden von der Polizei durch den Ort begleitet. Wir sind also richtig wichtig. Im Wald beginnt dann der Spaß. Steile Anstiege und Downhills, rasante Kurven und sandige Passagen. Ich bin in meinem Element.
Ich orientiere mich vorsichtig nach vorn, Taktik ist angesagt. Die erste, 12 km lange Runde, fahren wir alle zusammen. Ich schätze, daß ca. 30 Fahrer unterwegs sind. In der zweiten Runde sind wir vorn nur noch zu viert, was mich schon richtig begeistert. Aber irgendwie ist mir die Geschichte noch nicht schnell genug, bei den Downhills muß ich abbremsen und die Berge fahre ich ohne große Anstrengung hoch. Nur bei ganz steilen, kurzen senkrechten Passagen muß ich vom Rad steigen, weil dieser große Rahmen dafür nun einmal nicht gemacht ist. In der dritten Runde drehe ich dann noch mal richtig auf und bin plötzlich alleine an der Spitze. Das Unglaubliche geschieht tatsächlich: Ich überquere als erster die Ziellinie! Was für eine Überraschung!
Der Vorsitzende vom Rennkommitee fragt mich dann: „Was machst Du denn jetzt mit zwei Rädern?“ Zuerst verstehe ich die Frage nicht, bis es mir schwant: Es gibt etwas zu gewinnen! Und der erste Preis ist ein neues Mountainbike!
Zum Glück bekomme ich bei der Siegerehrung einen Scheck statt des MTBs. Eine nette Art, die Reisekasse aufzufrischen.
Die größte Belohnung ist aber eine Einladung zum Essen am Abend, während dessen wir angeregt und sehr temperamentvoll über die südafrikanische Geschichte und das Verhältnis zwischen Schwarz und Weiß diskutieren. Dabei ist die Sprachwahl nicht ganz so einfach. Elmarie spricht mit mir gerne Deutsch,

Nach dem Rennen mit meinen beiden Rädern. Rechts das Neue.

was Ronny einigermaßen verstehen kann. Wenn die beiden miteinander reden, sprechen sie Afrikaans oder Englisch. Die Kinder verstehen alle drei Sprachen und sind zu Anfang noch munter mit von der Partie. Irgendwann werden sie aber müde, und wir sitzen alleine noch bis in die späte Nacht und tauschen unsere Standpunkte aus.

Berge und Gewitter in Südafrika

Der Nieselregen hat mich schon morgens durch das Prasseln aufs Zeltdach geweckt. Heute muß ich über einen 2000 m hohen Paß. Und das bei diesem Wetter. 20 km geht es nur bergauf, wobei die Sache ziemlich langweilig wird, als ab 1700 m die Sicht zum Teil unter 5 m liegt. Wegen des schlechten Wetters mache ich keine Pause und bin so schon am frühen Nachmittag in meinem Zielort. Das Städtchen liegt auf 1800 m, und es ist noch immer sehr kalt. Ich bin so durchgefroren, daß ich sogar zum Lunch schon koche. Weil es stark regnet, verbringe ich den Rest des Tages im Zelt. So allein ist mein Zelt wirklich riesengroß und bequem. Nur am Tage nervt mich das Gewicht, das sich ursprünglich ja auf zwei Fahrer verteilen sollte.

*

Nach Volksrust erwartet mich eine einfach traumhafte Landschaft. Kleine Tafelberge, große Weiden, die bis zum Horizont reichen, und meist Schotterpiste. Es ist kaum Verkehr auf den schmalen Straßen, und so kann ich das Radfahren richtig genießen. In Memel wird es heute abend schon ziemlich früh dunkel, was an der herannahenden Gewitterfront liegt. Zum Kochen verziehe ich mich vorsichtshalber in einen kleinen Raum, der eigentlich zum Aufhängen von Wäsche dienen soll. Als das Gewitter losbricht, gehen im ganzen Ort die Lichter aus. Irgendwo scheint der Blitz eingeschlagen zu haben. Er hat die Stromversorgung bis zum nächsten Morgen lahmgelegt. Ich liebe schwere und laute Gewitter, solange ich in Sicherheit bin und nicht im Zentrum der Blitzeinschläge stehe.

Die Niederschläge der Nacht machen mir das Fahren am nächsten Tag deutlich schwerer: Die unasphaltierte Piste ist schlammig und zäh, so daß ich kaum die zum Teil recht steilen Berge hochkomme. Der Schlamm setzt sich in jeder kleinen Ritze des Rades fest. Das Vorwärtskommen ist extrem beschwerlich und kraftraubend. Außerdem frustriert es, wenn man maximale Kraft für minimale Ergebnisse einsetzen muß.

*

In Harrismith wollen Thomas und ich uns wiedertreffen, aber ich kann ihn nicht finden. Auf der Post ist keine Nachricht von ihm, und auch auf dem Zeltplatz ist er nicht. Trotzdem bleibe ich einen Tag länger hier, vielleicht kommt

er ja wie in Barberton erst später. Ich nutze die Zeit, um viele Fotos von einem typischen südafrikanischen Städtchen zu machen. Der Stadtkern hat einige wenige historische Gebäude, die von blühenden Gärten umgeben sind. Natürlich gibt es ein Denkmal für einen wichtigen Krieger. Die Straßen - auch die Voortrecker Straat - sind typischerweise enorm breit. Man könnte annehmen, daß hier ursprünglich eine Autobahn geplant war. Der Grund liegt aber in der Geschichte Südafrikas: Damit ein achtachsiges Ochsengespann problemlos wenden kann, braucht es schon etwas Platz.
Reizvoll in Harrismith sind auch die Ausblicke auf die umliegenden Tafelberge. Weite, flache Landschaften so weit das Auge reicht, dazwischen immer wieder hohe, flache Berge, die das Land zum Teil um einige hundert Meter überragen. Ein kleiner Vorgeschmack auf den Tafelberg in Kapstadt.

Zu einer südafrikanischen Stadt gehört auch etwas Unangenehmes und Abstoßendes: das Schwarzenghetto. Es ist unglaublich, wenn man es nicht selbst gesehen hat. Jede noch so winzige Stadt in Südafrika besteht aus zwei Teilen. Der eine Teil ist begrünt. Es stehen dort schöne Häuser, die Straßen sind asphaltiert, Stromleitungen verlaufen versteckt in der Erde usw. Fast wie in Europa. Der zweite Teil liegt etwas abseits, nach Möglichkeit hinter einem Hügel oder Wald. Hier stehen einfache Bretterbuden, der Müll stapelt sich hinter den Hütten oder wird als Baumaterial verwendet. Die Straßen sind schlammig. Es steht nicht ein einziger Baum in diesem Gebiet, dafür sieht man ein wildes Gewirr von Stromleitungen, die auf nackten Stäben in den Himmel ragen. Als Krönung sind in einigen dieser Städte große, zentral gelegene Scheinwerfer installiert, welche die Bretterbudensiedlung bei Nacht anstrahlen, wie Flutlichter den Innenhof eines Gefängnisses. Diese Stadtteile sehen aus wie Slums.

Von hier aus pilgern die schwarzen Billigarbeiter jeden Morgen in den feinen, weißen Stadtteil, sehen Luxus, Verschwendung und Wohlstand, bevor sie abends in ihre Slumbehausungen zurückkehren. Das muß Haß schüren.

*

In Harrismith finde ich in einem Radladen eine passende Kette für mein Bike. Ich habe mittlerweile um die 7000 km zurückgelegt, und das ist für die Kette schon eine große Leistung. Überrascht stelle ich beim Wechseln fest, daß die Alte kaum gelitten hat, sie ist nur geringfügig gelängt. Mit einer neuen Kette schone ich aber auch die Ritzel, die ich bei dieser Gelegenheit umdrehe. Für die Fachleute: Ich benutze auf langen Reisen Uniglide-Ritzel, die sich zwar schwerer schalten lassen als die Hyperglide, aber beidseitig zu befahren sind. Denn eine neue Kette ist leichter zu bekommen, als ein passendes Ritzelpaket mit Kette.

*

Mein Zeltnachbar, der sich für meine Radtour interessiert, schenkt mir ein paar Landkarten für die nächsten Streckenabschnitte. Nebenbei gibt er mir noch den heißen Tip, daß Landkarten beim Automobilclub kostenlos zu bekommen sind, wenn man Mitglied eines ausländischen Clubs ist. Das probiere ich später in Kapstadt aus, und es klappt tatsächlich. Das funktioniert auch in anderen Ländern, z. B. Neuseeland und Australien. Und eine ADAC-Mitgliedskarte läßt sich schon irgendwie finden, meistens muß man sie ohnehin nicht vorzeigen.

Mein Benzinkocher spielt schon wieder verrückt. Ich habe keine Idee, woran das liegen kann, bis ich auf einem Umweg mit dem Kartentipgeber über Benzinsorten in Südafrika ins Gespräch komme. Er erklärt mir voller Stolz, daß in Südafrika ab Januar nächsten Jahres bleifreies Benzin angeboten wird. Das gibt's doch nicht! Wie selbstverständlich war ich davon ausgegangen, daß ich bleifreies Benzin verkoche, statt dessen ist es verbleiter Sprit. Da ist es natürlich kein Wunder, daß mein Kocher kapituliert. Dicke Bleiklumpen sind für seine zarten Düsen ein Problem. So mache ich mich in den nächsten Tage auf die Suche nach Reinigungsbenzin, das ich aber einfach nicht auftreiben kann. Nach diversen Diskussionen mit Verkäuferinnen und Handwerkern in allen Läden verschiedener Städte kaufe ich „Thinner“, das bei uns Nitroverdünnung heißt. Das Zeug brennt schließlich auch und reinigt. Beim ersten Versuch entzünde ich den Kocher, während ich sicherheitshalber hinter einer Hauswand stehe, aber das Zeug brennt wie geplant. (Fortsetzung folgt).

*

Auf dem Weg zum Golden Gate Highland Nationalpark überrascht mich ein Gewitter, das mir richtig Angst einjagt. Die Blitze schlagen fast neben mir ein, so daß ich mich weit entfernt von meinem Stahlroß in eine Senke hocke, um nicht als Blitzableiter zu dienen. Kurz darauf ist der Himmel wieder strahlend blau, und ich rolle in eine unerwartet traumhafte Landschaft ein. Das einzige, was ich von diesem Nationalpark wußte, war, daß er einen Zeltplatz hat und auf meiner Route liegt. Um so begeisterter bin ich von den faszinierenden Bergformationen. Neben Steilhängen und weiten Ausblicken in Täler beeindrucken die „Pilzberge“. D. h., die Berge werden nach oben hin immer breiter und enden schließlich in einem regelrechten Überhang - eben wie ein Champignon.

Der Parkranger läßt mich verbilligt zelten und reicht mir eine Wanderkarte, die jeder Parkbesucher erhält. Bei dieser Landschaft und den schön angelegten Wanderwegen kann ich natürlich nicht widerstehen. Ich baue mein Zelt auf, packe den Daypack und mache mich nach 80 Radkilometern noch auf die Wanderschaft. Ein fast dreistündiger Marsch bringt mich zu verschiedenen

Höhlen und tollen Ausblicken auf die umliegende Landschaft. Eine herrliche Entspannung für Kopf und Beine.

Das höchstgelegene Land der Erde: Lesotho

Durch die weiterhin abwechslungsreiche Landschaft Südafrikas geht es auf Lesotho zu, das im Durchschnitt am höchsten gelegene Land der Welt! Hier bin ich wieder im „richtigen“ Afrika. Um einreisen zu können, bräuchte ich eigentlich ein Visum; was mal wieder in keinem Reiseführer steht. Als ich aus Südafrika ausreise, warnt mich der dortige Grenzbeamte zum Glück schon vor und erzählt, daß gestern einer deutschen Reisegruppe die Einreise wegen fehlender Visa verweigert wurde. Das sind ja tolle Aussichten. Also muß ich den Grenzer von Lesotho davon überzeugen, mich trotz fehlenden Visums ins Land zu lassen.

Wie ein reuiger Sünder trete ich vor seinen Schalter und muß mir Sätze wie „strictly no entrance without visa“ anhören. „Das ist schon seit zehn Jahren so, und immer wieder vergessen Leute das!“ Die Lage ist also ernst, Ruhe und sich- Zeit-lassen sind oberstes Gebot. Wir reden übers Wetter und das Leben an sich, während er dauernd Leute abfertigt, die einreisen dürfen. Als schließlich niemand mehr hinter mir steht - wir sprechen mittlerweile über die Radtour - und keiner seiner Kollegen hinsieht, schreibt er geradezu spielerisch „40 Rand“ auf einen Zettel. Ich antworte wie nebenbei „twenty“, er nickt, und als wieder keiner hinsieht, schiebe ich ihm eine 20 Rand-Geldnote durchs Fenster. Daraufhin erhalte ich den wichtigen Stempel in meinen Paß, wonach ich innerhalb von drei Tagen in der Hauptstadt Maseru ein ordentliches Visum besorgen muß. Es findet sich immer ein Weg - ich liebe Afrika.

Eigentlich sind Bestechungsaktionen ja schlecht: Wenn ein Reisender Geld gibt, wird der Grenzer auch vom Nächsten etwas haben wollen. Beim Dritten versucht er dann mehr Geld zu fordern, und so dreht sich die Spirale weiter. Ich bewundere Reisende, die ihr Zelt für eine Woche an einer Grenze aufschlagen, anstatt umgerechnet eine Mark Schmiergeld zu zahlen. Aber ich will Thomas in Maseru treffen, und zwar an einem bestimmten Tag. So muß ich ein schlechter Mensch sein, und zahlen. Außerdem hätte ich sonst keine Schmiergeldgeschichten zu erzählen...

Kaum habe ich die Grenze zu diesem kleinen Königreich überschritten, sehen die Dörfer grundlegend anders aus und auch die Menschen verhalten sich anders als in Südafrika. Armselige Hütten, überall Müll, chaotischer Verkehr und Leute, die mich bei jeder Gelegenheit nach Geld fragen. Unglaublich eigentlich. Da liegt Lesotho inmitten des reichen Südafrika und hat es „geschafft", arm zu bleiben. Dafür sind die Bewohner von Lesotho viel freundlicher als die Schwarzen in Südafrika, winken mir zu und bleiben für einen Smalltalk stehen. Bei einer Colapause, die wieder wie „damals" in Tansania oder Malawi vor einer alten Bretterbude stattfindet, erzählt mir eine Gruppe kichernder Schulmädchen, wo die nächste Übernachtungsmöglichkeit liegt. Hotels oder ähnliches gibt es in den kleinen Orten nicht, und mein Reiseführer ist da auch nicht sonderlich hilfreich. So lande ich am Abend in einem Zimmer der Landwirtschaftsschule von Leribe.

Als ich gerade mit meinem endlich wieder funktionierenden Kocher das tägliche Mahl zubereite, gesellt sich eine schöne Tochter Afrikas zu mir. Sie wirft einen Blick aus ihren großen braunen Augen in mein Zimmer und fragt, ob ich allein reisen würde. Während ich esse, nicke ich zustimmend. Ihre nächste

Frage ist dann schon eindeutiger: „Hast Du etwas dagegen, wenn ich bei dir übernachte?"

Ach du Schreck, was ist denn jetzt los? Ich stottere - überrascht von diesem Angebot - irgend etwas von „müde" und „treffe morgen früh einen Freund" und „hab' noch viel zu tun" in meinen nicht vorhandenen Bart, was sie aber nicht abschreckt. Statt dessen schiebt sie leicht ihren Pullover hoch und sagt, daß sie später wiederkommt. Der Satz „und führe mich nicht in Versuchung" aus der Konfirmationszeit kommt mir in den Sinn. Natürlich (ja, ja, natürlich natürlich!) bleibe ich auch bei diesem Angebot hart und denke an meine Gesundheit. Warum hat der Aids-Erreger nicht 100 Jahre später entstehen können? Und warum ist die „Trefferquote" ausgerechnet in Afrika so hoch? Das Leben kann so hart und ungerecht sein.

*

Maseru ist der nächste ausgemachte Treffpunkt mit Thomas, nachdem es in Harrismith ja nicht geklappt hat. In der Touristeninformationszentrale soll eine Botschaft von ihm für mich liegen, so war die Absprache vor fast zwei Wochen. Als ich nach über 100 km schon um 13.30 Uhr in Maseru eintreffe - schließlich bin ich letzte Nacht schon früh schlafen gegangen, damit niemand "wiederkommen" konnte -, muß ich zu meinem Entsetzen feststellen, daß die Infozentrale schon geschlossen hat. Wer kann auch ahnen, daß DER Touristenanlaufpunkt der Hauptstadt Lesothos am Wochenende nicht öffnet! So stehe ich etwas ratlos vor der Tür, bis eine alte Frau auf mich zukommt, die vor den Ladenfenstern Lesothohüte verkauft - die typische Handarbeit des Landes. In Zeichensprache erklärt sie mir, daß sie jemanden losgeschickt hat, der den Büroleiter holen soll. Wie sich später herausstellt, wußte fast jeder im Ort was zu tun ist, falls ein blonder Radfahrer verzweifelt vor verschlossenen Türen

steht. So kommt der Büroboß wenige Minuten später angelaufen und überreicht mir die Nachricht von Thomas.
Ich treffe ihn im Anglican Center auf einem Berg mitten in Maseru. Ich freue mich riesig, ihn wiederzusehen. Ist schon toll, wie das geklappt hat. Wir haben uns natürlich viel zu erzählen, schließlich haben wir uns lange nicht mehr gesehen. Thomas hat sich richtig schick gemacht: Er ist stolzer Besitzer einer neuen Jeans und hat sich auch ein neues Hemd gekauft. In Jo'burg kam er sich in den schon schwer verschlissenen Klamotten fehl am Platze vor. Und da er kein Rad mehr fährt, braucht er auch nicht mehr auf Gewicht und Packmaß zu achten. Er hat sich einen neuen Rucksack zugelegt und das Fahrrad steht irgendwo in Durban.
Wir genießen das Wochenende und unser schönes Zimmer, das auf dem Gelände einer Kirchengemeinde liegt. Für ein paar Maloti - der Währungseinheit in Lesotho - steht uns das Gästezimmer, wenige Meter neben der Kirche, zur Verfügung. Abends sehen wir uns im einzigen Kino im Ort einen schlechten Film an und speisen danach geradezu fürstlich bei - deutschen Auswanderern. Man trifft sie wirklich überall. Und was lassen wir uns servieren? Natürlich Pizza!

Auf Pferden durch die Maloti-Mountains

Am Wochenende scheint die Stadt fast ausgestorben zu sein. Das macht aber nichts, wir sind mit unseren weiteren Plänen beschäftigt. Der Weg bis Kapstadt und unser gemeinsamer Ausflug stehen an. Wir wollen eine Trekking-Tour auf Pferden in den Maloti-Mountains machen. Lesotho ist für Pferdetouren afrikaweit berühmt, und wir haben schon viel unterwegs von dieser besonderen Reiseart gehört. Pferde sind das einzige und zuverlässigste Verkehrsmittel hier in den Bergen.

Nachdem ich am Montag mein „richtiges“ Visum bekommen habe - die Stempel von Lesotho füllen jetzt gut zwei Seiten meines Passes - checken wir die Autoverleihfirmen. Zum einen kommt radfahren für Thomas nicht mehr in Frage, zum anderen haben wir schon für morgen einen Termin bei einem Horse-Trekking-Center gemacht. Am Ende finden wir einen kleinen roten Golf, den wir für die nächsten Tage mieten. Nach so langer Zeit mal wieder in einer Stinkekiste zu sitzen, ist schon komisch. Zumal das Lenkrad auf der „falschen“ Seite ist. Aber trotz überwiegend fehlender Straßenmarkierungen und typisch afrikanischen Fahrweisen auf den Straßen, kommen wir vorwärts, ohne unsere Krankenversicherung beanspruchen zu müssen.

Wir fahren in die herrlichen Maloti-Mountains hinein und müssen über zwei hohe, steile Pässe. Die sind schon für unser Auto eine Herausforderung, mit dem Bike wäre die Strecke ausgesprochen gemein gewesen: Die Straße windet sich in engen Serpentinen den Berg hoch und auf der anderen Seite genauso eng wieder ins Tal hinunter. Dann folgt eine Talstrecke von wenigen Metern, bis es wieder steil hinaufgeht.

Rechtzeitig zum Sonnenuntergang kommen wir auf dem Blue Mountain Paß an. Die Sonne versinkt hinter den wunderschönen Malotibergen. Weit und breit ist keine Menschenseele zu sehen. Bis zur Dunkelheit genießen wir den Ausblick und bauen anschließend unser Zelt auf dem Gelände des Horse-Trekking-Centers auf.

Und dann schlägt die letzte Stunde des Kocherdramas. Wir haben leckere Sachen eingekauft und bequem im Auto hergefahren. Wir verteilen alles auf dem Rasen, während ich Thomas die Geschichte des neuen Brennstoffs erzähle, auf dem ich in letzter Zeit gekocht habe. Ich pumpe Druck auf die Spritflasche und plötzlich knallt es ganz komisch. Also wirklich ein *ganz* komisches Geräusch. Vielsagend sehen wir uns an - das klang nach einem neuerlichen Problem. Und tatsächlich, die Nitroverdünnung scheint einen Teil der Kocherpumpe einfach aufgelöst zu haben. Eigentlich ein Kunststoff, der Benzin widerstehen kann, Nitro scheint aber offensichtlich eine Nummer stärker zu sein. Und schon haben wir wieder etwas gelernt.

Da stehen wir nun: glitschig-weiße Bratwürste, eiskaltes, steinhartes Gemüse und eine Tütensoße daneben. Alles läßt sich ziemlich schlecht roh essen, und Feuerholz ist hier nicht zu finden. Außerdem ist es kalt, feucht, dunkel, und wir haben Hunger. Irgendwie regt uns das nicht auf und wir bleiben ganz ruhig. Wir haben schon soviel im Lauf der Zeit durchgemacht, daß sich auch für dieses, zugegeben, existentielle Problem, eine Lösung finden wird. Nach kurzer Überlegung fährt Thomas mit der ungekochten Mahlzeit zu einem Haus, wo vorhin andere Touristen eingetroffen sind. Die sind auch sofort bereit, Thomas ihren Herd zu überlassen. Bis sich herausstellt, daß es zu dem Gasherd keine Gasflasche gibt, vergeht einige Zeit ...

Während ich auf dem Rasen sitze, die Überreste meines Kochers in den Händen halte und über die Ungerechtigkeiten im Leben nachdenke, sehe ich Thomas ins Auto steigen und ... wegfahren! Er kommt nicht mit fertigem Essen zurück - von der fehlenden Gasflasche weiß ich noch nichts - sondern fährt einfach weg. Ich sehe die Scheinwerfer noch hinter einer Bergkuppe verschwinden, als mir einfällt, daß meine warmen Sachen alle im Kofferraum sind. Der Atem beschlägt.

Als ich schon vermute, daß Thomas sich mit dem Auto ins Ausland abgesetzt hat, taucht der Wagen wieder auf. An Bord sind Thomas, ein Lesothoer und fertiges Essen! Thomas hat einen Angestellten des Trekking-Centers getroffen, hat ihn ins Auto geladen und ist mit ihm zu seiner Lehmhütte irgendwo in den Bergen gefahren. Da haben sie dann gemeinsam auf einem Feuer unser Essen gekocht. Eine ungewöhnliche, aber geniale Problemlösung. Wir werden satt, und das Essen schmeckt erstklassig.

*

Am nächsten Morgen wollen wir die Maloti-Berge mit Pferden erobern. Als einziger Hinderungsgrund stellt sich schnell heraus, daß wir beide nicht reiten können. Ich saß vermutlich vor zwanzig Jahren das letzte Mal auf einem Pferd, und das war bestimmt ein Pony und nicht so ein riesiges Teil, das gerade neben mir steht. „Macht nichts", sagt unser Führer, „einfach hinter mir her". Wir haben ihn kaum verstanden und unsere Pferde erst recht nicht. Um so mehr Spaß macht es, mit alten Tricks, die wir als kleine Kinder in Western bei Winnetou und Konsorten gelernt haben, das Pferd zu „lenken". Als nachteilig erweist sich allerdings, daß unserer Pferde offensichtlich ihren eigenen Willen haben, während unser Guide weit entfernt vor uns reitet. Wir galoppieren auf senkrechten Graden entlang und haben unglaubliche Angst, daß die Pferde abstürzen könnten. Diese liefern sich aber ganz cool ein Rennen, sobald der Weg breiter als 50 cm ist - und wir können genau *nichts* dagegen tun!

Wir reiten durch kleine Dörfer, die nur über schmale Fußwege zu erreichen sind und wundern uns über die eingebauten Glasfenster in den Hütten. Wie die wohl hierher gekommen sind. Die umliegende Landschaft ist traumhaft schön: Wasserfälle und steile Klippen. Immer wieder geht es an steilen Berghängen hoch, hinüber ins nächste Tal, das wieder ganz anders als das vorherige aussieht. Wenn der Streß mit den Pferden nur nicht wäre! Nach zwei Stunden freunden wir uns mit ihnen vorsichtig an, sind uns aber sicher, daß die Gäule

uns für ziemlich bescheuert halten. Schließlich können sie mit uns machen, was sie wollen.
Am Ende des Tages sind wir froh über das bestandene Miniabenteuer. Mir reicht es auch, mein Drahtesel ist mir doch irgendwie lieber und meine Beine beginnen an bisher ungekannten Stellen zu schmerzen.

*

Thomas wird noch ein paar Tage in Lesotho bleiben und tiefer in den Bergen eine weitere Reittour unternehmen. Ich mache mich auf den Weg zur südafrikanischen Küste. Wir haben vereinbart, uns in Port Elisabeth (P.E.) wiederzutreffen, ca. 700 km von hier. Thomas wird in der Zwischenzeit versuchen, sein Rad Richtung Kapstadt zu bringen oder sich sonst etwas einfallen lassen, damit er das Bike nicht dauernd mit sich herumschleppen muß.
Wir verabschieden uns, und schon bin ich wieder mit dem Rad auf der Straße. Als ich gegen Mittag durch ein kleines Dorf fahre, werden mir plötzlich Steine nachgeworfen, weil ich mich nicht pflichtgemäß nach dem Ruf „Hi man“ umgedreht habe, den ich heute schon hundert Mal gehört habe. Ich bleibe stehen und sehe die Typen böse an, bis sie schließlich in ihren Hütten verschwinden. Als ich drei Häuser weiter auf eine Cola anhalte, kommen die Burschen vorbei und entschuldigen sich brav für das Steinewerfen. So ist das in Ordnung.
Die gesamte Strecke durch Lesotho ist erstaunlich flach. Was wurden uns vorher für Schauermärchen über dieses Land erzählt. Steile Berge auf jedem Quadratzentimeter, für Radfahrer angeblich völlig ungeeignet. Für die einzige Straße im Inneren des Landes trifft das auch zu, aber der Rest ist gut zu fahren. Es sollte sich also niemand von den beeindruckenden Worten „das im Durchschnitt am höchsten gelegene Land der Erde“ einschüchtern lassen. Ich komme trotz 100 km schon am frühen Nachmittag an der Grenze zu Südafrika an.

Grenzen haben in der Regel den Vorteil, daß immer irgendwo ein Toilettenhäuschen herumsteht, das man in seine Planungen von Tagesetappen mit einbeziehen kann. Das ist auf der südafrikanischen Seite nicht anders. Es dauert nur wenige Minuten, bis ich den Obergrenzer überzeugt habe, daß ich heute Nacht auf dem Rasenstück übernachten darf, welches die zwei Häuser hier umgibt. Der nächste Ort ist nämlich noch weit entfernt. Ich sammle Feuerholz zum Kochen und benutze meinen Wassersack als Dusche. Nachdem diese Arbeiten erledigt sind, lege ich mich unter einen Baum und gehe einem ausgesprochenen Luxus nach: Ich lese den „Stern". Thomas hat das Magazin aus Durban mitgebracht, und ich habe es gleich konfisziert. Es sind die ersten deutschen Texte seit langer Zeit. Ich lese den Rest des Tages und bin völlig vertieft in die kleinkrämerischen Probleme und taktischen Spielchen der deutschen Sommerpausen-Politik. Immer wenn ich aufblicke muß ich grinsen: Da sitze ich in der Hitze Afrikas mit Blick auf die Maloti-Mountains im Schatten eines großen Baumes und lese über das Chaos in der deutschen SPD. Über was für einen Unfug sich die Leute in Deutschland Gedanken machen... Das kann man wohl nur ermessen, wenn man ausreichenden Abstand zum Geschehen hat.. Trotzdem freue ich mich über jede Zeile, denn sie zeigen mir, daß ich im Moment nicht allzuviel verpasse. 1989 war ich nach 15 Monaten Radtour gerade wieder rechtzeitig zu Hause, als sich die Wende ankündigte. Und es würde mich doch ärgern, wenn ich so etwas Wichtiges versäumen würde.

Die verschiedenen „Campinglebenstadien"

In Aliwal North lege ich mir einen neuen Kocher zu. Es ist der gute, alte Bleuet 206, ein mit Gaskartuschen betriebener Kocher. Er kostet auch hier, wie wohl überall auf der Welt, so um die 35.- DM. Ärgerlich nur: Ich habe ein solches Exemplar noch zu Hause im Schrank liegen. Im Keller befindet sich ohnehin eine Ansammlung verschiedenster Campingutensilien, die sich im Laufe der Zeit angesammelt haben. Zu Beginn meiner Campinglaufbahn mußte alles möglichst billig sein. In dieses Stadium fällt auch der Erwerb meines ersten Bleuet 206, der mittlerweile von einer Rostschicht überzogen ist, aber noch immer funktioniert. Im zweiten Stadium sollte alles leicht und billig sein, was zu solchen Auswüchsen wie der superbilligen Alu-Isomatte führte, die zwar nur wenige Gramm wiegt, aber durch die auch jedes Haar und jeder Wattebausch auf dem Boden beim Schlafen zu spüren ist. Zu dieser Kategorie gehört auch meine erste Zelthundehütte. 2 m lang, 90 cm hoch und einfach aufzubauen. Und so leicht, so billig, was war ich begeistert! Bis ich feststellte, daß ich mir beim morgendlichen Aufstehen immer gleich die Haare an der kondenswasserbeschichteten Zeltinnenwand waschen konnte.

Das dritte Campinglebenstadium war wohl das Beste: Gutes Material, leicht, teuer und bequem. Im Augenblick befinde ich mich im vierten Stadium, wie ich anhand meiner Uhr bereits beschrieben habe. Ich bin aber davon überzeugt, daß sich noch eine fünfte und sechste Entwicklungsstufe ergeben wird - irgendwie muß man die Wirtschaft schließlich ankurbeln. Ein Freund ist im letzten Jahr auf Stufe zehn der Skala gesprungen, indem er sich ein sündhaft teures Wohnmobil gekauft hat. Diese Stufe werde ich wohl nie erreichen.

*

Per Zufall ergibt sich heute eine nette Erholungsmöglichkeit: Der Zeltplatz in Aliwal North grenzt direkt an heiße Quellen, die für ihre entspannende Wirkung berühmt sind. So baue ich schnell mein Zelt auf und versinke in den warmen Fluten des nach Schwefel stinkenden Swimmingpools. Erst der Hunger gegen Abend kann mich aus dem warmen Wasser treiben.

Der entspannte Körper wird leider schon am nächsten Morgen auf die Probe gestellt: Ich muß gegen Sturm und arktische Kälte kämpfen. Ich fahre auf dem kleinen Kettenblatt und erreiche einen Durchschnitt von sagenhaften 14,2 km/h, wobei ich alle 1,5 bis 2 Kilometer eine Pause einlegen muß. Ein Blick auf die gegen die Windrichtung gewachsenen Bäume zeigt mir, daß der Wind hier normalerweise aus der anderen Richtung kommen muß. „Mal wieder zum falschen Zeitpunkt am falschen Ort", schießt es mir durch den Kopf.

In einer kleinen Häuseransammlung namens Jamestown versuche ich nach 60 km einen Zeltplatz zu finden, da das Fahren heute einfach keinen Sinn macht. Natürlich gibt es hier keinen. So frage ich im einzigen Hotel, ob ich vielleicht auf deren Gelände zelten könnte. „Kein Problem, Du kannst gerne Dein Zelt bei uns aufschlagen. Dafür mußt Du nichts bezahlen", ist die freundliche Auskunft. Die Vermieterin findet es aber draußen selbst zu kalt, so daß sie mich nicht im Freien übernachten lassen möchte. Da fällt ihr ein Zimmer auf dem Hinterhof ein, das sie mir für 20 Rand überlassen würde. Sofort nehme ich das Angebot an und bin erschlagen, als ich das Zimmer sehe: Drei Betten, großer Raum, Dusche und Bad. Das scheint ganz offensichtlich das private Gästezimmer oder eine Wohnung für Angestellte zu sein. Auf jeden Fall mit Abstand viel schöner, als die Hotelzimmer, die ich mir vorher angesehen habe und die doppelt so teuer sind. Die Hotelfrau hat offensichtlich ein großes Herz, in dem auch vagabundierende Radfahrer einen Platz haben.

Nachdem ich mich ausgeruht habe, fahre ich zum Einkaufen in die Stadt. Die Erbsen gibt es im Hardware Store, das Brot beim Schuster und die Milch im Fastfood Lokal, alles sehr unkonventionell. Dabei spreche ich vermutlich mit fast allen Bewohnern der Stadt und verbringe angenehme Stunden beim Klönschnack. Dabei erfahre ich auch, daß es in dieser Gegend normalerweise windstill und heiß ist.

*

Die Strecke über Queenstown und Fort Beauford nach Grahamstown ist landschaftlich mit großen Gras- und Waldflächen schön, nur die steilen und langen Bergpassagen machen mir zu schaffen. Das „Tal der 1000 Berge" bietet genau das, was es verspricht: Immer wieder windet sich die Straße an steilen Abhängen entlang in die Höhe, bevor sie in rasanter Fahrt ins nächste Tal geht. Auf dem Weg nach unten kann ich dann meist schon den nächsten Aufstieg erblikken. Harte Arbeit über viele Kilometer.

Gesamt gesehen geht es langsam bergab, und ich verabschiede mich aus den Höhenlagen zwischen 1500 m und 2000 m, was sich durch wärmere Temperaturen positiv bemerkbar macht. Das dauernde Pässefahren bei schlechter Sicht wegen Nebel hat mich irgendwie auch nicht begeistern können. Die Kälte tat ihr übriges. Dafür verbrenne ich mir jetzt durch die intensive Sonne mein Gesicht. Die Nase ist dauerrot und sogar auf dem Kinn habe ich einen Sonnenbrand.

Von Grahamstown nach P.E. muß ich über unendlich lange Berge und auf 85 km gibt es nicht *eine* Einkaufsmöglichkeit. Dazu quälende Hitze, die mich regelrecht ausdörrt. Um meine Wasservorräte aufzufüllen, bleibt mir nichts anderes übrig, als eine Farm anzusteuern. Ganz vorsichtig nähere ich mich dem

Hof, denn bissige Hunde hat eigentlich jedes einsam gelegene Haus. Zum Glück ist dieser Wachhund durch die drückende Hitze träge geworden und liegt faul im Schatten. Er bellt kurz, als er mich bemerkt. Ich bin aber schon am Haus und kann mich bemerkbar machen. Die völlig überraschte Farmersfrau bittet mich herein und füllt meine Flaschen mit eiskaltem Wasser. Gleichzeitig bietet sie mir ein gewaltiges Glas kalten Fruchtsaft an - das Wasser könne ich schließlich immer noch trinken. Ich weiß, kalte Getränke sind ungesund und warmer Tee ist viel besser. Aber das ist ja *so* egal bei dieser Hitze.

Während wir ins Gespräch kommen, gießt sie fleißig eiskalte Flüssigkeiten nach und staunt nicht schlecht, wieviel ich in mich hineinschütten kann. Das Ergebnis dieser kühlen Getränkemengen ist ein bisher unbekanntes Phänomen: Mir bleibt die Stimme weg. Ich kann schlichtweg nicht mehr reden, weil die kalten Getränke offensichtlich meine Stimmbänder „kaltgestellt" haben. Das ist mir noch nie passiert, aber wie sagte Thomas einmal: „Das ist auch eine Körper-Erfahrungs-Tour". So verabschiede ich mich wortlos aber gestenreich und mit ausreichend Wasservorrat.

Nur wenig später bricht das Untergestell meines Sattels. Zum Glück ist meine Stimme wieder da, so daß ich laut fluchen kann. Der Sattel ist wirklich das einzige Ausrüstungsteil, das ich trotz besseren Wissens mitgenommen habe. Ich sitze einfach erstklassig auf ihm, habe aber schon einmal - irgendwo in den Wäldern Alaskas, als ich meinte, mal richtig durch das Unterholz rasen zu müssen - einen identischen Sattel durchgebrochen. Um einen Sattel mit ähnlicher Form und besserer Qualität zu finden, habe ich vor der Afrika-Tour sämtliche Mitarbeiter meines Radladens mit diesem Problem genervt. Immer wieder diverse Sättel bestellt und dann doch nicht für gut befunden. Am Ende habe ich dann netterweise Stephans Sattel bekommen, der noch das beschriebene Exemplar auf seinem Tourenbike hatte (ihm gehört der Radladen und wahrscheinlich war er froh, daß ich seine Mitarbeiter danach nicht mehr von der Arbeit abgehalten habe). Aber es war eben die gleiche, nicht ausreichende Qualität, dafür bekomme ich jetzt die Quittung. Wie in Alaska schiebe ich das gebrochene Gestänge in die Klemmung der Sattelstütze und kann den Sattel so noch bis Kapstadt fahren. Aber es graut mir schon jetzt davor, in Kapstadt einen Sattel aufzutreiben, mit dem ich zufrieden bin ...

Wie es oft der Fall ist, werde ich für dieses Unglück „entschädigt". Ich erreiche einen einsam gelegenen Delikatessenladen, wo ich den leckersten Meatpie Südafrikas bekomme - nach einem Spezialrezept aus Port Alfred. Als ich zum Nachtisch noch selbstgemachte Eiscreme kaufen möchte, lädt mich die nette Ladenbesitzerin zu einer Riesenportion ein.

Wieder am Indischen Ozean

Dann weht mir dieser typische, würzige Seewind in die feuerrote Nase. Ich komme über einen Hügel, sehe Wellen, Dünen und weißen Sandstrand. Wie schön - ich bin endlich am Indischen Ozean. Als Hamburger fühle ich mich immer wie zu Hause, wenn ich Wasser rieche.

Bei nächster Gelegenheit kaufe ich etwas zu futtern und setze mich ans Wasser. Dazu gibt es heute eine Tageszeitung, denn die Welt ist in Aufruhr. Alle Zeitungen machen mit der gleichen Meldung auf. Weltbewegendes geschieht und alle wollen dabeisein. Es ist kaum zu glauben, aber Prinzessin Di gibt ein unzensiertes Live-Interview. Das hat es offensichtlich noch nie gegeben, und der Welt gelüstet es nach Details aus dem Leben der Windsors. Wer wen wann betrogen hat und wie oft. War's Liebe mit dem Reitlehrer oder nur Rache, weil

Charles seine alte Jugendliebe befummelt hat, und wie soll's weitergehen? Ach, und was sagt eigentlich die Queen dazu? Echt Klasse, da erlebt ein Land einen sagenhaften Umbruch vom Apartheids- zum demokratischen Land und die ersten fünf großformatigen Seiten sind voll von Lady Di und Konsorten.

*

Nach über 140 Tageskilometern rolle ich mit hoher Geschwindigkeit in P.E. ein. Die Post ist behindertengerecht gebaut, also kann ich gleich bis zum Poste restante-Schalter vorfahren, um nach eingegangener Post zu fragen. Irgendwie sind mein vollbeladenes Rad und ich als schweißverkrusteter Reisender fehl am Platze in diesem modernen, mit viel Glas und Marmor gebauten Postoffice. Trotzdem, mit schiefen Blicken, bekomme ich mein Post ausgehändigt. Ich bin sehr gespannt, weil ich Reaktionen aus Deutschland auf Thomas' und meine Trennung erwarte. Aber die Äußerungen dazu sind moderat bis nicht vorhanden. „Die wundert auch gar nichts mehr“, schießt mir durch den Kopf. Im Laufe der Jahre habe ich alle Freunde und Verwandte wohl daran gewöhnt, daß sich die Dinge unerwartet drastisch verändern können. Der Höhepunkt war damals, als wir 15 Monate durch Nordamerika fahren wollten und nach wenigen Wochen beschlossen, die Welt zu umrunden. Alle hatten das für einen unserer schlechten Witze gehalten, bis die erste Karte aus Australien kam...

Eine Überraschung bekomme ich in Form eines Pakets von Gitte, die ich schon vor der Entstehung meines Radtourvirus kennengelernt habe. Seitdem schickt sie mir tapfer in alle Ecken der Welt ungewöhnliche Überraschungen. Herausragend waren dabei eine Flasche Flensburger Pilsener nach Norwegen und eine witzig bedruckte Boxershorts nach Dawson City, Yukon! Diesmal liegt im Paket ein Yes-Torty mit kleiner Kerze - zum Nachfeiern meines Geburtstags.

Manchmal hat die deutsche Werbewirtschaft doch witzige Ideen, die sich gut umsetzen lassen.
Nachdem ich alle Briefe gelesen und das Zelt aufgebaut habe, stürze ich mich in die einladenden, klaren Fluten des Indischen Ozeans, die mich in ihrem schönsten Blau anlocken. Und schrecke - schon bis zum Bauch im Wasser stehend - laut aufstöhnend zurück: Das Wasser ist eiskalt. Zur falschen Zeit am falschen Ort...
Bei dieser Gelegenheit lerne ich Markus aus der Nähe von Husum und Dave aus Kapstadt kennen, die sich köstlich über meine Reaktion amüsieren. Beide zelten fast neben mir, und so sind schon zwei Zechkumpane für den Abend gefunden. Markus erzählt, daß er am nächsten Tag mit dem Auto in den Addo Elephant Nationalpark fährt, der 70 km vor der Stadt liegt, und lädt mich ein mitzukommen. Da ich ohnehin noch mindestens einen Tag auf Thomas warten muß, nehme ich das Angebot gerne an.
Wir haben viel Glück auf unserer kleinen Safari und sehen die ganze Zeit Elefanten in großen Herden. Wie diese gewaltigen Tiere Bäume umstoßen und wie Halme zerknicken können, ist beängstigend. Einmal kommt ein riesiger Bulle völlig unerwartet nur wenige Meter vor unserem Auto aus dem Dickicht. Unsere Augen dürften Reifengröße gehabt haben. Netterweise nimmt er aber nicht die Abkürzung über den Wagen, sondern verschwindet auf der anderen Straßenseite im Dickicht.
Eine weitere Attraktion des Parks ist ein zahmes Kudu, das den Besuchern die Lebensmittel gleich aus dem Picknickkorb frißt. Ob das Tier weiß, daß „Kudu“ auch auf der Speisekarte des Restaurants steht?

*

Den Abend verbringen Markus, Dave und ich wieder gemeinsam, wobei mir eines der vielen Geheimnisse Südafrikas offenbart wird: In Biergeschäften gibt es kostenlos Berge von Eiswürfeln, wenn man nur genug Bier kauft. Mit Mühe und Not schaffen wir es, die Eiswürfel-Grenze zu erreichen, und haben so die ganze Nacht über gut gekühltes Pils. Wegen Durst müssen wir also nicht früh schlafen gehen und so wird die Nacht wieder lang. Dabei erzählt uns Dave von seinen persönlichen Erfahrungen aus der Apartheidszeit. Es geht primär um Frauen. Aber auch dieses wahllos herausgegriffene Thema beleuchtet die Schwierigkeiten der damaligen Jahre. Dave hatte seine Traumfrau kennengelernt und wollte sie heiraten. Er glaubte, daß sie eine weiße Frau sei, machte sich darüber aber auch nicht viele Gedanken. Bis sie ihm offenbarte, daß sie von der zuständigen Behörde als „coloured", also farbig, eingestuft wurde. Im ersten Moment reagierte er entsetzt, wofür er sich noch heute schämt und ärgert. Seine spontane Reaktion verzieh ihm diese Frau nie und aus der Hochzeit wurde nichts. Sie war sehr stolz auf ihre Vorfahren. Ich hatte den Eindruck, daß Dave zwei bis drei Pilse des Abends in Erinnerung an sie trank und nie darüber hinweggekommen ist.

*

Am nächsten Tag kommt Thomas auf den Zeltplatz geschlendert, das Treffen hat mal wieder geklappt. Er ist in einem Backpacker abgestiegen, einer dieser preisgünstigen Unterkünfte für Rucksackreisende und beschließt, dort wohnen zu bleiben. Ich muß übermorgen früh losfahren, und frühes Aufstehen ist ja bekanntermaßen nichts für Backpacker...

Wir verbringen nur einen Tag zusammen, wobei wir uns P.E. ansehen. Es ist eine schöne Stadt, die in uns Gedanken über Auswanderung aufkommen läßt. Ein paar alte Gebäude, mit Geschichtstafeln versehen und schick renoviert, stehen im Kontrast zu einer modernen Einkaufsmeile aus Glas und Stahl. Von einem Berg aus hat man einen schönen Blick über die Küste und den Hafen. Der einzige Minuspunkt unserer Meinung nach ist die Stadtautobahn. Sie läuft direkt am Ufer entlang und zerstört die schöne Strandpromenade.

Die Garden Route

In Port Elisabeth beginnt auch die sogenannte „Garden Route", die an der Südküste Afrikas entlang bis nach Kapstadt führt und laut Reiseführern zu den schönsten Gegenden Südafrikas zählt. Aber ich sprach ja schon den Sommerregen an: Meistens ist es wie bei einer Sintflut - und ich mitten drin.
Auf dem Weg zum Tsitsikamma Nationalpark will ich eigentlich in Jeffreys Bay anhalten. Dieses Nest ist als einer der Traumsurfstrände der Welt bekannt. Vergleichbar mit Surfers Paradise in Australien, Hawaii oder Wyk auf Föhr. Dieser Ruf gibt dem Zeltplatzbesitzer offensichtlich das Recht, über 20.- DM für eine Übernachtung zu verlangen. Und das bei schlechtem Wetter, und Sturm, welcher einem das Zelt in den Ozean pusten würde. Trotz Diskussion läßt sich sein Herz nicht erweichen und ich fahre weiter. Bei Sonnenschein und bestem Surf hätte ich mir das vielleicht anders überlegt, aber so?
Ich lande im zwölf Kilometer entfernten Humansdorp und zahle weniger als die Hälfte für die Übernachtung. Und statt braungebrannte Surferdandies mit langhaarigen Traumblondinen a là Pamela Anderson im Arm treffe ich auf ein deutsches Ehepaar, das schon 40 Jahre in Südafrika lebt. In diesen vierzig Jahren haben sie sich immer noch nicht in Südafrika eingelebt. Beide sprechen kein Afrikaans. Er spricht Englisch, weil er es auf der Arbeit brauchte. Sie hat den schlimmsten deutschen Akzent im Englisch, den ich seit langem gehört habe. Und das nach vierzig Jahren! Da bin ich doch ziemlich erstaunt. Sie ha-

ben Südafrika wegen der landschaftlichen Schönheiten und des Klimas gewählt - nicht wegen der Leute. Jedes Jahr fliegen sie einmal zu den Kindern nach Deutschland, die es dorthin zurückgezogen hat. Trotz dieser für mich unverständlichen Einstellung verklönen wir nett den Abend.

Mitten in der Nacht wache ich auf, als ich offensichtlich Mittelpunkt einer Polizei- und Militäroperation werde. Alles ist voller Blaulichter, ein Panzerspähwagen steht zwei Meter von meinem Zelt entfernt. Ich höre Schreie, ein Haus wird gestürmt, und fünf Schwarze werden festgenommen, zwei davon mit Stichverletzungen. Es geht um Drogen, Gewalt und Freundschaften. Es ist wie im Film und alles keine fünfzehn Meter entfernt, denn das Haus steht auf dem Zeltplatzgelände. Jeden Augenblick fürchte ich, daß einer der Beteiligten in mein Zelt stürzt und mich als Geisel nimmt. Nach vielleicht 30 Minuten werden unter Knüppelschlägen alle Beteiligten in Gefängniswagen gesteckt und abtransportiert.

*

Der Tsitsikamma Nationalpark empfängt mich mit einer grandiosen Küstenlinie. Während ich einen Cheeseburger futtere, kommt Thomas um die Ecke geschlendert. Gemeinsam genießen wir die gewaltigen Wellen, die mit lautem Getöse an der steinigen und wild zerklüfteten Küste brechen. Nach kurzem Austausch von Neuigkeiten brechen wir zu einer Wanderung durch den Park auf. Sie führt uns auf schmalen Wegen an der steilen Küste entlang. Kletterpartien über wild aufgetürmte Felsbrocken machen Spaß. Dazwischen steht Regenwald, der den Blick auf den Himmel versperrt. Wir wollen zu den hohen Wasserfällen, unter denen sich ein Pool gebildet hat. Einige Leute springen aus luftiger Höhe in das Wasserbecken und planschen im Pool. Wirklich schade,

daß wir unsere Badesachen vergessen haben. Ich wäre zu gerne bei 14°C Wassertemperatur eine kleine Runde geschwommen...
Nach einem Lunch am Zeltplatz gehen wir zum Stormrivermouth. Dort, wo der Fluß in den Ozean mündet, kann man den Bach auf einer abenteuerlichen Hängebrücke überqueren. So eine Brücke erinnert mich immer an Indiana Jones und durchgesägte Halteseile. Das Wippen auf einer solchen Brücke ist natürlich verboten. Trotzdem können wir uns nicht beherrschen und machen allerhand Unfug, bis andere Wanderer meinen, wir sollten doch diese Kindereien lassen.
Den anstrengenden Wandertag beenden wir mit einem köstlichen Abendessen im Restaurant. Ein deutsches Radfahrerpärchen leistet uns dabei Gesellschaft. Sie fahren vier Wochen an der Küste entlang. Ihre Räder sind extravagant ausgestattet. Auf den ersten Blick ist zu erkennen, daß sich da jemand auskennt. Vor allem, als ich eine billige CrMo-Gabel in einem Carbonrahmen entdecke. Und wirklich: Ralf arbeitet als technischer Ingenieur für eine bekannte deutsche Fahrradzeitschrift. Nachdem ich das weiß, kann ich mich nur schwer zurückhalten, den ganzen Abend über Bikedetails zu fachsimpeln.

*

Nach der Verabschiedung von Thomas, die mittlerweile kurz und schmerzlos ausfällt, fahre ich bis Knysna, einem wunderschönen Ort auf der Garden Route. Thomas werde ich in Kapstadt wiedersehen. In Knysna bilden liebevoll restaurierte alte Holzhäuser das Stadtzentrum, in dem sich eine Menge Touristen herumtreiben. Es sind auch viele Südafrikanische darunter, denn es sind Ferien. Der Campground liegt direkt am Wasser, und ich genieße die letzten Sonnenstrahlen des Tages, als eine Drückerkolonne auf den Platz gefahren kommt. Die zehn Leute hatte ich heute schon in der Stadt gesehen. Sie verkauften irgendwelche witzigen Handpuppen. Ein ganz besonders unangenehmer - weißer - Kerl ist mir schon da aufgefallen. Er hat viele Narben im Gesicht, die eher von Schlägereien und Messerstichen als von Akne herrühren und wirkt brutal. Solche Leute scheine ich anzuziehen. Vielleicht steht ja auf meiner Stirn: „Ich bin Sozialarbeiter, erzählt mir eure Lebensgeschichte!"

Er kommt mit zwei Dosen Bier zu meinem Zelt und drängt mir ein Gespräch auf. Eigentlich ist das Gespräch eher ein Monolog. Wie ich schon richtig vermutete, ist er ein brutaler Brocken, der jemanden sucht, dem er mal beichten kann. Je mehr er erzählt, desto interessierter werde ich: Steve erzählt Horrorgeschichten aus der jüngeren Vergangenheit Südafrikas.

Er gehörte einer der „wild forces" an, die in Angola gekämpft haben. Er war in einem Spähtrupp, der sich durch das Niedermetzeln von Kindern und Frauen hervorgetan hat. Er berichtet Einzelheiten, die mir noch heute den Magen umdrehen. Gegen Ende des Krieges ist er völlig ausgetickt und hat die Insassen eines Kleinbusses mit einem Maschinengewehr niedergemäht, weil sie einen Stein gegen seinen Wagen geschleudert haben. Danach ist er für über ein Jahr in der geschlossenen Psychiatrie gelandet und hat sich nur schwer und wohl auch nicht vollständig von den traumatischen Erlebnissen befreien können. Bis heute darf er nicht bei einem Wachdienst arbeiten, wie es so viele ehemalige Soldaten der südafrikanischen Armee tun. Wenn er eine Waffe in der Hand hält, riecht er Blut. Sagt er und holt neues Bier.

Nach seiner Entlassung aus der psychatrischen Klinik hat er nicht in Ruhe leben können. Seine Einheit gehörte zu den berüchtigten Verbänden, deren Mitglieder auch nach Ende der Apartheid noch gejagt worden sind. Eines Nachts drangen sie in seinen Haus ein, erschossen Frau und seine zwei Kinder.

Er überlebte schwer verletzt. Und wie es sich für einen Typen von seinem Schlag gehört, präsentiert er stolz die Einschußlöcher auf seinem Oberkörper. Er tischt mir eine Menge absurder Geschichten auf. Aber ich glaube ihm. Vielleicht deshalb, weil ich ihm immer wieder sage, wie beschissen ich das alles finde, und er trotzdem weitererzählt. Unaufhaltsam sprudeln die Worte aus ihm hervor und schlagen Saltos in meinem Kopf. Ich schlafe schlecht.

Meine Träume werden jäh von einem Orkan beendet. Ein Sturm reißt am Zelt und eimerweise Wasser fällt aus dem Himmel. So etwas habe ich bisher erst einmal auf Island erlebt. Am faszinierendsten sind die irren Wassermengen. Die steilen Treppen zum Toilettentrakt haben sich in einen wunderschönen Wasserfall verwandelt. Schade, daß ich das nicht fotografieren kann, aber die Kamera würde in einer Zehntelsekunde voll Wasser laufen.

So ist es leider den Toiletten ergangen. Ich stehe bis zu den Waden im Wasser, und nur mit einem Riesensatz über einen kleinen Teich komme ich überhaupt rein.

Erst um 9 Uhr komme ich los. Der Platzregen hat etwas nachgelassen. Aber er tankt nur kurz auf. Nach einer Pause regnet es so stark, daß auch die beste Regenbekleidung kapitulieren muß. So stelle ich mich in Sedgefield vor einem Takeaway-Laden unter ein Vordach und warte auf das Ende der Sintflut. Aber hoffen und betteln bringt nichts: Der Regen läßt nicht nach.

Da entdecke ich ein Plakat, das eine Backpacker-Unterkunft anpreist. In diesem kleinen Nest! Ich fahre zur angegebenen Adresse, aber das Haus scheint leer zu sein. Wenig später erklärt mir der Besitzer, daß die Unterkunft erst in zwei Tagen offiziell eröffnet wird, und er gerade dabei ist, das Inventar zu besorgen. Er freut sich aber so über seinen ersten Gast, daß er mir eine kostenlose Nacht in seinem Haus anbietet. Als einzige Bedingung soll ich ihm eine kleine Beschreibung von meiner Tour geben, die er dann als erste Seite in sein Gästebuch einkleben will, das er auch noch nicht gekauft hat. So habe ich das ganze Haus für mich allein, koche in brandneuen Töpfen und nutze die nagelneue Mikrowelle.

*

Angeblich soll das Wetter in Mosselbaai, etwa 90 km entfernt, immer besser sein als in dieser Gegend. Also fahre ich am nächsten Morgen trotz des Regens los. Es ist saukalt. Ich verfluche erneut, meine Regenhose schon von Malawi aus nach Hause geschickt zu haben. Wenigstens sind die Gepäcktaschen wasserdicht. Die Strecke führt durch Wilderness und George und gehört bestimmt zu den schönsten Abschnitten der Garden Route. Trotz des Dauerregens kann ich einen Teil der Schönheit erkennen. Bei Sonnenschein muß es traumhaft sein. Die Straße führt an einer wilden Küste entlang und schlängelt sich an einer Stelle in die bergige Waldlandschaft hinein. Entlang eines Bachlaufes geht es den Berg hoch, und man hat sagenhafte Ausblicke auf einen Fluß mit direkt ans Ufer gebauten Häusern, die nur per Boot zu erreichen sind. Kein Wunder, daß der ehemalige Ministerpräsident Botha hier wohnt.

Unterwegs mit Chris

Völlig durchnäßt komme ich in Mosselbaai an. Der Regen hat einfach nicht nachgelassen, obwohl ich mehrfach darum gebeten hatte. Und dann verlangt der Zeltplatzbesitzer auch noch eine horrende Summe für die Übernachtung. Es scheint ihm aber leid zu tun. Er erzählt mir von einem Engländer, der auch mit dem Rad unterwegs ist und hier zeltet. „Versuche den Englischmann zu finden und teilt euch einen Platz, so muß jeder von euch beiden nur die Hälfte zahlen.“ Auf so eine Gelegenheit warte ich schon seit ich in Südafrika bin. Mich ärgert diese ungerechte Übernachtungsberechnung fast jeden Abend. Wie der Zufall es so will, hatte ich Chris schon vor einem Supermarkt getroffen und wußte, daß er bald zum Platz kommen würde. Wir verstehen uns auf Anhieb und beschließen, die Geldsparmöglichkeit zu nutzen.

Zur Feier des Tages reißt die Wolkendecke auf, und wir können unsere Klamotten trocknen. Auch Chris, der für sieben Wochen unterwegs ist, wartet hier schon seit einigen Tagen auf besseres Wetter - er hat nicht nur keine Regenhose mit, er hat überhaupt keine lange Hose im Gepäck! Und das bei diesen zum Teil kalten Temperaturen! Er ist ganz klar mit der Absicht losgefahren, einen warmen Sommer zu verbringen, und da kann man schließlich nicht auf schlechtes Wetter Rücksicht nehmen. Aber heute hat er nachgegeben und sich einen Pullover gekauft. Nur im Schlafsack liegen und auf Besserung hoffen macht auch keinen Spaß. Wir kochen gemeinsam und beschließen dabei, ein Stück zusammen zu fahren. Er ist auch auf dem Weg nach Kapstadt und fährt ähnlich lange Strecken am Tag, so daß es passen könnte. Für mich ist es natürlich sehr angenehm, einige Tage mal nicht allein zu sein und auch Chris freut sich über Gesellschaft.

Chris fährt ohne Low Rider und ist selbst kleiner und leichter als ich. Um Gewicht zu sparen, hat er kaum Klamotten zum Wechseln dabei. Dafür füllt seine Kulturtasche fast die ganze Satteltasche aus. Unglaublich, nichts zum Anziehen, dafür Fön, großer Spiegel und diverse Cremes und Shampoos. Es ist schon witzig, wie manche Menschen Prioritäten setzen.

Dann die nächste Überraschung: Der Junge ist top trainiert. Chris arbeitet in der Schweiz und fährt zu seiner Arbeitsstelle (der höchstgelegensten Eisenbahn Europas) jeden Tag einen Paß hoch. Ich versuche zuerst, mich in seinem Windschatten zu halten, gebe aber schon nach wenigen Kilometern lachend auf - das halte ich nicht lange durch. So beschließen wir, uns abends wieder zu treffen und gemeinsam zu zelten.

Die Autofahrer sind heute in guter Stimmung, sie hupen und winken uns zu. Vermutlich liegt das an dem ersten Sonnentag nach so viel Regen. Als ich auf dem Zeltplatz in Heidelberg ankomme, liegt Chris schon in der Sonne. Schließlich ist in der Schweiz Winter, wenn er dorthin zurück kommt, und er setzt alles daran, so braun wie möglich zu werden. Während ich auf einem Zeltplatz zuerst ans Essen denke, reißt er sich sofort die Klamotten vom Leib, holt eine seiner Cremes aus der Riesenkulturtasche und wirft sich in die Sonnenstrahlen.

Heidelberg ist immer noch Südafrika, hier scheint nur mal wieder ein heimatverliebter Deutscher für den Ortsnamen gesorgt zu haben. In diesem kleinen Ort steht ein Postgebäude von 1936 und eine wunderschöne Kirche; und die Straßen haben deutsche Namen. Selbst die schwarzweißen Kühe sehen aus wie auf einer Weide in Holstein. Ich schlage Chris vor, heute Sauerkraut zu essen. Schließlich ist alles so urdeutsch hier. Aber das ist dann doch nicht nach seinem Geschmack.

*

Die restlichen Tage bis Cape Town fahren wir zusammen, was wirklich viel Spaß macht. Nicht zuletzt deshalb, weil er etwas Schwiezerdütsch spricht und ich mich vor Lachen biegen muß, wenn er am Ende eines (englischen) Satzes das typisch schweizerische „Ach“ sagt, was nun so überhaupt nicht zur englischen Sprache paßt. Und außerdem ist es eben doch etwas anderes, wenn man die vielen Eindrücke die man jeden Tag sammelt, teilen kann. So machen wir gemeinsame Pausen und genießen das schöne Wetter. Damit Chris bei diesen erstklassigen Bräunungsmöglichkeiten auch ja kein Sonnenstrahl entgeht, fährt er übrigens in Badehose! Das habe ich auch noch nicht erlebt.

*

Ein landschaftlicher Höhepunkt auf der Strecke Richtung Süden ist der Sir Lowry's Paß. Aus 450 m Höhe können wir die gesamte Kaphalbinsel unter uns überblicken. Der Tafelberg, so oft auf Postkarten und Bildern gesehen, erhebt sich machtvoll am Horizont. Endlich. Unaufhaltsam nähern wir uns dem südlichsten Punkt der Tour. Da kribbelt es schon ziemlich im Magen.
In Somerset West gibt Chris zum Abendessen leckeres Lammfleisch aus. Seine als „mission" bezeichnete Radtour geht hier zu Ende. Er will in Somerset einen Freund aus der Schweiz besuchen und später nach Kapstadt hineinfahren. Der Freund hört sich bei einem Telefongespräch allerdings nicht so begeistert von seinem Besuch an, und deshalb entschließt Chris sich am nächsten Morgen spontan weiterzufahren. Das ist mir auch ganz lieb, so bin ich auf der vermutlich von Gefühlsduselei begleiteten vorläufigen Endetappe nicht allein.

Die Straße in Richtung der Millionenmetropole Kapstadt wird zur Autobahn, und wir müssen an eine Tankstelle fahren, um etwas zu essen zu bekommen. Lecker, eine Sausageroll und 'ne Coke zum Frühstück.
Während wir uns dem Ortseingangsschild von Cape Town nähern, gehen mir viele Gedanken durch den Kopf. Fast 9000 km und fünf Monate Afrika liegen hinter mir. Fiese Pisten, Durst, schlechtes Essen, wilde Tiere, Naturereignisse und Begegnungen mit einem Haufen interessanter Leute. Dann die Trennung von Thomas und das „andere Afrika" mit Kreditkarten, Supermärkten und asphaltierten Straßen. Wie anders wären diese Monate doch verlaufen, wenn

ich in Deutschland einfach meinem Job nachgegangen wäre. Was hätte ich alles an Erfahrungen versäumt, an Landschaften nicht gesehen.

Jäh werde ich aus meinen Gedanken gerissen, als Chris' Hinterrad das typische Ich-habe-ein-Loch-Zischen von sich gibt. Das passiert natürlich auf der zweispurigen Autobahn, auf der wir eigentlich nichts verloren haben. So ist das aber oft: Einen Plattfuß oder Speichenriß hat man in der Regel an der unmöglichsten Stelle. Die Autos rasen mit hoher Geschwindigkeit an uns vorbei, und wir können von Glück sagen, daß ein schmaler Seitenstreifen etwas Abstand zum Verkehr bietet.

Das gesteckte Ziel ist erreicht

Die Hauptstraße in unseren Zielort, die N2, ist abstoßend und faszinierend zugleich. Neben der breiten Straße ist noch ein etwa 10 m breiter Grasstreifen, dann kommt ein Zaun aus Betonpfeilern, die so eng beieinander stehen, daß nur Katzen hindurchpassen. Dieser Betonzaun, an die drei Meter hoch, „schützt" die Straße vor den sich sofort hinter den Abgrenzungen anschließenden Slums, den sogenannten Cape Town flats. So weit das Auge reicht ein Meer von Bretterhütten, Müll, Menschen und Armut. Um von einer Slumseite auf die andere zu gelangen, sind Brücken über die Straße gebaut worden, die komplett vergittert sind. Mir fallen dazu Sience Fiction Filme ein, deren Handlung nach dem Dritten Weltkrieg spielt... Dieser menschenunwürdige Betonzaun verläuft über ca. 30 km an der Straße entlang.

Erholung in Kapstadt

Gegen Mittag rollen wir in die Weltstadt ein. Es ist geschafft! Ein Wahnsinnsgefühl. Ich nehme Chris gleich mit in die „Shanti-Lodge", in der Thomas abgestiegen ist. Dort zelebrieren wir die Ankunft stilecht mit Bier und Zigarette. Aber Thomas ist schon wieder krank, nimmt Antibiotika und darf also keinen Alkohol trinken. Dafür gibt es zur Feier des Tages eine Pizza Hawaii.

Bis zu Thomas' Abflug erleben und genießen wir die einzigartige Atmosphäre dieser Weltstadt, in die sich wirklich alle Afrika-Traveller irgendwann einmal verirren. So treffe ich auch Andy wieder, mit dem ich schon kurz in Victoria Falls gesprochen hatte. „Hey German" ruft er mich an, weil er meinen Namen vergessen hat. Andy ist dieses Jahr wohl der einzige, der Afrika von Nord nach Süd mit dem Rad durchquert hat. Wir können leider nur kurz sprechen, weil er zur Arbeit muß, Geld für die Tour besorgen. Naja, das nächste Treffen kommt bestimmt. Und wenn nicht hier, dann vielleicht auf einem anderen Kontinent. Es ist unglaublich, wie Traveller sich immer wieder über den Weg laufen.

Chris, Thomas und ich verbringen zwei Abende an der Waterfront, dem touristischen Zentrum Kapstadts, das einen traumhaften Blick auf den Tafelberg bietet. Unsere Versuche, auf den Tafelberg per Kabinenlift zu kommen, scheitern leider eine ganze Woche lang. Entweder ist es zu bedeckt, oder die Seilbahn muß den Betrieb wegen Sturmes einstellen. Schade. Aber ein Grund, nach Kapstadt zurückzukehren.

Thomas fliegt zurück nach Deutschland

Bevor sich Thomas von Afrika verabschiedet, schraube ich noch einige Teile von seinem Fahrrad ab, die ich bei mir anbaue. So sind meine Pedale ausgeschlagen, und eine kleine Einstellschraube für die Bremse liegt irgendwo im afrikanischen Sand. Bei dieser Gelegenheit tausche ich auch meinen Hinterradmantel gegen einen faltbaren aus, den ich nun lange genug mit mir herumgefahren habe. Sein Vorgänger ist sagenhafte 9000 km gelaufen. Das hat bei mir bisher kein Hinterradreifen geschafft. Allerdings ist dieser auch deutlich schwerer als normale Reifen, was ich für eine lange Laufleistung aber gern in Kauf nehme. Den Reifen hänge ich etwa drei Meter hoch an eine Hauswand und hoffe, daß er dort die nächsten Jahre hängen bleibt. So „beerdige" ich meine Reifen auf Radtouren immer. Hängt eigentlich noch der Reifen am nordkanadischen Polarkreisschild?

Ich packe meine Satteltaschen neu, weil Thomas einen großen Teil meiner Ausrüstung mitnehmen soll, damit ich nur noch mit den zwei Hinterradtaschen fahren kann. Auf den Wasserfilter, Teile des Kochers und ähnliches kann ich nun verzichten und brauche auch keinen „Sicherheitsstauraum" für Lebensmittel mehr - hoffe ich.

Thomas macht sich dann endgültig per Flieger auf ins kalte Deutschland. Chris, der Lodgebesitzer und ich kommen mit zum Flughafen, was das Ganze lockerer macht und stundenlange Abschiedsszenen vermeiden hilft. Thomas entschwindet durch das Sicherheitstor des Flughafens, und ich werde ihn erst in Deutschland wiedertreffen.

*

Trotz mancher Jetzt-bin-ich-ganz-alleine-Gedanken genieße ich noch einige Tage Capetown und die Vorteile der Zivilisation. Chris und ich ergattern Eintrittskarten für den neuen James Bond Film und besichtigen die Sehenswürdigkeiten dieser schönen Stadt. Dazu gehört das Castle, nochmal ausgiebig die Waterfront und natürlich sämtliche Radläden der Stadt. Allerdings haben diese Besuche einen wichtigen Grund: Mein Sattel hat endgültig den Geist aufgegeben, auch die zweite Strebe ist nun gebrochen. Im Stillen hatte ich gehofft, daß er die ganze Tour durchhält - trotz des einen Bruchs. Jetzt muß ich nun innerhalb eines Tages einen neuen Sattel finden, wo ich doch in Deutschland in drei Monaten keinen vernünftigen entdecken konnte. Ich entscheide mich schließlich für einen alten Gelsattel, dessen Gelschicht schon ziemlich hart geworden ist. Der Radhändler besteht darauf, daß der Sattel neu ist, obwohl er garantiert schon die letzte Jahrzehntwende erlebt hat. Na, vielleicht hat ihm da ein Großhändler Märchen erzählt. Als freundliche Geste bekomme ich den Sattel für 80% des ausgeschriebenen Verkaufspreises.

*

Einen Besuch am Kap der Guten Hoffnung können wir uns nicht entgehen lassen. Ich hatte immer gedacht, daß Kapstadt direkt am Kap liegt. Falsch gedacht. Gegen einen strengen Wind kämpfen wir uns etwa 50 km bis zu einem Leuchtturm, der eine grandiose Aussicht auf diesen markanten Punkt dieses

Erdteils zuläßt. Wir tragen unsere Räder bis auf die höchstmögliche Ebene, um uns dann gegenseitig stolz zu fotografieren. Die meisten Touris haben Verständnis dafür, schließlich sehen wir so aus, als hätten wir die Räder über einen langen Weg bis hierher zum Ziel gefahren.

Aber was ist schon ein Ziel? Ein Ziel erreichen heißt, sich ein neues vorzunehmen. Ich habe mich schon lange entschieden, die Radtour bis Namibia fortzusetzen. Also ist das hier nur ein Zwischenziel.

Der Rückweg vom Kap der Guten Hoffnung nach Kapstadt über den Chapmanspeak Drive ist ein weiterer landschaftlicher Höhepunkt. Die Straße führt zwar entlang der Kaphalbinsel noch über zwei anstrengende Pässe, aber die ermöglichen eine traumhafte Sicht auf die umliegenden Buchten. Nach 115 km beschließen wir den Abend mit einer leckeren Riesenpizza und fallen todmüde ins Bett.

Auch der nächste Morgen ist sehr stürmisch, so daß ein letzter Versuch auf den Tafelberg zu kommen, fehlschlägt. Ich packe meine Sachen und verabschiede mich von Kapstadt. Auch von Chris, mit dem ich nun fast zwei Wochen verbracht habe. Wir hatten zusammen eine Menge Spaß, auch wenn die Sprachbarriere immer zu spüren war. Es ist schließlich nicht ganz einfach, den ganzen Tag dumme Sprüche auf Englisch zu machen und noch Dümmere zu verstehen. Und das beim typisch englischen Humor, der manchmal auf Deutsch schon nicht einfach zu kapieren ist...

So fahre ich alleine aus Kapstadt Richtung Norden heraus. Die Grenze zu Namibia, das alte Deutsch-Südwest, liegt keine 800 km nördlich, also nur einen Katzensprung entfernt.

Zur namibischen Grenze

Aus Kapstadt herauszufahren, ist ein komisches Gefühl. Mir wird dabei richtig bewußt, wie allein ich auf diesem riesigen Kontinent bin. Ich fahre zwar schon seit zwei Monaten alleine durch Afrika, habe aber Thomas immer wieder getroffen. Nun ist er in Deutschland - mehrere tausend Kilometer entfernt. Zum Glück liegt der erste landschaftliche Höhepunkt nur wenige Kilometer außerhalb der Stadtgrenze, so daß ich durch den atemberaubenden Blick von Bloubergstrand auf die Weltstadt abgelenkt werde. Von hieraus hat man die wohl beste Sicht auf Kapstadt. Am langen Strand stehend blickt man über einige Kilometer Ozean direkt auf die große Stadt, die so direkt unter dem Tafelberg liegt. Ein Muß für jeden Fotografen.

Ich habe die nächsten Tage starken Rückenwind, so daß ich gut vorankomme. Zwischen Kapstadt und der namibischen Grenze gibt es zu dieser Jahreszeit nicht viel zu sehen, und so fahre ich ein bißchen wie im Trance. Bei mir macht sich eine ungewöhnliche Gleichgültigkeit breit. Immer nur fahren, fahren, fahren. Es gibt kaum Höhepunkte und ich leide wohl auch unter der Einsamkeit. Es ist leicht zu sagen: „Gut, dann fahre ich eben alleine weiter, komme was da wolle“. Aber irgendwie fehlen die Gespräche doch.
Mein erstes Etappenziel nach Kapstadt ist Yzerfontain. Hier kostet die Übernachtung auf dem Zeltplatz über 20.- DM. Neben der beschriebenen, ungünstigen Berechnungsgrundlage schlägt jetzt zu Buche, daß Hauptsaison ist. Da Südafrika ein Land der (Voor-) Trecker ist, sind die Zeltplätze gut besucht. In dieser Zeit machen die Betriebe den meisten Umsatz. Pech für mich. Meine Schmerzgrenze ist deutlich überschritten, und ich beschließe, irgendwo wild zu zelten. Wasser kann ich genügend mitnehmen, und mehr brauche ich nicht für

die Nacht. So lande ich in einem kleinen Wäldchen, nur wenige Meter von der Straße entfernt. Ein stinklangweiliger Platz und nicht gerade dazu geeignet, meine Stimmung zu heben. Durch die nahende Dunkelheit bleibt mir aber nichts anderes übrig, als hierzubleiben.

Zum Frühstück in Veldrift geben mir Einheimische einen tollen Tip. Direkt neben der nach Norden führenden Bahnstrecke soll ein schmaler Weg verlaufen, der zwar nicht asphaltiert, aber wenig befahren ist. Ich entdecke diesen Weg und fahre zwei Tage an den Bahnschienen entlang. Oft sehe ich den Ozean auf der einen und die wüstenähnliche Landschaft auf der anderen Seite. Flamingos und Pelikane sind die einzigen Farbtupfer in der Landschaft. Heimatliche Gefühle kommen auf, als ich durch eine Heidelandschaft fahre. Nur: Was wollen die Pelikane hier?

Über den Tag sehe ich in dieser Gegend wenige Leute. Dieser Landstrich ist spärlich besiedelt. Kein Wunder bei dieser Hitze und den wenigen Wasserquellen. Etwas Ablenkung bringt Strandfontein. Hier muß ich übernachten, weil der Wind gedreht und mich mehrfach von der Straße gepustet hat. Zusätzlich kommen die Sturmvorboten aus dem Landesinneren und bringen heiße Wüstenluft mit. In der Lenkertasche messe ich über 40°C.

Strandfontein ist ein reiner Urlauberort. Am Ortseingang ist eine Schranke, die den Eintritt nur gegen Entgelt gestattet. Netterweise bekomme ich von den mitleidsvollen Damen an der Rezeption einen Platz mit Baum zugewiesen, damit ich etwas Schatten habe. Kostenlos. Normalerweise müssen die Touris für den Schatten der Krüppelkiefern zahlen. Nach einem „stürmischen" Zeltaufbau, versuche ich, etwas zu trinken aufzutreiben. Es gibt im ganzen Ort nur einen Laden, und in dem sind alle Kühlschränke leer. Die Cola, die ich bekomme ist 35°C warm - Erinnerungen an Tansania werden wach.

Dafür ist das Leitungswasser angenehm kühl. Aber es schmeckt fürchterlich. Wie eine Mischung aus gesalzenem Mineralwasser, Bleirohren, Langeweile und Jauchegrube. Wie ich später erfahre, wird es durch eine Meerwasserentsalzungsanlage gewonnen, natürliche Wasserquellen gibt es hier nicht. Um das kühle Wasser trotzdem trinken zu können - es ist schließlich nicht gesundheitsschädlich, besorge ich mir einen dickflüssigen Sirup, der zwar auch nur nach Chemie schmeckt, aber das Wasser erträglich macht.

Nach der Gluthitze des Tages freue ich mich auf ein kühles Bad im Meer. Mir fällt auf, daß niemand im Wasser herumpaddelt. Warum, stelle ich schnell fest, als ich meinen großen Zeh ins Wasser halte: Die Temperatur ist nur kurz über dem Gefrierpunkt. Es ist so kalt, daß ich mich nicht überwinden kann zu baden. Es ist schon kurios, da kocht die ganze Landschaft geradezu und das Wasser ist eiskalt.

Engelchen und Teufelchen

Auf dem Weg nach Nuwerus erhalte ich einen kleinen Vorgeschmack auf die endlosen Weiten und trockenen Wüsten Namibias: Wie immer, wenn die Möglichkeit sich bietet, fahre ich auf kleinen Straßen entlang, auf der ich über den ganzen Tag verteilt vielleicht fünf Autos sehe. Es geht Richtung Westen ins Inland, was eine Abwechslung bieten soll und mich zur Hauptstraße nach Namibia bringen wird. Aber ziemlich unvermittelt frischt der Wind auf und bläst mir den berüchtigten Karoo-Wind ins Gesicht. Genannt nach seiner Herkunft: der Karoo-Wüste. Er ist heiß und unnachgiebig. Dagegen waren die Böen vor Strandfontein nur ein laues Lüftchen.

Als der Wind aufkommt, bin ich schon meilenweit vom letzten Ort entfernt und erwarte vor dem Abend auch kein einziges Häuschen. Bei 60 km zurückzulegender Strecke eigentlich kein Problem mit den normalen Wasservorräten. Aber neben dem stürmenden, heißen Wind wird es bergig und die Piste schlecht und schlechter. Im tiefen Sand greifen meine Reifen nicht, und ich komme nur langsam voran. Dabei sehe ich meine Wasservorräte verdampfen - ich bekomme Durst, der immer schlimmer wird. Am Wegesrand stehen Windräder, die Wasser hochpumpen und die mich magisch anziehen. Als ich realisiere, daß ich es mit meinen Wasserreserven unmöglich bis zum nächsten Ort schaffen kann, beschließe ich die Windräder genauer anzusehen, die manchmal nur wenige hundert Meter vom Wegesrand entfernt stehen. Die Pumpen sind aber direkt an ein Rohrsystem angeschlossen und leiten das Wasser kilometerweit ins Landesinnere. Ich höre bei mörderischer Hitze und Wassermangel das kalte, frische Naß im unzerstörbaren Metallrohr gluckern und komme nicht heran. Das kann einen in den Wahnsinn treiben! Ich kann nur mein Gesicht an den Metallstäben der Pumpe kühlen, aber nicht einen Schluck trinken!

Die zermarternde Fahrt muß also ohne ausreichend Flüssigkeit weitergehen. Langsam beschließe ich, daß mich nur noch eine Mitfahrgelegenheit aus dieser verfluchten Situation retten kann. Aber es kommt auf dieser einsam gelegenen Straße kein Auto, das mich inklusive Gepäck mitnehmen könnte. Ich entdecke ein Haus in der Ferne. Da muß ich hin! Das Haus ist weitläufig von einem Zaun umgeben. Ich lasse das Rad stehen und springe über das Gatter. Mir klebt die Zunge am Gaumen, als ich endlich am Haus ankomme. Katastrophe! Das Haus ist unbewohnt, kein Wasser weit und breit!! Was für eine Folter.

Irgendwie kommen mir Engelchen und Teufelchen in den Sinn, Comicfiguren aus der Kinderzeit. Engelchen stellt eine Wasserpumpe an den Straßenrand, aber Teufelchen baut blitzschnell ein Rohrsystem, das mich nur das Gluckern hören läßt. Daraufhin läßt Engelchen ein Haus erscheinen, das einzige auf der

ganzen Strecke. Leckere Getränke locken gleich kistenweise. Aber auch hier war Teufelchen mal wieder schneller und hat die Bewohner verjagt. Bei jedem Berg, den ich mich hochquäle, spüre ich Engelchen rechts und Teufelchen links auf meiner Schulter. Der Papa von Teufelchen - Diabolo - steht dabei unter seiner Tarnkappe direkt vor mir und pustet mir heißen Wind ins Gesicht. Dabei sieht er zum Glück nicht, daß auch der Vater von Engelchen sich eingeschaltet hat und hinter seinem Rücken die Erlösung vorbereitet:
10 km bevor ich den nächsten Ort erreiche, steht plötzlich ein Bauarbeiterwagen auf der Straße. Hier wird nirgendwo gebaut, also kann es nur Papa Engelchen gewesen sein, der ihn hier plaziert hat. Im Anhänger des Wagens: Wasser! Ich frage herumsitzende Bauarbeiter kurz, ob das Wasser trinkbar ist und werfe mein Rad schon auf die Straße und lege mich unter den Hahn - was für ein Gefühl! Wasser soviel ich will. Die Bauarbeiter sehen mich völlig entgeistert an, was mir in diesem Moment aber total egal ist. Ich versuche langsam zu trinken, weil ich weiß, daß schnelles Schlucken nach Flüssigkeitsentzug schädlich sein kann, beherrsche mich aber nur schwer.
Als ich in Nuwerus einrolle, hat sich Familie Teufel endgültig geschlagen gegeben. Während ich einen Liter Orangensaft durch meine Kehle fließen lasse und neben den Postfächern dieses winzigen Ortes sitze, kommt Herr Botha auf mich zu. Er ist über sechzig Jahre alt und fragt höflich, woher ich komme. Kaum gebe ich Deutschland als Heimat an, spricht er Deutsch mit mir. Er lädt mich zu sich nach Hause ein, und so habe ich nach dieser Strapaze eine richtige Dusche, tolles Essen, ein Bett und nette Leute, von denen ich viel über Südafrika und diese Region erfahre. Das Ehepaar Botha hat sich auf das Einquartieren von verrückten Radfahrern „spezialisiert“. Bei der Post, dem Lebens-

mittelladen und der Polizei haben sie darum gebeten, jeden Radfahrer zu ihnen zu schicken. Es waren immerhin schon drei in 10 Jahren.

Bothas kommen aus der Nähe von Piet Retief. An der Wand hängt ein deutschsprachiger Kalender von 1978 und der Plattenschrank ist voll mit Heintje, Heino und Freddy Quinn. Zum Glück ist der Plattenspieler gerade zur Reparatur. Herr Botha war Geschichtslehrer und erzählt mir viel über die Burenkriege und die jüngere Vergangenheit Südafrikas.

Wie bei Muttern zu Hause gibt es nach dem Frühstück ein Essenspaket mit auf den Weg. Es ist so groß, daß ich es kaum auf dem Gepäckträger unterbringen kann. Unglaublich lieb die beiden. Wir verabschieden uns, und ich verspreche, eine Karte zu schreiben, wenn ich heil in Deutschland angekommen bin.

*

Der Wind hat nachgelassen und die Strecke bis zur Grenze, nur noch wenige Tage entfernt, ist asphaltiert. Eine ruhige Streckenführung kann ich jetzt auch gebrauchen. Zusätzlich wird die Landschaft richtig schön. Wilde Stein- und Felsformationen begleiten die Straße. Im Frühling ist dieser Teil des Landes, das Namaqualand, ein begehrtes Touristenziel, da die ganze wüstenähnliche Landschaft mit Blumen überzogen ist. Aber zur Zeit ist leider nicht Frühling...

Nachdem ich seit Kapstadt keinen Ausländer mehr zu Gesicht bekommen habe, treffe ich in nur zwei Tagen drei ganz eigenartige Typen. Zuerst hält eine deutsche Motorradfahrerin für einen Klönschnack an. Sie hat von Nairobi zu den Victoriafällen sagenhafte drei Wochen gebraucht. Dabei hat sie nur vier Nächte in Malawi verbracht. „Was für ein Geheize“, schießt es mir durch den Kopf, schließlich haben wir auf dieser Strecke drei Monate zugebracht.

Die nächste sonderbare Erscheinung ist ein Radfahrer, der sich deutlich länger Zeit gelassen hat: Er ist auf einer „Mission“. Angeblich sammelt er Geld für

einen guten Zweck, den er aber nicht so richtig beschreiben kann. Er macht einen ziemlich abgedrehten Eindruck. Dann sehe ich auch noch einen Revolver an seinem Gürtel. „Die Knarre brauche ich zum Schießen von Schlangen. Die Viecher schmecken gut“, antwortet er auf meine Frage, wozu er das Schießeisen braucht. Komischer Kauz. Abends treffe ich Autofahrer, die berichten, daß dieser „Missionar“ den ganzen Tag an dieser Stelle stehengeblieben ist, ohne auch nur einen Meter weitergefahren zu sein ...
Die Krönung der Begegnungen ist ein Australier, der auch mit dem Rad unterwegs ist. Mit einer absoluten Schrottkarre ist er in Vietnam vor 21 Monaten gestartet. Er scheint auf der Suche nach dem Sinn des Lebens zu sein. Sein Ziel ist Kapstadt und danach vielleicht Indien, vielleicht fährt er aber auch durch Afrika zurück nach London. Das war eine nette Stadt.
Komische Typen, die da manchmal so durch die Welt reisen. Na, wer weiß was die über mich denken. Vermutlich halten sie mich auch für einen Spinner, der viel zu schnell durch Afrika fährt und irgendwie nichts begriffen hat.

Fahrradständer ja oder nein - das ist hier die Frage

Mein Fahrradständer hat den Geist aufgegeben. Er ist einer der ewigen Diskussionspunkte zwischen anderen Radtourern und mir: Braucht man ihn, oder nicht. Für die einen ist er viel zu schwer, für mich ist er notwendig um gute Bilder mit dem Rad im Vordergrund machen zu können. Andere müssen erst einen Pfeiler oder ein Verkehrsschild finden, wo sie ihr Bike anlehnen können. Ich komme bequem an beide Satteltaschen heran, ohne mir den Kopf an einem Mast zu stoßen. Der Beispiele gibt es da viele, und ich ernte von den „Gegnern“ immer hämische Blicke, wenn der Ständer langsam im Sand versinkt und das Rad in den Morast fällt. Natürlich gucke ich nicht anders, wenn die

Bitte kommt: „Kannst Du mal kurz mein Rad festhalten?", oder nur dort Essenspause gemacht werden kann, wo ein anlehnfähiger Gegenstand ist.
Als Ständer-Befürworter kann ich es also nicht zulassen, den in der Halterung gerissenen Hauptbestandteil meines Rades nicht reparieren zu lassen. Mit wenig Hoffnung versuche ich, ihn in einer Autowerkstatt schweißen zu lassen. Er ist aus CrMo-Stahl, genauso wie die Gepäckträger. Kein Problem für den Meister: Er schweißt den Riß in Filigranarbeit. Das beladene Rad steht sogar besser als vorher. Ich kann also weiterhin den uneingeschränkten Flexibilitätsvorsprung dieses Fahrradzubehörteils nutzen und die enormen Vorteile preisen.

*

Einen Tag vor der namibischen Grenze geht mir das südafrikanische Geld aus. Ich stürze 5 Minuten vor Schalterschluß in die Bank, um Geld zu wechseln. Dort wird mir aber verkündet, daß zum einen eine hohe Kommission verlangt wird, und zum anderen müßte ich auch in Namibia viel Geld für das Umtauschen der südafrikanischen Währung in namibisches Geld bezahlen. Mit anderen Worten, sind die Unkosten so hoch, daß ich mein Geld auch gleich verschenken oder den Traveller Cheque einfach zerreißen könnte. Wie sich später herausstellt, hatten die Bankangestellen genau keine Ahnung von der Materie. Man kann bequem in Namibia mit südafrikanischem Geld bezahlen.
Ich tausche also kein Geld und versuche mit dem Restgeld möglichst viel Lebensmittel aufzutreiben. Da stelle ich in einem großen Supermarkt fest, daß man dort mit Kreditkarte bezahlen kann. Ich liebe moderne Zahlungsmöglichkeiten. So kann ich doch noch einkaufen, soviel ich möchte, und es bleibt noch etwas Bargeld übrig, um meine Mutter in Deutschland anzurufen und ihr zum Geburtstag zu gratulieren.

So etwas habe ich bisher noch nie von einer Tour gemacht, aber ich finde, sie hat es einfach verdient. Da zieht sie einen Bengel so lange auf und der verschwindet einfach in der Weltgeschichte. Da kann er auch mal versuchen, mitten in Afrika eine Telefonzelle zu finden. Es gelingt mir, nach Deutschland durchzukommen. Ich spreche das erste Mal nach einem halben Jahr mit zu Hause. Meine Mutter freut sich riesig über diesen unerwarteten Anruf, aber bevor sie sich von der Überraschung erholt hat, ist das Geld alle. Ich verfalle danach erwartungsgemäß in tiefe Melancholie. Vorsichtshalber hatte ich zum Glück auch eine Dose Bier gekauft.

*

Auf dem Weg zur Grenze ist Steinkopf der letzte Ort - im wahrsten Sinne des Wortes: eine Ansammlung von Bretterhütten auf staubigem Untergrund, drumherum Steinwüste und Sand. Der Ort jagt mir Angst ein. Alle, auch die Frauen, scheinen hier ohne Schneidezähne auf die Welt zu kommen. Ich kaufe einen Drink und sehe zu, daß mir keiner folgt, als ich die Stadt verlasse. In dieser Einsamkeit hätte ich nicht den Hauch einer Chance, wenn sich ein Haufen Kids überlegt, mit mir ein wenig Spaß zu veranstalten.

Die etwa vierzig Kilometer bis zum Grenzposten geht es durch wunderschöne Geröllandschaft leicht Berg runter bis zum Oranjefluß. Ich fahre das große Kettenblatt und genieße die Geschwindigkeit. Mit der Überquerung dieses Grenzflusses verlasse ich nach über 4000 km Südafrika. Das letzte Land der Tour ist erreicht: Namibia.

Die unendliche Weite Namibias

Die einzige Möglichkeit, im Grenzort Noordoewer zu übernachten ist die „Camel Lodge". Mitten in der Wüste liegt diese kleine Stadt mit staubigen Straßen und einer Tankstelle. Hier gibt es keine Bank, und die Tochter des Lodgebesitzers will mir auch kein Geld tauschen. Jetzt wird es knapp, zumal die nächsten Orte alle über 100 km entfernt liegen, und ich dringend Lebensmittel einkaufen muß. Gegen Abend kommt der Lodgebesitzer, der auch keine US $ will, aber einen Freund kennt, der Dollar braucht. Der Freund führt den einzigen Liqourstore der Stadt und hat damit garantiert ein sicheres Einkommen. Nachdem die Scheine den Besitzer gewechselt haben, will er noch ein paar Reisegeschichten hören. Das bringt mal etwas Abwechslung in seinen Laden. Wir setzen uns ins Lager, wo er ein paar Bierchen springen läßt. Dies ist schließlich die einzige Quelle dieser Art in mehreren hundert Kilometer Umkreis. Leicht angeturnt verbringe ich den Rest des Tages im Swimmingpool der Lodge. Ich gehe früh schlafen, denn Morgen erwartet mich angeblich ein hartes Stück Arbeit. Bis Grünau sollen es mindestens 140 km sein und nichts dazwischen.

*

Namibia ist extrem Deutsch geprägt, was am Namen „Grünau" unschwer zu erkennen ist. 1884 erklärte die deutsche Reichsregierung das Land zum deutschen Schutzgebiet. Zwar endete die Herrschaft der Deutschen mit Ende des Ersten Weltkrieges, aber erst 1920 wurde der südafrikanischen Union das Land zugesprochen. So begegnet man überall deutschen Orts- und Straßennamen, bekannter Architektur und Leuten, die deutsch sprechen. Noch heute leben etwa 20.000 Menschen deutscher Abstammung in Namibia.

Namibia ist spärlich besiedelt. Das Land ist doppelt so groß wie Deutschland und hat nur 1,45 Millionen Einwohner. Ca. 1,7 Einwohner pro Quadratkilometer, wobei der Großteil der Bevölkerung in den Städten lebt. Schnell wird mir klar, daß die Auskünfte, die ich über Namibia bekommen hatte, stimmen: Es ist kein Land zum Radfahren.

Flache Wüste, so weit das Auge reicht

Die erste Etappe von der Grenze nach Grünau hat es in sich: Es geht fast bis Grünau langsam und schleichend bergauf. 150 km mit zwei Kurven, einem Baum und keiner menschlichen Behausung. Wassermäßig und psychisch hatte ich mich glücklicherweise darauf eingestellt. Trotz flacher, absolut abwechslungsloser Landschaft fasziniert mich die Strecke. Ärgerlich ist dabei nur meine Mittagspause in glühender Hitze. Ich lehne mein Rad an einen Zaun, als plötzlich das Vorderrad im Erdboden versinkt! Das gibt's doch gar nicht. Als ich es rausziehen will, rutsche ich auch mit dem Fuß in eine zähe, klebrige Öllache. Zuerst vermute ich noch, daß ich vielleicht ein Erdölvorkommen entdeckt habe und demnächst reich bin. Aber näher liegt die Vermutung, daß irgendein Idiot seinen Ölwechsel am Straßenrand vorgenommen hat. Und ausgerechnet hier mache ich meine Mittagspause.

Als Höhepunkt des Tages stellt sich der Zielort als totes Nest heraus: eine breite, staubige Straße, drei Häuser, eine Tankstelle, ein geschlossenes Lebensmittelgeschäft. „Das ist ja richtig verlockend", schießt es mir durch den Kopf. Ein Ort, der vor Leben nur so strotzt.

Im Hotel frage ich nach, ob ich hier mein Zelt aufschlagen könne. Klar, kein Problem, aber Dusche, Klo und Wasser darf ich nicht benutzen. Wirklich freundlich, der Ort wird immer netter. Schließlich fahre ich zur etwas abseits liegenden Tankstelle. Hier kann man gegen eine kleine Gebühr duschen und zelten darf ich auf dem Gelände auch. Aber kaum bin ich völlig fertig in meinen Schlafsack gekrochen, kommt ein Sandsturm auf. Ich kann kaum schlafen. Ohropax hilft zwar gegen den Lärm, aber nicht gegen die Angst, daß gleich mein Zelt zerreißt. Ich liebe Radtouren.

*

Meine Zeit bis zum Abflug wird knapp, und ich will noch ganz dringend im Norden Namibias und der Küste radfahren. Orte wie Swakopmund oder Walvisbay locken. Also frage ich kurz entschlossen am nächsten Morgen einen Trucker, ob er mich mitnimmt. Vorher habe ich mit mir abgemacht, daß ich nur *einen* Trucker frage. Ansonsten fahre ich mit dem Rad weiter, auch wenn die Aussicht auf 170 km Einsamkeit bis Keetmanshoop nicht reizvoll ist.

Der Trucker fährt tatsächlich Richtung Norden und kann mich mitnehmen. Ich schnalle das Rad samt Gepäck auf seinem Trailer fest und schon geht's los. Allerdings hat er so viele Pannen, daß ich mit dem Rad vielleicht doch schneller gewesen wäre. Ich lerne bei dieser Gelegenheit zum Beispiel, was noch möglich ist, wenn Teile der Hydraulik im Eimer sind...

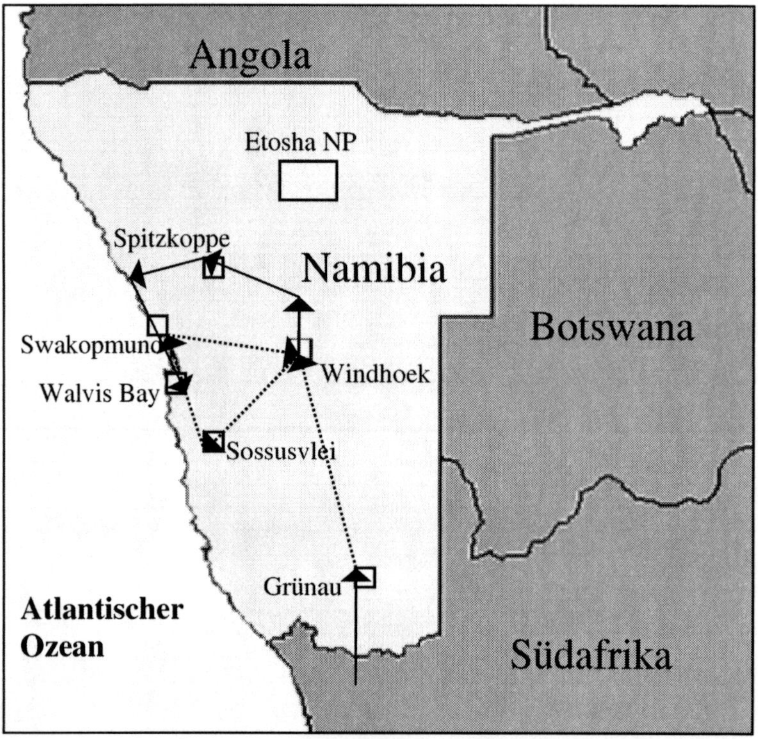

Namibia ist kein ideales Land für Radtourer

In Keetmanshoop, der ersten etwas größeren Stadt in Namibia, sehe ich mich eine Weile um. Es ist Sonntag, und die Straßen sind fast ausgestorben. Es wirkt alles gespenstisch. Staubige Straßen und plötzlich ein Gebäude, das auch in einer Stadt wie Lüneburg stehen könnte: Das „Hauptpostamt". So steht es am Haus. Kirchen und der Bahnhof sind auch deutschen Ursprungs. Ziemlich lustig, mitten in Afrika auf ein Stück Deutschland zu treffen.

Spontan entschließe ich mich, die nächsten 500 km mit dem Zug zurück zulegen. So habe ich ausreichend Zeit für die Strecken im nördlichen Teil

Namibias. Und die Strecke bis Windhoek ist wirklich nicht spannend. Wüste, ein Baum, Wüste, Sand, eine Kurve und das war's. Trotzdem hätte mich die Strecke zwar gereizt, auch das ist eine Herausforderung, aber was für ein Glück, daß die Zeit knapp wird.
Für das Bahnticket brauche ich wieder Geld, das ich nicht habe. So frage ich in einem kleinen Geschäft nach, ob ich dort Geld tauschen könnte. Der Besitzer ist sehr skeptisch, hat aber für meine Notlage Verständnis. Er ruft einen Freund an, der bei einer Bank arbeitet, und schon haben wir auch am Sonntag den aktuellen Wechselkurs.
Die Zugfahrkarte kostet nur ein paar Mark, dafür ist das Teil aber auch richtig langsam. Für die relativ kurze Strecke braucht der Zug sagenhafte 12 Stunden. Das ganze nachts und ohne Schlafwagenabteil. So bleibt mir nur übrig, mich mit der Isomatte auf den Waggonboden zu legen.

Begegnungen mit Namibia-Deutschen

In Windhoek, der Hauptstadt Namibias, bleibe ich nur kurz. Von hier aus werde ich in drei Wochen zurück nach Deutschland fliegen und so verschiebe ich die Stadtbesichtigung auf später. In der „Cardboard box" verbringe ich zwei Nächte und schlafe mal wieder so richtig aus. Hier gibt es auch Post für mich, und so langsam beginne ich, mich auf die Heimkehr einzustellen.
Aber vorher will Namibia entdeckt werden und so mache ich mich Richtung Okahandja auf die Socken. Es sind nur 70 km durch trockene Landstriche auf guter Straße. Es ist ausgesprochen wenig Verkehr und alles ziemlich einsam, denn zwischen den Orten gibt es nichts. Ich mag solche einsamen Strecken besonders gerne, was für ein Glück.

In Okahandja ist es nicht einfach, einen Zeltplatz zu finden. Ich frage im Rathaus und an der Schwimmhalle, bis ich am Ende auf dem Gelände eines Reitclubs zelten darf. Eines deutschen Reitclubs, versteht sich. Die absolut verführerische Speisekarte ist auf deutsch, und ich traue es mich kaum zu schreiben: Ich gönne mir ein Springbocksteak mit Bratkartoffeln zum Abendessen. Mir läuft beim Schreiben noch immer das Wasser im Mund zusammen. Ich hatte dem Koch, einem Deutschen, vorher schon von meiner Tour erzählt, und er hat sich für meine Mahlzeit ganz besonders ins Zeug gelegt. Ein riesiges Stück Fleisch mit allerleckerster Soße und Pilzen.

Abends an der Theke geht's dann richtig zur Sache: Die Bundesliga ist Thema Nummer eins. Endlich erfahre ich, wo St. Pauli in der Tabelle steht, und was welcher Trainer schon wieder falsch gemacht hat. Dazu deutsches Bier und Hamburger Klönschnack, als ein ehemaliger Seemann sich dazu gesellt. Unangenehm wird es, als die Leute in bierseeliger Laune auf ihr Lieblingsthema, die Schwarzen, zu sprechen kommen. Rassistische Sprüche bis zum Umfallen, mir wird ganz übel.

Die meisten der hier deutsch aussehenden und deutsch sprechenden Thekenbesucher sind in Namibia geboren worden, kennen sich aber erstklassig mit Deutschland aus. Auch, wenn sie noch nie dort waren. Nie hätte ich gedacht, wie deutsch es in Afrika zugehen kann.

Mir wird auch der wichtigste Unterschied zwischen Deutschland und Namibia erklärt, der zur Vorweihnachtszeit paßt: Man kann den Weihnachtsbaum hier nicht mit richtigen Kerzen schmücken: Weihnachten ist im Hochsommer, und die Kerzen schmelzen in der irren Sommerhitze noch bevor man sie anzünden kann...

In Okahandja tausche ich einen Großteil meiner Klamotten gegen kleine Souvenirs. Das bietet sich hier an, weil in dieser Stadt Souvenirs fürs ganze Land hergestellt werden und sie deshalb besonders günstig sind. Eigentlich will ich meine überflüssigen Kleidungsstücke nur nicht wegschmeißen und bekomme so dafür noch ein kleines Nashorn aus Malachit. Sehr schön. Dafür werden zukünftigen Reisenden Schwarze in „Fahrrad-Center-Harburg“ und „Radio Hamburg“ - T-Shirts entgegenkommen!

Beim Herumfahren in der Stadt entdecke ich neben dem örtlichen Swimmingpool auch die Gräber von Herero Häuptlingen. In einem Geschichtsbuch lese ich später, wie wichtig diese Häuptlinge waren, die dort so versteckt begraben liegen. Als ich die Grabinschriften lese, traue ich meinen Augen nicht: Sie sind auf deutsch.

*

Auf dem Weg nach Kariba ist die Landschaft wüstenähnlich und ziemlich eintönig, und den einzigen Ort, der auf der Landkarte verzeichnet ist, gibt es nicht mehr. In Wilhelmstal stehen noch ein paar verlassene Häuser und auch der Bahnhof ist noch zu erkennen. Später erfahre ich, daß hier wohl doch noch irgendwo jemand wohnen soll. Der muß dann zum Einkaufen mindestens 70 km fahren.

Besonders reizvoll ist diese Gegend mit Sicherheit nicht. Fasziniert bin ich aber von einer Begegnung in der Mitte von Nirgendwo. Als ich ohne weiteren Grund am Straßenrand stehenbleibe, vielleicht um die Aussicht zu genießen oder meine Beine auszuruhen, hält ein Pick-up Truck neben mir. Das sind die Fahrzeuge, die ein kleines Führerhaus und eine Ladefläche haben und besonders viel in den USA gefahren werden. Der - weiße - Mann kurbelt das linke Fenster herunter und fragt mich, ob ich Hilfe bräuchte. Daß mir jemand „einfach so“ Hilfe anbietet, ist ja schon erwähnenswert. Aber er spricht mich ohne zu zögern auf Deutsch an. Er hat nicht mal den Hauch eines Zweifels, daß ich aus Deutschland komme.

Als ich die Hilfe höflich ablehne, frage ich ihn natürlich danach, warum er meine, daß ich Deutscher sei. Die Antwort ist einleuchtend: Wer hier mit dem Rad fährt, kann nur Deutscher sein. Nur Landsmänner machen so einen Blödsinn. Und schließlich würde ich auch typisch Deutsch aussehen. Na danke.

*

Karibib ist der einzige richtige Ort zwischen Okahandja und der Küste. Umgeben von trockener Landschaft können nur Bodenschätze der Grund für die Etablierung einer Stadt an dieser Stelle gewesen sein. Ziemlich ausgepumpt halte ich an der ersten Tankstelle an und gönne mir ein paar kalte Drinks. Die Tankstellenbesitzerin überlegt sofort, ob ich nicht bei ihr übernachten könnte, aber ihre drei neuen Dobermänner würden das wohl nicht vertragen, bremst sie ihre eigene Einladung. Dafür ruft sie kurz entschlossen ein nahegelegenes Hotel an, ob ich da vielleicht zelten könnte. Leider geht das nicht, und so muß ich mal wieder zur Notlösung greifen: die Polizei. Von der namibischen Polizei hatte ich weder Gutes noch Schlechtes gehört, also warum nicht ausprobieren.

Ein Weißer, der bei der schwarzen Polizei um Hilfe bittet, scheint hier nicht häufig vorzukommen. Der Obersheriff hat aber nichts gegen meinen Übernachtungswunsch, und ich kann mein Zelt in der Mitte des Exerzierplatzes aufbauen. Sofort habe ich interessierte Zuschauer, die nach kurzem Zögern näherkommen. Die Polizisten versuchen, mir beim Zeltaufbau zu helfen und überschütten mich geradezu mit wilden Geschichten, die hier in der Gegend so passieren würden. Soviel Schreckliches kann in diesen menschenleeren Landstrichen eigentlich gar nicht vor sich gehen, aber wir haben alle Spaß an den Stories.

Bevor ich zum Einkaufen fahre, steht für die Häftlinge die Essensausgabe an. Ich hatte das große Gebäude links neben mir für ein ganz normales Verwaltungsgebäude gehalten, aber langsam wird es darin laut. Die Häftlinge fangen an zu poltern, schlagen Metallteller gegen Gitterstäbe und verlangen ihre Essensration. Die wird ihnen pünktlich durch die Gitter geschoben, was nicht ohne Gejohle und Gepöbel abgeht. Was dann folgt, ist wie im schlechten Film. Die Teller, mit oder ohne Nahrungsmitteln darauf, werden durch die Gegend geschleudert und dienen als Frisbees. Offensichtlich hat den Jungs das Essen nicht geschmeckt, die Pöbeleien werden lauter. Aber die Polizisten lachen laut über die Sprüche der Gefangenen und sammeln die Teller auf, die durch die Gitterstäbe geflogen sind. Angeblich würden die Häftlinge das Theater extra für mich veranstalten, weil sie von meinem Zeltaufbau gehört hätten. Einige hatten mich wohl auch gesehen, als die Zellentüren zur Essensausgabe geöffnet wurden.

Als ich beim Einkauf meine Müsli-Vorräte auffüllen will, entdecke ich nur welche mit abgelaufenem Haltbarkeitsdatum. Hm, ich brauche das Zeug, schließlich bildet ein gutes Frühstück die Grundlage für den harten Tag. Also frage ich die Ladenbesitzerin, ob ich die Packung öffnen könnte, schließlich hilft es mir nichts, wenn ich erst Morgen in der Wüste feststelle, daß ich verdorbene Ware eingekauft habe. Gisi bietet mir sofort einen Kaffee in der ladeneigenen „Klönecke“ an. Schnell stellt sich heraus, daß sie deutsch spricht und eine Abwechslung in Form eines Reisenden kommt ihr gerade recht. Nach kurzem Klönschnack telefoniert sie mit ihrem Mann und kündigt mich zum Abendessen an. Und schlafen müßte ich auch bei ihnen. Die Kinder sind gerade in der Ferien, und es sei genug Platz vorhanden. Meinen Einwand, daß ich mein Zelt bereits bei der Polizei aufgebaut hätte, läßt sie nicht gelten: „Die verstehen das schon, und wenn nicht, erkläre ich ihnen das nachher, die haben schließlich alle Schulden bei uns!"

30 Minuten später rollt ihr roter BMW vor das Polizeiquartier, und ich fahre - das ganze Gepäck bereits wieder aufs Rad geladen - hinter ihr her.

Was für eine schlaue Entscheidung. Mich erwartet ein Traumhaus, in dem es an nichts fehlt. Im Garten der obligatorische Swimmingpool mit - kaum zu glauben - einem eigenen, kleinen Strand. Zur Einweihung des Hauses mußte jeder Gast einen Sack Sand von der Küste mitbringen. Gute Idee.

Die Inneneinrichtung verschlägt mir den Atem. Die Küchen- und Sitzmöbel sind aus Eisenbahnschwellen gefertigt und tischlerische Meisterstücke. Tisch- und Arbeitsplatten bestehen aus geschliffenem Granit. Ich liebe perfekte, handwerkliche Arbeit. Unnötig zu sagen, daß das Haus diverse Zimmer und eine eigene Bar hat, in der wir vor dem Essen einen Drink nehmen. Sohni, Gisis Mann, ist Hobbykoch und zaubert ein leckeres Steak mit Blumenkohl auf den Tisch. Mein Lieblingsgemüse! Es trifft sich wirklich gut heute abend.

Wir sitzen bis spät in die Nacht zusammen, und ich genieße es, endlich mal wieder einen ganzen Abend deutsch zu reden. Die beiden haben eine interessante Lebensgeschichte, die sie schon oft nach Deutschland geführt hat. Aber es hat sie immer wieder nach Namibia zurück getrieben, hier sind sie geboren und aufgewachsen. Faszinierend finde ich, daß beide ohne jeden Akzent sprechen. Auch die bei uns gebräuchliche Umgangssprache mit aktuellen Wörtern wird benutzt. Ich habe nun schon auf vielen Erdteilen und in vielen Ländern ausgewanderte Deutsche getroffen, aber allen war die Entfernung zu Deutschland auch anzuhören. Die beiden hier würden als waschechte Deutsche durchgehen.

Spitzkoppe

Sohni und Gisi geben mir heiße Tips für meine Extratour zur Spitzkoppe mit auf den Weg. In Kapstadt hatte mir eine Schweizerin schon von der Schönheit der Berggruppe vorgeschwärmt, deshalb möchte ich dorthin.

Der Weg ist allerdings nicht leicht zu finden. Sowohl der Berg selbst als auch ein Haufen Wüstenpisten sind auf der Landkarte verzeichnet. Ich kann den Berg schon aus mehreren dutzend Kilometer Entfernung sehen und wähle so die entsprechende - unmarkierte - Strecke. Aber die wird immer länger und länger, und der Berg kommt kaum näher. Dafür wird die Piste immer schmaler und schlechter. Am Ende bleibt nur eine Autobreite über, die hauptsächlich aus der berüchtigten Wellblechpiste besteht. Das Fahren in dieser Gluthitze auf dieser Piste, ohne auch nur die leiseste Ahnung zu haben, wie weit ich noch fahren muß, macht nur wenig Spaß. Ablenkung verschaffen Einheimische, die am Wegesrand Mineralien verkaufen. Hier gibt es verschiedene Halbedelsteine zu finden und immer wieder sehe ich vereinzelte Hütten mitten im Nichts stehen, neben denen tiefe Löcher gegraben sind. Sohni hat mir erzählt, daß einige begeisterte Hobby-Mineraliensammler so ihre Ferien verbringen und häufig viel Geld dabei verdienen.

Endlich erreiche ich tatsächlich den Eingang zum Spitzkoppe-Park. Am Gatter stehen drei Mädchen, die mir eine Eintrittskarte verkaufen und Wasser geben. Zelten könne ich, wo ich wolle. Morgen früh bekomme ich dann auch hier wieder neues Wasser. Das ist zwar nett, trotzdem fülle ich alles mit Wasser auf, was gefüllt werden kann. Schließlich ist es brutal heiß, und es gibt keinen Laden im Park oder in der näheren Umgebung.

Die Spitzkoppe ist ein Berg, der ganz allein aus der flachen Wüste herausragt. Die Ähnlichkeit mit dem Ayers Rock in Australien ist verblüffend. Die Spitzkoppe ist zwar nicht so groß, aber die Gesteinsart scheint ähnlich zu sein. Es gibt aber einen entscheidenden Unterschied zum Ayers Rock: Während sich dort mehrere tausend Menschen auf, um und neben dem Fels herumtreiben, bin ich hier völlig allein.
Ich fahre mit dem Bike und vollem Gepäck auf dem Felsen herum und genieße die gigantische Gegend. Riesige, abgerundete Felspartien, die Büsche wie Winzlinge erscheinen lassen. Es sieht aus, als ob ein Riese einen Teil der Alpen hochgehoben, glattgerieben und dann hier in die Wüste geworfen hat. Wunderschön.
Ich finde einen versteckten Zeltplatz und wandere den Rest des Tages auf den Felsen herum. Beim Klettern suche ich mir schon mal den besten Aussichtspunkt für den Sonnenuntergang aus. Pünktlich finde ich mich an dieser Stelle ein und genieße das einzigartige Farbspiel. Kurz bevor die Sonne am Horizont versinkt, taucht das Licht die gewaltige Bergformation in gleißendes rotes Licht. Je tiefer die Sonne sinkt, desto roter wird die Felsfarbe. Ein Farbspektakel, was sonst wohl wirklich nur noch der Ayers Rock zu bieten hat. Sagenhaft. Dabei ist kein Mensch in der Nähe, und als die Dunkelheit endgültig hereinbricht, erstirbt auch das Gezirpe der Vögel: Es ist totenstill, fast unheimlich. Ich bin allein in der Wüste.

*

Als ich am nächsten Morgen zum Parktor komme, bin ich leider immer noch allein. Also kann ich meine Wasservorräte nicht auffüllen. Die Mädchen liegen vermutlich irgendwo in ihren Betten und drehen sich noch mal um. Bevor ich ins Nichts der Wüste radle, komme ich durch ein kleines Dorf, wo ich schaal schmeckendes Wasser in der ansonsten leeren Dorfschule finde.

Etwas orientierungslos durch die Wüste

Unsicherer als sonst mache ich mich auf den Weg. Auf der Landkarte ist meine Straße als kleiner Weg eingezeichnet. Das läßt zum einen auf wenig Verkehr schließen, zum anderen aber auch auf schlechte Piste. Von dieser Strecke geht offensichtlich nicht eine einzige Straße ab, und das auf ungefähr 140 km. Das heißt, daß ich mich ausschließlich an meinem Fahrradcomputer orientieren kann, wie weit ich etwa noch zu fahren habe. Kaum liegt die Spitzkoppe hinter mir, hat mich die Wüste gefangen. Es ist eine absolut flache Geröllwüste. Die Piste ist gut zu erkennen, aber die einzige Abwechslung stellen die Strommasten am rechten Straßenrand dar, die parallel der Straße bis zur Küste verlaufen. Ansonsten gibt es zwischen Kilometer 20 und 100 keinen Unterschied.

Für das perfekte Wüstengefühl fällt just jetzt mein Fahrradcomputer aus. Das kann nicht wahr sein! Trotz einiger Reparaturversuche bekomme ich ihn nicht wieder in Gang. Ich merke das erste Mal, wie wichtig dieses kleine Teil ist. Denn jetzt fahre ich ohne jede Orientierung einfach immer geradeaus, ohne Kreuzung, ohne Kurve, ohne die geringste Landschaftsveränderung. Ich habe nicht die leiseste Ahnung, wo ich ungefähr bin. Irgendwann muß am Horizont Hentiesbaai auftauchen. Und darauf warte ich den ganzen Tag. Ab Mittag habe ich Gegenwind. Die Kühle und der Geruch des Windes läßt mich aber die richtige Richtung erkennen: Es ist typischer Seewind.

Tatsächlich zeigt sich Hentiesbaai nachmittags am Horizont. Es dauert aber noch über eine Stunde, bis ich es erreiche. Ich komme ziemlich ausgelaugt an, denn das Fahren im geradezu zeitleeren Raum strengt nicht nur die Beine, sondern auch die Psyche enorm an. Wie schwer muß es da erst sein, wenn man sich auf dem Wasser fortbewegt und tagelang nichts anderes als Wasser sieht? Auf der Suche nach Lebensmitteln klappere ich einige Geschäfte ab, und jedes Mal werde ich nach meiner Geschichte befragt. Ich erzähle sie immer wieder, denn vielleicht ist ja ein Zuhörer darunter, der Erbarmen hat, und mich für heute Nacht einlädt. Hentiesbaai hat nämlich keinen Campingplatz. Der nächste liegt noch fast 15 km südlich. Und das nach so einem Tag. Es hilft aber nichts. Niemand bietet mir einen Schlafplatz an. So kann ich erst nach ca. 150 km mein Zelt aufschlagen. Das mache ich aber heute Nacht kostenfrei, denn die Zeltplatzbesitzerin sieht mich bedauernd an und sagt: „Wer auf diesem Wege unser Land bereist und so viel Schweiß läßt, braucht nichts zu bezahlen!“ Ich nehme ein erfrischendes Bad im Atlantik und genieße den Sonnenuntergang.

*

Als ich nach einem todesähnlichen Schlaf aufwache, liege ich mit einem Lächeln in meinem Zelt. Heute ist Heiligabend. Trotz Sonne, Hitze und Wüste. Ein komisches Gefühl. An einem solchen Tag sollte man eigentlich schon wissen, wo man abends ist, und was man machen wird. Ich habe keine Ahnung. Ich bin zwar froh, dem fürchterlichen vorweihnachtlichen Einkaufsstreß entgangen zu sein, aber der ein oder andere Gedanke an die Lieben zu Hause läßt mich nicht los. Die Stadt, in der ich Weihnachten verbringen werde, kenne ich nicht. Zumindest habe ich aber über Swakopmund einige Informationen und

einen ganz heißen Tip für die ungewöhnlichste Unterkunft in ganz Afrika. Ich bin gespannt.
Vor dem Vergnügen kommt die Arbeit, das ist auch hier nicht anders. Eine zähe Salzpiste liegt vor mir, die wieder durch eintönige Wüstenlandschaft führt. Als besonderer Reiz ist diese Salzstraße - sie ist tatsächlich aus Salz gebaut - durch den morgendlichen Tau so glatt, daß ich sogar mit meinem schwerbeladenen Rad ins Schlingern komme. „Glatteis" zu Weihnachten.

Zwischen dem Zeltplatz und Swakopmund liegt die Siedlung Wlotzkasbaken. Vermutlich die seltsamste Häuseransammlung der Westküste Afrikas. Mitten im Nichts stehen einfach viele Häuser herum. Kein Strauch, kein Baum und keine befestigten Straßen, nur Wüstensand. Jedes Haus ist bunt angemalt, hat eine eigene Architektur, einen großen Wassertank der in den Himmel ragt und einen Flaggenmast. Manche sind mit einer Art Festung umgeben, einige sehen leer aus. Es gibt keinen Laden, keine Telefonzelle, nicht mal eine Tankstelle. Aber es wehen einige Flagge, es ist also jemand zu Hause. Die meisten Flaggen kommen mir irgendwie bekannt vor. Schwarz-Rot-Gold, längs gestreift. Es ist eine Art wilde Feriensiedlung, die vor vielen Jahren von Deutschen gegründet wurde. Diverse Geschichten ranken sich um diese illegal errichteten Häuser, die es offiziell nicht gibt. Eigentlich ist hier nur Wüste. Aber schon Sohni und Gisi aus Kariba haben mir davon erzählt, und wie sie dort zu Jugendzeiten Parties gefeiert haben.

Weihnachten in Namibia

Dann rolle ich am Nachmittag in Swakopmund ein. Alles ist festlich geschmückt und man sieht den Leuten die Weihnachtshektik an. Die in mir aufkommende Melancholie wird durch eine skurrile Unterkunft, und tolle Leute verscheucht: Ein Architekt hat sich ein Haus direkt an den Rand der Wüste gebaut und nutzt es als Galerie für Gemälde, Drucke, Collagen und Skulpturen. Damit viele Menschen diese Kunstwerke genießen können, hat er sich kurzerhand entschlossen, aus seinem Zuhause eine Unterkunft für Reisende zu machen. Gute Idee. „Alternative space" ist genau der richtige Name für ein solches Hostel.

Der große Gemeinschaftsschlafraum (hier helfen wieder nur Ohropax) ist rund gebaut und auch hier hängt alles voller Bilder. Die Dusche und das Klo sind ohne Dach, und wenn die große Tür des Wohnzimmers geöffnet wird - das Wohnzimmer ist gleichzeitig auch Garage -, steht man in der Wüste. Ein kleiner Garten mit blühenden Blumen im Wüstensand rundet das extravagante Gesamtbild ab. Ich bin völlig begeistert, und meine Erwartungen werden weit übertroffen. Eine solche Unterkunft habe ich wirklich noch nicht gesehen. Das ganze Ambiente schafft zwischen den fast dreißig Reisenden, dem Besitzer und seinen Freunden aus Swakop eine lockere, unaufgesetzte Atmosphäre.

Mit dreißig Leuten ist die Hütte viel zu voll, aber zu Weihnachten will der Lodgeboß, der auf den seltenen Namen Frenius hört, niemanden wegschicken. Und so feiern wir alle am Abend mit einem Käsefondue Weihnachten. Das endet zwar eher im Chaos - keiner weiß so recht wie man ein Käsefondue macht und niemand erinnert sich mehr daran, wer die Idee dazu hatte - aber alle sind froh, so Weihnachten zu feiern.

*

Die Lethargie der nächsten Tage ist durch Stadtbummel und Geschichtssuche unterbrochen. Die deutsche Vergangenheit in Swakop ist an jeder Ecke zu sehen. Der Leuchtturm, der jeder Jever-Werbung Ehre gemacht hätte, steht hinter dem „Amtsgericht". Straßennamen wie „Südring", „Bismarck" und „Moltke" sind keine Seltenheit. Und ich habe mich schon daran gewöhnt, fast überall deutsch sprechen zu können. Nur die Palmen erinnern mich daran, in Afrika zu sein.

Radrennen im trockenen Swakopfluß

Wie es der Zufall so will, wird hier ein Radrennen veranstaltet. Ich kann dem Angebot nicht widerstehen und besorge mir einen Helm. Der Wettkampf findet im Swakopriver statt. Der Fluß führt nur ganz selten Wasser, trotzdem ist er breit genug, die Namib-Wüste in ihrer Ausdehnung zu begrenzen. Er ist die natürliche Sicherheitsgrenze zwischen Wüste und Stadt.

Ordnungsgemäß melde ich mich an und werde auf Deutsch begrüßt. Es ist nicht einer unter den Teilnehmern und Organisatoren, der nicht Deutsch sprechen würde. Ich bin aber der einzige, der auch tatsächlich aus Deutschland kommt. So rolle ich mich auf der Strecke ein, wieder mit Gepäckträger und Klingel. Das Flußbett ist ziemlich sandig und das Radfahren deshalb schwer. Mit meinen Straßenreifen habe ich kaum Grip. Diesmal sind die Blicke auf mein „Straßenfahrrad" richtig abwertend, denn hier sind echte Rennfahrer am Start. Die meisten Bikes sind für afrikanische Verhältnisse sündhaft teuer und man merkt, daß es sich hier um einen eingeschworenen Zirkel handelt. Vereinstrikots, aufwendige Trinkwasserrucksäcke und Helme mit Visier bestimmen das Bild. Ich bin schon schwer beeindruckt, schließlich fahre ich nur in Radhose und T-Shirt, ohne Klickpedale und ohne Federung.

Aber mit 11.000 km in den Beinen. Nach dem Startschuß bleibe ich immer vorn, kann mich aber nicht absetzen. Die Jungs sind deutlich schneller als bei dem Rennen in Piet Retief. Nach vielen Runden im tiefen Sand, wobei ich oft absteigen und laufen muß, habe ich noch immer einen Fahrer vor mir. Aber ich kann mich noch so anstrengen, ich komme an ihm nicht vorbei und fahre als Zweiter durchs Ziel. Auch nicht schlecht. Was ich vorher nicht wußte, war, daß ich bereits ein alter Knacker bin, und der Typ vor mir gar nicht in meiner Altersklasse fährt. So ist es denn doch ein erster Platz geworden. Schön. Diesmal gibt es einen kleinen Rucksack zu gewinnen und natürlich die Anerkennung für mich und mein Rad. Fachmännisch wird das Rad begutachtet, der Blick aber schnell wieder abgewandt: Das Rad ist einfach nicht cool genug für so ein Rennen.

Spontan wird ein Mannschaftsrennen auf die Beine gestellt. Ein Junior, ein Amateur, und eine Frau bilden ein Team. Das bringt Stimmung in den trockenen Fluß. Wir erreichen mit unserem Team den dritten Platz und erhalten dafür ein T-Shirt. Nicht auszudenken, wenn ich als ersten Preis noch einen Sonnenschirm mit nach Hause hätte nehmen müssen...

*

In Swakop kommt auch die Kultur nicht zu kurz. In der einzigen deutschsprachigen Zeitung Afrikas wird ein Chopinkonzert angekündigt. Ich liebe Klavierkonzerte und Chopin ganz besonders - vermutlich, weil er einer der wenigen ist, die ich kenne. So ergattere ich eine der begehrten Karten. Es wundert mich nicht, daß die Veranstaltung von Namibia-Deutschen veranstaltet wird, und das gesamte Publikum aus Deutschen besteht. Unglaublich. In der Konzertpause Smalltalk auf deutsch, deutsches Programmheft und deutsche Erläuterungen zur Künstlerin. Die Pianistin - wer hätte das gedacht - kommt aus Deutschland.

*

Obwohl ich von der Wüste genug habe, lasse ich mir ein paar Highlights um Swakop herum nicht entgehen. Da ist zum Beispiel die „Mondlandschaft". Etwa vierzig Kilometer außerhalb gelegen, tun sich in flacher Geröllwüste tiefe Canyons auf. Und da weit und breit kein Wasser fließt, fühlt man sich tatsächlich wie auf dem Mond. Trotz dieses schönen Anblicks merke ich aber, daß mir das Wüstenfahren wirklich reicht. So schön Monotonie auch sein kann, und so beeindruckend die unendliche Weite auf mich wirkt, sie ist nun mal trostlos.

Die Mondlandschaft in der Nähe von Swakopmund

Ganz anders die Ausläufer der Namib-Wüste südlich von Swakop. Hier bauen sich wunderschöne Sanddünen auf, die absolut faszinierend sind. Besonders bei Sonnenuntergang, wenn die Dünen eine rötliche Farbe annehmen und die scharfen Konturen der Dünenkämme deutlich werden. Sanddünen hoch und runter laufen, die Schuhe voll Sand haben und sehen, wie die Fußspuren im leichten Wind verwehen, ist herrlich.

Walvis Bay

Zwischen Weihnachten und Neujahr mache ich einen Ausflug nach Walvis Bay. Walvis Bay, oder „Walfischbucht", wie wir diesen Ort aus den Liedern von Freddy Quinn kennen, gehörte noch bis vor kurzem zu Südafrika. Hier ist der einzige Hafen Südwestafrikas, der auch mit Schiffen, die großen Tiefgang haben, angelaufen werden kann. Das war auch der Grund für Südafrika, warum es dieses kleine Fleckchen Land nach der Unabhängigkeit Namibias nicht herausrücken wollte.

Mehr als der Ort an sich fasziniert mich der Weg dorthin. Die Straße führt direkt am Atlantik entlang. So sieht man rechts Wassermassen und links die Sanddünen der Namib-Wüste. Ein krasser Gegensatz, wie er stärker kaum sein könnte. Walvis Bay selbst hat nicht viel zu bieten. Neben dem großen und wichtigen Hafen, der bei mir als gebürtigem Hamburger nicht gerade ein Aha-Erlebnis auslöst, beeindruckt die Bay mit vielen Flamingos und Pelikanen. Aber von diesem fliegenden Getier habe ich nun auch schon ausreichend gesehen; ich merke, daß ich mich innerlich auf die Rückkehr nach Deutschland vorbereite. Viele Fragen sind offen, der Umzug nach Schwerin, eine neue Arbeitstelle suchen, neue Wohnung, neue Freunde finden. Und mit diesen Gedanken sitze ich am Rande der Wüste...

*

Am letzten Tag des Jahres fahre ich zurück nach Swakop, weil ich da zu einer Silvesterfete eingeladen worden bin, die alle bisherigen Feten in den Schatten stellen soll. Ich bin gespannt.

Silvesterfeier mitten in der Wüste

Im „Alternativ space" bereiten sich alle auf die große Feier vor: Großeinkauf von Brause, Mineralwasser und anderen Getränken. Noch vor Sonnenuntergang geht es dann los. Sämtliche Bewohner, Frenius und viele seiner Freunde machen sich auf den Weg in die Wüste. Im sogenannten „Amphitheater", einer riesigen Sanddüne mit freier Fläche davor, treffen sich gut 1000 Leute, ca. 10 km entfernt von Swakopmund. Dieser Treffpunkt ist zwar bekannt, aber alles bleibt eine spontane Angelegenheit. Es ist unorganisiert, keine Aufpasser, Geldmacher oder Verrückte, die Böller in die Menge schmeißen.

Für den Architekten und Lodgebesitzer ist die Mitte des Platzes offensichtlich reserviert. Dort schichten wir einen großen Holzstapel auf, stellen Musikboxen auf die umstehenden Autos und beginnen die feucht-fröhliche Feier. Ich treffe sogar Bekannte wieder: Leute vom Radrennen im Swakopfluß sind auch unter den Feiernden.

Um fünf Minuten vor Mitternacht nimmt Frenius einen Kanister mit 10 Litern Benzin und schüttet sie auf den noch nicht entzündeten Holzstapel. Dann eine Kippe hinterher und ein riesiger Feuerball erleuchtet das gesamte Amphitheater. Gejohle, Gegröle und Hurra-Rufe zeigen mir, daß alle nur auf diesen Moment gewartet haben. Plötzlich strömen die Massen zum Feuer, und wir sind in der größten Menschenansammlung südlich von Kairo. Um Punkt Zwölf - wer weiß das schon genau ohne Radio und Fernseher - gibt es einen wahren Sektregen und wildfremde Menschen liegen sich in den Armen, prosten sich zu und wünschen sich in diversen Sprachen alles Gute fürs nächste Jahr. Ein wahres Happening!

Eine Stunde später gibt's das nächste große Zugeproste, denn dann ist Mitternacht in Europa und alle Europäer - bis auf die Engländer natürlich - feiern im Geiste mit ihren Freunden und Verwandten zu Hause. Dieses Silvester werde ich bestimmt nie vergessen.

*

Das Erwachen ist auch einzigartig. Mein Kopf dröhnt wie beim Aufstieg zum Mt. Kenia und mir tun irgendwie alle Knochen weh. Sekt und Bier zusammen, dazu ein paar Zigaretten zur Feier des Tages, sind einfach eine unsägliche Mischung. Trotzdem raffe ich mich auf, um die Exfrau meines Pizzaverkäufers zu treffen. Manche Kontakte entstehen schon eigenartig. Als ich vor Silvester eine Pizzeria besuchte, habe ich mich nicht schlecht gewundert, daß die Speisekarte mit Werner-Zeichnungen illustriert war. Es waren Comiczeichnungen von DEM Werner: beinhart, mit Flaschbier und Meister Eckat. Der Kneipenwirt ist erst vor wenigen Jahren ausgewandert und hat sich hier eine neue Existenz aufgebaut. Seine inzwischen geschiedene Frau sei Sozialarbeiterin, erzählt er, und habe eine Farm außerhalb Swakops. Die sollte ich doch mal besuchen. Und das mache ich jetzt, auch mit dickem Kopf.

Bevor ich Katrin selbst sehe, begrüßen mich ihre großen Hunde. Offensichtlich sind sie aber schon satt, sonst hätten die mich sicher gefrühstückt. Katrin selbst kommt mit Revolver am Gürtel etwas später und freut sich, mal einen Kollegen zu treffen. Sie lebt ganz allein auf dieser Farm und muß mit regelmäßigen Schießübungen eventuellen Einbrechern und Dieben immer wieder zeigen, daß mit ihr nicht zu spaßen ist.

Katrin hat eine ganze Menge Pferde und organisiert Reitausflüge in die Umgebung. Außerdem hat sie die Idee, vielleicht ein Betreuungsprojekt für Jugendliche aufzubauen, die in Deutschland nicht mehr eingliederungsfähig erscheinen. Dafür sucht sie noch Kontakte mit deutschen Trägern und Sozialarbeitern. Nach einigen Stunden Gespräch könnten wir uns eine Zusammenarbeit vorstellen. Wenn es sich denn eines Tages ergeben sollte. Ich hätte es mir wirklich nicht träumen lassen, in der namibischen Wüste ein Fachgespräch über deutsche Jugendliche und deren Sozialisierungsschwierigkeiten zu führen...

Die Tour geht zu Ende

Es bleiben nur noch fünf Tage bis zum Abflug. Zum einen freue ich mich natürlich darauf, Freunde, Verwandte und Bekannte endlich wiederzusehen, andererseits beginnt damit auch wieder das „normale" Leben. Ich werde dann wohl das ein oder andere Jahr als Arbeitnehmer mit entsprechend wenig Urlaub mein Dasein fristen müssen. Irgendwie notwendig, aber auch nicht besonders verlockend. Was man auf einer langen Radtour erleben kann, ist so viel mehr, als man in einem vergleichbaren Zeitraum unter „normalen" Umständen in Deutschland erlebt. Aber was hilft's, zum Dauerreisenden bin ich auch nicht geschaffen, also zurück nach Deutschland.

Den ersten Schritt dorthin unternehme ich mit dem Zug, um nicht die gleiche Strecke nach Windhoek noch einmal zu fahren. Leider kann mir niemand sagen - auch nicht die Bahnangestellten - ob ich ein Fahrrad im Zug mitnehmen kann. So stelle ich mich eines abends an den völlig überfüllten Bahnsteig und hoffe, daß ich irgendwie mitkomme.

Als die Bahn kommt, ist der Schaffner mit der Situation völlig überfordert. Er verlangt, daß sich alle Fahrgäste in einer Reihe aufstellen, bevor auch nur einer die Bahn besteigen darf. Das dauert eine halbe Stunde und erzeugt ein mittelschweres Chaos auf dem Bahnsteig. Ich selbst habe mit dem Einreihen nicht die kleinste Chance, schließlich habe ich auch noch ein ungewöhnlich großes Gepäckstück dabei. Also erkläre ich dem Schaffner mein Problem und warte, bis alle eingestiegen sind. Obwohl ich die Hoffnung schon aufgegeben habe, findet sich für mich und das Rad doch noch ein Plätzchen im Zug. Es ist zwar voll, heiß und unbequem, aber Hauptsache ich komme auf diesem Wege nach Windhoek.

Für die vierhundert Kilometer brauchen wir satte 14 Stunden. Davon habe ich vielleicht zwei bis drei Stunden geschlafen - mehr war in dieser Enge nicht möglich. Dafür führe ich nette Gespräche mit dem Schaffner und wie so oft bei Gesprächen unter Männern landen wir beim ortsüblichen Brautpreis: In Namibia soll er 2000 Rand, vier Kühe und eine Riesenfete betragen.

Mit vier Stunden Verspätung kommen wir in Windhoek an. Ich steige wieder in der „Cardboard box“ ab und lerne gleich einige Leute kennen, die auch nur noch wenige Tage in Namibia sind und noch etwas auf die Beine stellen wollen. Zufällig gesellt sich Rainer dazu, der in Namibia lebt und mit seinem Kleinbus inoffizielle Touristentouren veranstaltet. Wir gehen alle zusammen ins Kino (James Bond zum zweiten Mal) und vereinbaren, ab morgen auf Safari Richtung Soussusfly zu gehen. Als einziges Manko stellt sich heraus, daß ich aus Zeitgründen wieder von Swakop mit dem Zug nach Windhoek zurückfahren muß.

Regen in der Namib-Wüste

Die Soussusfly ist die größte Sanddüne der Welt und liegt mitten in der Namib-Wüste. Mit dem Fahrrad ist diese Sehenswürdigkeit schlecht zu erreichen und ich hatte von Anfang an versucht, irgendwie dorthin zu kommen.

Unsere Truppe ist ein merkwürdiger Haufen: Rainer erzählt dauernd von Abenteuern, die er bestanden hat und die offensichtlich an den Haaren herbeigezogen sind. Eine Italienerin spricht fließend Deutsch, offenbart uns das aber erst am letzten Tag, und mit den netten Österreichern muß ich manchmal Englisch reden, damit wir uns über die Dialektgrenze hinaus verständigen können.

Überraschend beginnt es auf dem Weg zur Soussusfly leicht zu regnen. Das kommt hier nur alle Jubeljahre vor. Das macht mich leicht nervös, ich habe nämlich kein Zelt mitgenommen und wollte draußen schlafen. Aber schon in der ersten Nacht muß ich improvisieren. Um mich vor Scorpionen und ähnlichem Getier zu schützen, lege ich mich auf das Dach des VW-Busses. Kaum liege ich da vielleicht eine Stunde und versuche einzuschlafen, nimmt der Wind zu. Innerhalb von fünf Minuten entwickelt sich ein richtiger Sandsturm, der mich fast vom Autodach fegt. Nur mit Mühe kann ich mich und meine Schlafutensilien in Sicherheit bringen. Den Rest der Nacht muß ich im VW-Bus verbringen. Nicht gerade angenehm bei meiner Größe.

Früh um vier Uhr fahren wir Richtung Düne. Die letzten fünf Kilometer müssen wir zu Fuß gehen, weil nur Fahrzeuge mit Vierrad-Antrieb weiterkommen. Plötzlich werden wir Zeuge eines einmaligen Naturschauspiels: Es beginnt zu regnen. Und zwar in Strömen mitten in der Wüste. Wie schön, daß wir das erleben dürfen... Wir werden klitschnaß, weil natürlich niemand Regensachen auf die Wüstenexpedition mitgenommen hat.

Ich muß gestehen, daß ich mich an solchen Besonderheiten eher wenig erfreuen kann. Schließlich will ich eine „echte" Wüste sehen. Mir ist so etwas schon einmal in Australien passiert. Da war die Wüste um den Ayers Rock grün erblüht und große Seen zeugten von den Regenfällen der letzten Tage. Auch da etwas Besonderes, was kaum ein Reisender zu Gesicht bekommt. Aber ich wollte den Ayers Rock mitten in der Wüste sehen und nicht mitten in einer Seenlandschaft. Und hier habe ich durch diese Extravaganz der Natur die Schattenspiele und wunderbaren Farben bei Sonnenaufgang in der Wüste verpaßt. Schade.

Herrliche Sanddünen der Nambib-Wüste

Auf dem Rückweg zum Auto machen wir noch einen Abstecher zum „Deadfly". Hier ragen tote Bäume aus einem Sandsee, umgeben von riesigen Dünen. Eine surrealistische Welt, Dali läßt grüßen. Uns beeindruckt dieser „Deadfly" noch mehr als die hohen Sanddünen und wir verbringen viel Zeit damit, den „See“ und die bestimmt mehrere Jahrhunderte alten Bäume zu erkunden.

*

Die nächste Nacht verbringen wir wieder in der Wüste, wenige Meter neben dem Kuiseb Canyon. Diesmal schlafe ich direkt auf dem Boden, von einem Moskitonetz gegen Kleintierchen geschützt. Aber dieses Netz kann mich nicht gegen das erneute Phänomen der Natur schützen: Regen! Das kann doch nicht war sein, schon wieder Regen mitten in der Wüste! Trotzig wie ein kleines Kind beschließe ich, die Wassertropfen zu ignorieren. Zum Glück hört der Wasserguß auf, bevor mein Schlafsack komplett durchnäßt ist. Ich drehe mich um und schlafe weiter.

Auf dem Weg nach Swakopmund sehen wir die sagenhaften Welwitschas. Diese Pflanzen wachsen nur in der Namib-Wüste und werden als „Dinosaurier im Pflanzenreich“ bezeichnet. Sie besteht aus zwei Blättern, die mehrere Meter lang werden können. Wir entdecken ein Exemplar, was mehrere hundert Jahre alt sein muß. Ganz in dessen Nähe findet Rainer ein winziges Chamäleon, das ich auf meine Hand setze und fasziniert dem Farbwechsel zusehe. Daß solche Tiere in einer so lebensfeindlichen Umgebung wie der Namib-Wüste überleben können, finde ich wirklich imponierend.

*

Kaum haben wir Swakop erreicht, dusche ich noch kurz und fahre mit Rainer zum Bahnhof. Ich muß heute abend unbedingt den Zug erwischen, damit ich meinen Flieger nicht verpasse. Auf dem Bahngleis spricht mich eine Frau an, die mir ein Ticket verkauft, das ihre Tochter nicht mehr braucht. Wie schön, damit ist die Fahrkartenfrage geregelt. Diesmal fahre ich in der Businessklasse, in der Hoffnung, daß es etwas streßloser abgeht.

Der Platz ist auch wesentlich bequemer, aber dafür passieren Dinge, die ich gar nicht glauben kann. In diesem Zug sind in der ersten und zweiten Klasse Fernseher angebracht, um die Fahrgäste zu unterhalten. Nachdem peinliche Gameshows vorüber sind („Gibt es Känguruhs in Österreich oder Australien?"), wird ein Video eingespielt. Ich wundere mich über die ersten Minuten, weil es ziemlich blutrünstig zugeht. Dann kommt der Titel des Films: „Freitag der 13., Teil 3". Das gibt's ja wohl nicht! Ein Film aus der Kategorie „Horrorfilme". Den dürfen bei uns nur über 18jährige sehen, hier ist es der Gute-Nacht-Film. Mindestens dreißig Kinder sind im Zug. Mein Pädagogenherz läßt mich nicht ruhen, und ich frage den Schaffner, was er sich dabei denkt, Kettensägenmassaker und aufgeschlitzte Körper zu zeigen, aus denen die Gedärme hängen. Er stoppt den Film sofort - was natürlich nicht alle Insassen begeistert - und sagt entschuldigend, daß er sich den Film von einem Freund ausgeliehen hätte. Die Filme der Bahngesellschaft seien ihm zu langweilig. Na klasse, hier kann jeder machen, was er will. Vielleicht werden bei der Fluggesellschaft ja auch Filme über Flugzeugabstürze gezeigt. Das macht den Passagieren bestimmt Spaß.

Von nun an fragt er mich bei jedem Film, ob er ihn zeigen darf. Das ist mir ganz schön peinlich. Ich wollte doch nur die kleinen Kinder vor den Horrorfilmen schützen.

Ich baue meine „Sonderposition" noch aus, als ich feststelle, daß die Luft dünn wird und ich kaum atmen kann. Die Waggons haben Aircondition und sind ansonsten nicht zu belüften. Und da es unserem Schaffner nachts zu kalt wird, schaltet er die Aircon einfach ab! Schon wieder muß ich meckern und frage mich, warum ich eigentlich der Einzige bin, der nicht ersticken möchte. Ätzend, die Deutschen. Immer haben sie 'was zu meckern, selbst im Ausland.

Auf Wiedersehen Afrika

Ich verbringe noch eine Nacht in Windhoek, verkaufe mein Zelt und meine Isomatte und fahre die letzten 50 Kilometer zum Flughafen. Ein komisches Gefühl. Nach 11.000 Kilometern und gut sechs Monaten Reisezeit geht es zurück nach Deutschland. Daß meine Reise durch Afrika beendet ist, werde ich wohl erst ganz langsam begreifen, wenn ich zu Hause am Tisch sitze und Schweinebraten mit Rotkohl esse.

Ich rolle mein Fahrrad in die Flughafenlounge und meine, noch rote Erdreste aus Kenia und Tansania am Schutzblech zu entdecken. Der Rahmen hat stark gelitten, jeder Kratzer erzählt eine eigene Geschichte. Am deutlichsten ist die „Narbe“ am Ständer. Ich werde sie in Deutschland schwarz überlackieren. Das Computerkabel hängt traurig an der Gabel, es ist während der Bahnfahrt durchgerissen. Die Luft ist aus den Reifen gelassen, die Pedale abgeschraubt - reisefertig verpackt steht es am Gepäckschalter. Die letzten Souvenirs noch schnell in die verstaubten Satteltaschen gepackt, dann verschwinden Rad und Gepäck hinter einer Wand, auf der „no entrance“ steht.

Ich sitze allein in der Abflughalle und trinke die letzte Cola. Was habe ich davon für Unmengen durch meine durstige Kehle laufen lassen! Beim letzten Schluck überlege ich schon, wo es das nächste Mal hingehen kann. Ob ich überhaupt noch mal so eine lange Reise mache, wie wohl der Umzug nach Schwerin sein wird, wie ich ohne täglich neue Eindrücke eines fremden Landes leben kann.

*

Bei Minusgraden komme ich, noch in kurzer Hose, in Hamburg an. Ich nehme das Rad und die Satteltaschen an der Gepäckausgabe in Empfang und ziehe mir schnell etwas Wärmeres an, bevor ich durch den Zoll gehe. „Haben Sie das Rad aus dem Ausland mitgebracht? Dann müssen Sie es verzollen!" Ich grinse den Zöllner an, mache ihn auf die Spuren der langen Reise aufmerksam und kann passieren. Ich bin wieder zu Hause.

Reiseinformationen

Am Ende noch ein paar Infos zur Reisevorbereitung. In Afrika können sich Dinge schnell verändern, daher: persönliche Recherche vor einer Tour ist unerläßlich.

Flug:
Für preisgünstige Flüge muß man sich immer aktuell umsehen. Gute Kontakte lassen sich für extravagante Unternehmungen auf Reisemessen herstellen.

Literatur und Landkarten:
Als *Übersichtskarten*: „Kenya/ Tanzania / Uganda“ von freytag & berndt, sowie „southern africa“ von Hildebrand's Travel map. Detailkarten sind schwer zu bekommen. Eine Chance hat man bei „Götze & Karte“ in Hamburg und „Globetrotter Ausrüstungen“.

Als *Reiseführer* haben wir den „Lonely planet guide“ benutzt. Die Gesamtausgabe „Africa“ war ausreichend. Für Teilgebiete sind spezielle Ausgaben zu bekommen. Updates gibt es im Internet unter www.lonelyplanet.com.

Als *Vorbereitungsliteratur* bietet sich an: J. A. Michener „Verheißene Erde“ (Roman); H. Hermann „Heiße Tour Afrika“ (DER Klassiker unter den Afrika-Radbüchern überhaupt); H. Fiebig „Bike-Abenteuer Afrika“ und D. Werner „Wo es keinen Arzt gibt“ (Buch für Notfälle, das sich auch für andere Extremreisen gut eignet).

Geld:
100 US $ in kleinen Scheinen sind immer gut. Traveller Cheques können in fast jeder Bank eingewechselt werden. Eine Kreditkarte ist in Simbabwe, Südafrika und Namibia durchaus hilfreich. In Kenia kann man damit sogar Bargeld abheben.

Sprache:
Englischkenntnisse sind in diesem Bereich Afrikas unerläßlich. Hilfreich ist für Kenia und Tansania Kisuaheli, eine nicht schwer zu erlernende Sprache („Kisuaheli für Globetrotter“, aus der Kauderwelsch Reihe (Band 10), reicht für Grundkenntnisse aus).

Einreiseformalitäten:
Ändern sich zu häufig. Deshalb etwa drei Monate vor Reiseantritt mit den Botschaften Kontakt aufnehmen. Stand 1996: Kenia, Malawi, Simbabwe, Südafrika und Namibia ohne Visum. Swaziland und Lesotho war eine unklare Verhandlungssache an der Grenze, die restlichen Länder erfordern Visa.

CCF

Children for Children's Future im Juni 1997

Das Straßenkinderprojekt in Arusha

Was vor einigen Jahren mit einer kleinen Garage als „Drop In Center" in Arusha anfing, ist heute zu einer festen Einrichtung in der Stadt geworden. Ein inzwischen angemietetes, größeres Haus wird mittlerweile von über 40 Straßenkindern als Ort der Erholung und Beratung angenommen. Von hier ist der Sprung in das Wohnprojekt in Maji ya Chai nicht mehr schwierig. Auch dort hat sich die Lebensqualität für die Jungen in den letzten zwei Jahren deutlich verbessert. Die kleinen provisorischen Holzhütten, die anfänglich als Schlaf-, Arbeits- und Küchengebäude zugleich dienten, sind in den letzten zwei Jahren größeren Steinhäusern mit sanitären Anlagen gewichen. Ein großer Teil des Grundstücks wird inzwischen landwirtschaftlich genutzt, so daß Produkte wie Mais, Tomaten, Avocados und Zwiebeln zum Verkauf und für den eigenen Verzehr erzeugt werden können.
Die Kinder gehen in externe Schulen oder werden von LehrerInnen des Projekts beschult. Jugendliche bis 18 Jahre erhalten die Möglichkeit, sich bei CCF in handwerklichen Tätigkeiten ausbilden zu lassen.
Konzepte zur Umsetzung von Mädchenarbeit sind erstellt und Projekte dazu in Planung.
Menschen, die eine ehrenamtliche Tätigkeit übernehmen möchten, können sich gerne an den deutschen Verein wenden. Auch Spenden sind willkommen. Interessierten Menschen kann aktuelles Informations-, Foto- und Filmmaterial zur Verfügung gestellt werden. Die Materialien sind u.a. für Neigungs- und Arbeitsgruppen an Schulen geeignet.

Kontaktperson in Deutschland ist:
Thomas Wallig, Hedenholz 11, 24113 Kiel;
💻Thomas.Wallig@kiel.netsurf.de
🖰http://home.t-online.de/home/michael-schmitz/ccf01.htm

http://www.radtouren-und-sozialarbeit.de

Michael Schmitz

Gewaltbereite Jugendliche

und Handlungskonzepte der Sozialarbeit

Gewaltbereite Jugendliche: Ein Thema, das die deutsche Öffentlichkeit seit Jahren beschäftigt. Brennende Asylbewerberheime, Tote bei Krawallen nach Fußballspielen und Streetgangs, die nächtens die Straßen unsicher machen.
Und die Sozialarbeit? Was kann sie ausrichten, ist sie vielleicht sogar mitverantwortlich für dieses (nicht neue) Phänomen? Was muß sich ändern?

In diesem Buch werden Begriffe erläutert, Theorien der Sozialarbeit kurz dargestellt und die alltägliche Gegenwart von Gewalt verdeutlicht. Nach einem Einblick in die Lebenswelt von Jugendlichen in aktuellen Jugendkulturen wird versucht, die Ursachen von Gewaltbereitschaft zu benennen.
Und nicht zuletzt werden Projekte vorgestellt, die erfolgreich Sozialarbeit mit gewaltbereiten Jugendlichen machen.

Das Buch mit 183 Seiten, fünf Grafiken und drei Tabellen kostet nur **29,95 DM** (inkl. Porto und Verpackung) und kann über folgende Adresse bestellt werden:
Michael Schmitz, Schweriner Str. 15, 19065 Godern
Email: michael-schmitz@t-online.de
ISBN 3-00-004048-X